岩 波 文 庫

33-614-2

パ　ン　セ

(上)

パ ス カ ル 著
塩 川 徹 也 訳

岩 波 書 店

Blaise Pascal

PENSÉES

はしがき

「考える葦《あし》」や「クレオパトラの鼻」といった印象的なフレーズは広く知られています。パスカルの『パンセ』には魅力的な名句、独創的な思想、深い信仰を表明する考察が数多く含まれていますが、じつはその大半は断片的な備忘録であり、判じ物あるいは託宣のような謎《なぞ》めいた文章も少なくありません。

『パンセ』はパスカルの残した文章を関係者が集めて編纂《へんさん》した遺稿集で、死後八年を経た一六七〇年、「死後書類の中から見出された宗教および他の若干の主題に関するパスカル氏の断想《パンセ》」という題名ではじめて公刊されました。題名からも推察できるように、これはパスカルが残した「書類」のすべてではなく、取捨選択をほどこした選集です。この観点に立てば、パスカルが宗教と人生について折に触れて記した断想《パンセ》のうちから興味深いものを抜き出して編集したアンソロジーとも言えます。じっさい、深い宗教体験に貫かれた信仰書、あるいは人生の実相を鋭く抉《えぐ》り出したモラリスト文学、あるいは傑出した個性の魂の告白として、時を越えて読み継がれてきました。

しかし『パンセ』には、もう一つ別の姿があります。今日公刊されている『パンセ』には幾種類もの版があり、パスカルの残した文章を断簡零墨にいたるまですべて収録することを編集方針としています。このような方針がとられるようになったのは十九世紀の中葉からですが、それは『パンセ』が古典の仲間入りをして、厳密な本文批判の対象になったからでした。遺稿の一部ではなく全部を復元することを通じて、パスカルの人と思想の全体像に迫りたい、これが近代版『パンセ』の目指すところです。こうして読者もまたアンソロジー的な読み方と並行して、『パンセ』の全容を見渡す読み方へと誘われます。

ところが『パンセ』には、さらにもう一つの姿があるのです。巻末の「解説一」で詳しく説明しますが、パスカルは生前、キリスト教の正しさを弁証し、その徳性と聖性の顕揚を目指す書物を構想して、準備を進めていました。そして『パンセ』の中核をなすのは、この未完に終わった著作の準備ノートなのです。そうだとすれば、その構想とはいかなるものだったのか、それは残された原稿から推測することができるのか、できるとしたら、どの程度推測できるのかといった問題があらたに浮上してきます。二十世紀の中葉からは、『パンセ』の文献学的研究が飛躍的な発展を遂げました。その核心にある発見は、死後まもなく作成された遺稿の写本がパスカル自身によって整理された原稿の状態をかなり忠実に再現しており、それを通じてパスカルの構想をある程度客観的に推測できるということでした。こうして「写本」を底本とする『パンセ』の新版が幾種類も公刊されることになりました。今や読者は、来たるべき書物の完成を目指して試行錯誤を重ねるパスカルの精神の軌跡を追跡する読み方にも挑戦できるようになったのです。

本訳書は、『パンセ』編纂の近年の潮流を踏まえて「写本」を底本として採用しました。これまでの邦訳の多くはテーマ別に編集されたブランシュヴィック版に依拠していますが、それとはかなり様子が異なります。パスカルの意図と構想を可能なかぎり跡づけるためには、「写本」の配列を考慮して文章を読み進めることが必要不可欠となります。とはいえ「写本」の配列は、ブランシュヴィック版になじんでいる読者には取りつきにくいこともまた事実です。そこで本訳書では、それぞれの断章にブランシュヴィック版の番号を添え、各巻の巻末に対照表を掲げて検索の便を図りました。下巻には、『パンセ』に関心を抱く一般の読者のために、パスカルの文章の中でも特によく知られているものを集めたアンソロジーを編んで収録します。このアンソロジーをパスカル入門、『パンセ』入門としてご活用いただければ幸いです。また、用語集、索引等も付し、専門性と一般性の両方を追求しました。なお、「凡例」はいくぶん煩雑になってしまいましたが、『パンセ』という特異なテクストに向き合うためにはどうしても欠かせないものです。どうか辛抱づよくお付き合いくださいますように——

凡　例

本書は、『パンセ』と称せられるパスカルの遺稿集の全訳である。全三巻から成る。

本訳書が底本としたのは、既存の刊本ではなく、パスカルの死後まもなく作成された「写本」である（「写本」は一つではなく、「第一写本」と「第二写本」の二つがあるが、本訳書では両者を一括して「写本」と総称する。両者を区別する必要がある場合には、「第一写本」、「第二写本」、そして「両写本」の呼称を用いる）。

個々のテクストの読みについては、オリジナル原稿が残されている場合には、「原本」を参照した。「写本」に収録されていないテクストについては、可能なかぎりその典拠にさかのぼり、それがかなわない場合は最も信頼が置けると思われる刊本の読みを採用した。その上で、すべてのテクストについて信頼のおける諸刊本を参照し、必要な修正を加えた。結果としてそれは、ルイ・ラフュマの編纂《へんさん》した『パンセ』、いわゆるラフュマ版とほぼ同じ構成をとることになった。「写本」を底本とする『パンセ』は、二十世紀中葉から各種の版が編纂されるようになり、今日ではラフュマ版以降の研究成果を織り込んだ二種の版、ルゲルン版とセリエ版がフランスでは普及している。それにもかかわらず、ラフュマ版に後戻りしたような印象を与えるテクストの構成を採用した理由は巻末の「解説一」で述べる。

以下、本訳書が採用した『パンセ』の構成を掲げた上で、編集と翻訳の方針を記す。

一 『パンセ』の構成

第一部 「写本」によって伝えられる〈パンセ〉
「目次」
A 目次にそって配列されたファイルA一～二七（断章一～三八二）
【以上、上巻に収録】
B 目次にそって配列されていないファイルB一～三五（断章三八三～九一八）
【以上、中巻に収録】
第二部 「写本」に収録されていない〈パンセ〉
C オリジナル原稿が残されている〈パンセ〉（断章＊一～＊五九）
D オリジナル原稿が残されていない〈パンセ〉（断章＊六〇～＊九二）
補遺 語録（*1*～*23*）
【以上、下巻に収録】

二　ファイルと「目次」

パスカルが残した原稿は、大きさも形態も分量もまちまちの六十二束の書類から構成されていたことが、現在では分かっている。それを本訳書では「ファイル」と呼ぶ。そして「写本」は、「第一写本」と「第二写本」の双方とも、ファイルのあり方を尊重して原稿を筆写している。ファイルという単位はパスカルにさかのぼり、彼の意図を何らかの形で反映している。

ファイルは二つの部類に大別される。一つは、それぞれのファイルにパスカル自身がタイトルを付けた二十七束のファイルであり、それに対応する「目次」が「両写本」に残されている。そしてこれらのファイルは、「目次」にそって配列されている。本訳書では、この部類をAとし、それに配列番号(一〜二七)、さらに必要に応じてタイトルを添えて、それぞれのファイルを指示する。たとえば、最初のファイルは、ファイルA一「順序」、二番目のファイルは、ファイルA二「むなしさ」と表記する。

第二の部類(本訳書ではBと呼ぶ)は、それ以外のファイルであるが、全部で三十五を数える。一つの例外(「第一写本」で第二十三番目の「雑纂」)を除いて、パスカル自身によるタイトルは付されていない。配列の順序も「第一写本」と「第二写本」の間に異同がある。本訳書では、「第一写本」に従ってファイルを配列し、最後に「第二写本」だけに含まれるファイルを配置した。それぞれのファイルは、Bに配列番号(一〜三五)を添えて、ファイルB一、ファイルB二のように表記する。

三 **「写本」**(「第一写本」と「第二写本」の総称。「両写本」とも呼ぶ)

パスカルの原稿を残された状態のまま写字生に浄写させたもの。パスカルの死後まもなく、遺稿集の出版を目指して作成された。二種の写本が今に伝えられており、それぞれ「第一写本」、「第二写本」と呼ばれている。両写本は、収録するテクストの範囲はほぼ同じ——「第二写本」には、「第一写本」が筆写しなかった小さなファイルが一つ含まれている——であるが、その配列には異同がある。本訳書では、テクストの配列と構成については「第一写本」に従い、「第一写本」に欠けている部分を「第二写本」で補った。

「写本」は、両写本ともフランス国立図書館に所蔵されており、現在は、その電子図書館「ガリカ Gallica」で複製版が公開されている。翻訳にあたって参照したのは、複製版である。

四　「原本」(別名「肉筆原稿集」)

『パンセ』に収録されるテクストの大半は、パスカル自身の原稿(自筆原稿の他に口述原稿、また他人が浄書したとおぼしき原稿も含む)が残されている。それらは、さまざまの大きさと形態の紙片に記されているが、一冊の大判のアルバムに貼りつけられた状態で保存されている。このアルバムを、「『パンセ』原本」(略して「原本」)、あるいは「肉筆原稿集」と呼ぶ。アルバムが作成されたのは、パスカルの死後かなりの年数が経ってからのこと——一六八〇年から一七一一年までの間——であり、「写本」の作成よりはるか後になる。

「原本」もフランス国立図書館に所蔵されているが、やはり電子図書館「ガリカ」で公開されている。他に二種類の写真複製版が公刊されているが、翻訳にあたっては、主としてガリカの複製版を参照した。

五　刊　本

『パンセ』と題する遺稿集は、一六七〇年に「死後書類の中から見出された宗教および他の若干の主題に関するパスカル氏の断想《パンセ》」という題名ではじめて公刊された。一般に流布している『パンセ』という書名は、これに由来する。なおこの版は、編纂者たちがポール・ロワイヤルの関係者であったことにちなんで、「ポール・ロワイヤル版」と呼びならわされている。

『パンセ』の刊本は、「ポール・ロワイヤル版」以来、主要なものに限っても数十種にのぼり、現在もなお新版の試みが続けられている。それぞれの版の間には、収録するテクストの範囲、一つ一つのテクスト——断想《パンセ》あるいは断章《フラグマン》と呼ばれる——の区切り、テクストの配列、章立て等において、無視できない異同がある。

主要な刊本のリストは下巻の巻末に掲げるが、その中で、従来の日本語訳の底本となり、日本の読者に親しまれてきたのは、ブランシュヴィック版、次いでラフュマ版である。本訳書は、すでに述べたように、既存の刊本を底本とはしないが、その構成はラフュマ版とほぼ同じである。

六　〈パンセ〉(断想)とフラグマン(断章)

「パンセ」はパスカルの折々の考えを集成した断想《パンセ》集の題名であるが、他方、断想《パンセ》集を構成するそれぞれの文章も「パンセ pensée」と呼ばれる。断章(フランス語でフラグマン fragment)も、同じ対象(通し番号を付した一つ一つの断想《パンセ》)を指示するが、その含意は異なる。フラグマンとは断片のことであり、たとえば遺跡から出土した土器の破片を意味するが、文章については、伝承の過程で破損した著作の断片、あるいは途中で放棄された未完成の章句の意味で用いられる。

断章は、『パンセ』の基本的な構成単位と見なされているが、その一つ一つをパスカルが独立した文章として執筆したわけではない。いわんや番号を付したわけでもない。パスカルが意識的に一編の〈パンセ〉を書いた場合もあるが、多くの断章の輪郭と区切りは編集の産物であり、刊本によって異同がある。本訳書では、ブランシュヴィック版とラフュマ版の区切りを大筋で踏襲した。

七　断章番号

ブランシュヴィック版以降、断章に通し番号を振る慣行が一般化し、いくつもの刊本が独自の番号づけを採用している。しかしそれはパスカルにさかのぼるものではなく、彼の意図とは無縁である。新版が出るたびに、番号の付け方が変わり、〈パンセ〉の検索を困難にして、読者をテクストから遠ざける結果を生んでいる。

本訳書では、大筋においてラフュマ版の番号づけを踏襲した番号を漢数字で振り、ラフュマ版（ラと略記）とブランシュヴィック版（ブと略記）の番号も掲げた。ただし第二部

『写本』に収録されていない〈パンセ〉」については、＊を付した番号を一から振りなおした。補遺「語録」については、イタリック体算用数字で*1*から番号を振った。

従来の日本語訳の多くがブランシュヴィック版を底本にしていたことを考慮して、各巻の巻末にブランシュヴィック版と本訳書との対照表を掲げる。

下巻の巻末には、本訳書と主要刊本との対照表も掲げる。

八　テクスト（本文）とヴァリアント（異文）

パスカルが残した原稿は未定稿である。「原本」に保存された原稿をそのままテクストとして公刊すること、いわんや翻訳することは、本文批判の資料として復刻する場合を除いて無意味であり、また不可能である。読書の対象となる本を作るためには、原稿を浄書した定稿を準備しなければならない。『パンセ』の場合、「写本」がそれに当たる。翻訳にあたっては、原則として「写本」をテクストとして採用し、それを「原本」および信頼のおける諸刊本と照合して、必要な修正を加えた。

なお「写本」は、原稿において文字列と直交する棒線で削除――いわゆる見え消しに――された文章や章句の大部分をやはり見え消しの形で筆写している。本訳書では、この部分は、〔　〕で囲んで示した。

それ以外のヴァリアント（異文）の類《たぐ》いは、文章の解釈に無視できない影響を及ぼす場合を除いて指摘しなかった。パスカルの原稿には多くの加筆と訂正が認められる。しかもそれらは、いったん初稿が書きあげられたのち、ある時間を置いて推敲の段階で施された場合が少なくない。言いかえれば、同一の原稿の中に複数のテクストの層（初稿と再稿以降）が共存している。それらの層を区別し、初稿から最終稿にいたる段階を再現するのは、テクストの生成を解明する上では興味深くまた重要な作業であるが、本訳書のような一般向けの本にはふさわしくない。本訳書が翻訳の対象とするのは、原則として、それぞれの原稿の最終稿である（ただし念のために付け加えれば、未定稿を相手にしている以上、最終稿は決定稿ではない）。

九　訳　注

訳注は、（1）（2）のように丸カッコで囲んだ数字を付して示し、各断章の後に置いた。訳注には大別して二つの種類がある。一つは、当該断章の本文批判に関する情報であり、もう一つは断章の意味の理解を助ける情報と説明、つまり解釈に関わる注である。

本文で引用、言及あるいは示唆《しさ》される先行テクストはおびただしい数にのぼるが、その典拠の大部分はこれまでの研究の積み重ねによって明らかにされている。訳注では、できるかぎり典拠にさかのぼって従来の見解を確認して出典を記した。

パスカルはしばしば自らが引用あるいは言及するテクスト、ひいてはその著者にさまざまの応答を行っている。それはとりわけ聖書、エピクテトス、モンテーニュにおいて著しい。その場合には、出所を示すだけでなく、パスカルが応答している箇所の文章を引用するように心がけた。

訳注は訳者の責任において作成し、特定の刊本の注釈をそのまま踏襲することはしなかった。ただし、セリエ版を底本とするジェラール・フェレロルの次の刊本の注釈には学ぶところが多かった。Pascal, *Pensées*, présentation et notes par G. Ferreyrolles, «Les Classiques de Poche», Paris, Le Livre de Poche, 2000.

十　いくつかの出典

聖書、エピクテトスの語録、モンテーニュの『エセー』は、『パンセ』において重要な役割を果たすが、パスカルが読んだそれらのテクストと現行の多くのテクストの間には、とくに聖書の場合、微妙な相違、場合によっては重大な相違がある。

1　聖　書

パスカルは主として、カトリック教会の公認聖書であるウルガタ、つまりヒエロニュムスに帰せられるラテン語訳で聖書を読んでいた。その他、ルーヴァンの神学者の手になるフランス語訳（一五七八年）、ヘブライ語原典により忠実ないくつかのラテン語訳も折に触れて参照していた。さらに、典礼書や祈禱書《きとうしょ》、あるいはアウグスティヌスをはじめとする教父の著作に含まれる聖句の引用ないし翻案が典拠になっている場合もある。彼が引用する聖句のテクストは、現行の聖書——といってもきわめて多種多様であるが、ここではプロテスタント、カトリック両教会の共同事業として公刊された「新共同訳」で代表させる——と必ずしも一致しない。この点を考慮して、聖書の章句はパスカルの引用した通りに翻訳し、「新共同訳」と相違がある場合には、その旨を注記した。

訳注で聖書を引用する場合は、テクストに問題がなければ、「聖書　新共同訳——旧約聖書続編つき」（共同訳聖書実行委員会、一九八七年）の訳文を掲げた（ただし表記に変更を加えたところがある）。パスカルの読み方あるいは解釈がそれと異なる場合は、可能なかぎり、彼が依拠したテクストを翻訳し、その旨を記した。彼の依拠したテクストが特定できない場合、いわゆる「サシ訳聖書」を下敷きにした訳文を掲げたところがある（たとえば、断章二七〇注（2）と（5）など）。これは、ポール・ロワイヤルの隠士であったルメートル・ド・サシが中心となって推進した聖書のフランス語訳事業の成果であり、一六七二年から九六年にかけて刊行された。パスカルは生前それを参照することはできなかったが、事業の初期の段階で議論に参加していたと伝えられており、彼の聖書解釈を理解するための手がかりとなる場合がある。

聖書の文書名は、「 」で囲み、章と節で出所を示した。書名が、聖書に属するかどうか紛らわしい文書の場合は、旧約聖書「箴言《しんげん》」、旧約聖書続編「知恵の書」のように表記した。

「詩編」(全百五十編)の番号はウルガタの番号づけに従い、「新共同訳」と異なる場合は、編番号の後に後者の番号を〔 〕でくくって示した。

2 エピクテトス

ローマ帝政時代に生きたストア派の哲学者エピクテトスは、自らは著作を残さなかったが、その教えは弟子たちによって収集され、『語録』と『提要』と称される二冊のギリシャ語の本として後世に伝えられた。パスカルが愛読したのは、十七世紀初頭に出た次のフランス語訳である。*Les Propos d'Épictète.* Recueillis par Arrian, Auteur Grec son disciple. Translatez du Grec en françois par Fr. I. D. S. F. 引用の翻訳は、現代のフランス語訳も参考にしながら、これに依拠した。

3　モンテーニュ

モンテーニュの『エセー』はパスカルの枕頭《ちんとう》の書であったが、彼が愛読した一六五二年版は、モンテーニュの死後に、ピエール・ド・ブラックとグルネー嬢の手で出版された一五九五年版の系統を引く版である。この版は長らく『エセー』の決定版の位置を占めていたが、二十世紀になるといわゆる「ボルドー本」――一五八八年版にモンテーニュ自身が加筆・訂正を行った手沢本《しゅたくぼん》――を底本とする通称ヴィレー＝ソーニエ版にその座を譲った。しかし近年再評価の機運が高まり、一五九五年版を底本とする複数の新版が二十一世紀に入って公刊された。日本でも同版に依拠した宮下志朗訳がある。本訳書も、引用と出所の指示にあたっては、一五九五年版に従う。一五九五年版とヴィレー＝ソーニエ版の間にテクストの相違はほとんどないが、第一巻の章の配列に異同がある。前者の第一四章「幸不幸の味わいは、大部分われわれの考え次第であること」が、後者では第四〇章に移された関係で、その間の章の番号が一つずつずれている（前者の第一四章は後者では第一五章となる）。混乱を避けるために、この部分の章を指示する場合には、一五九五年版の章の番号に章の題名を併記することにする（たとえば、第一巻二〇章「想像力について」は、ヴィレー＝ソーニエ版では第一巻二一章である）。

目次

はしがき
凡例

第一部 「写本」によって伝えられる〈パンセ〉

「目次」……二七

A 目次にそって配列されたファイル（断章一〜三八二）

〔ファイルA一〕 順序……三一
〔ファイルA二〕 むなしさ……四一
〔ファイルA三〕 みじめさ……七七
〔ファイルA四〕 倦怠《けんたい》および人間の基本的性質……一〇三

〔ファイルA五〕 現象の理由……一〇五
〔ファイルA六〕 偉 大 さ……一一七
〔ファイルA七〕 矛 盾……一三九
〔ファイルA八〕 気晴らし……一五九
〔ファイルA九〕 哲 学 者……一七七
〔ファイルA一〇〕 最 高 善……一八三
〔ファイルA一一〕 A・P・R……一九一
〔ファイルA一二〕 始 ま り……二〇五
〔ファイルA一三〕 理性の服従と使用、そこに真のキリスト教がある……二一五
〔ファイルA一四〕 この神の証明方法が優越していること……二三九
〔ファイルA一五〕 人間の認識から神への移行……二三五
〔ファイルA一五の二〕 自然は損なわれている……二六一
〔ファイルA一六〕 他宗教の誤り……二六三

〔ファイルA一七〕宗教を愛すべきものにする……二七九
〔ファイルA一八〕宗教の基礎および反論への返答……二八三
〔ファイルA一九〕律法は表徴的であった……三〇一
〔ファイルA二〇〕ラビの教え……三四一
〔ファイルA二一〕永続性……三四九
〔ファイルA二二〕モーセの証拠……三五九
〔ファイルA二三〕イエス・キリストの証拠……三六七
〔ファイルA二四〕預言……三八九
〔ファイルA二五〕個別の表徴……四一三
〔ファイルA二六〕キリスト教の道徳……四一五
〔ファイルA二七〕結論……四三一
解説一　『パンセ』とはいかなる〈書物〉か……四三七
ブランシュヴィック版との対照表

第一部　「写本」によって伝えられる〈パンセ〉

「目次」[1]

〔A一〕　順序

〔A二〕　むなしさ

〔A三〕　みじめさ

〔A四〕　倦怠《けんたい》

〔A五〕　~~〔民衆の意見の健全さ〕~~
現象の理由

〔A六〕　偉大さ

〔A七〕　矛盾

〔A八〕　気晴らし

〔A九〕　哲学者

〔A一〇〕　最高善

〔A一一〕　A・P・R

〔A一二〕　始まり

〔A一三〕　理性の服従と使用

〔A一四〕　優越

〔A一五〕　移行

〔A一五の二〕　自然は損なわれている[2]

〔A一六〕　他宗教の誤り

〔A一七〕　愛すべき宗教

〔A一八〕　基礎

〔A一九〕　表徴としての律法

〔A二〇〕　ラビの教え

〔A二一〕　永続性

〔A二二〕　モーセの証拠

〔A二三〕　イエス・キリストの証拠

〔A二四〕　預言

〔A二五〕　表徴

〔A二六〕　キリスト教の道徳

〔A二七〕　結論

（1）　以下のリストは、「第一写本」ではAの部類を包み込むように、ファイルA一の直前とファイルA二七の直後の二箇所に、「第二写本」では冒頭に一度だけ掲げられている。いずれも二段組で、抹消した字句は見え消しにするなど、あたかも「原本」のレイアウトをそのまま写し取ったような体裁をしている。Aに属するファイルは、このリストの順番に従って配列され、それぞれリストと同じタイトル、あるいはそれを敷衍《ふえん》したタイトルが付されている。たとえば、ファイルA一三は、リストの見出しでは「理性の服従と使用」となっているが、ファイル自体のタイトルは「理性の服従と使用、そこに真のキリスト教がある」である。
　パスカルの原稿中にこのリストは残されていないが、近年のパスカル研究においては、パスカル自身の手になるとする説（ジャン・メナール、ミシェル・ルゲルン）が有力である。ただしフィリップ・セリエは、いったんはこの説を受け入れて、彼の編纂《へんさん》した版において、本リストを断章一としてテクストの中に組み込んだが、その後、考えを変更して、初版の編集者たちが備忘のために書きとめたものだと主張している。ただし彼も、ファイルを作成して、それにタイトルを付けたのがパスカル自身であることは認めている。いずれにせよ、パスカルが準備していたキリスト教護教論の構想を考える上で不可欠の資料である。なお、それぞれの見出しの前の〔ファイルA一〕等は、訳者の付加である。
（2）　「写本」には、このタイトルに対応するファイルは見当たらない。しかしこのテーマは、ファイルA一「順序」に含まれる断章六で明示的に言及されているばかりでなく、テクストのあちこちで論じられ、とりわけファイルB一で中心的な位置を占める。メナールによれば、パスカルは原稿を分類するに当たって、たしかに問題のファイルを作成したが、その後まもなく、他の断章も付け加えて再編成した。「写本」を作らせた編集者たちは、そのことに気がつかず、Bの冒頭にファイルB一として別置したという。じっさい、「自然は損なわれている」というタイトルは、断章四一六(ファイルB一)の冒頭に見られる。これに対して、セリエは、ファイルの作成の過程で、パスカル自身が、ファイルA一五の二「自然は損なわれている」と後続のA一六「他宗教の誤り」を合体して一つのファイルにまとめたと主張している。

Ａ　目次にそって配列されたファイル

〔ファイルＡ一〕　順　序

「目次」の最初の見出しに対応するファイル。著作の構想——論拠、組立て、作品の形式等——に関するメモが収められている。すべてのファイルについて言えることだが、ファイルに含まれる断章の配列は偶然の産物であり、そこにパスカルの何らかの意図を読み取ることはできないし、そうする必要もない。ただしファイルのテーマに直接関連する断章が、最後の部分、すなわちパスカルが最初に綴《と》じ込んだ部分に置かれるという傾向は認められる。

一　（ラ一／ブ五九六）

「詩編」はあまねく大地でうたわれる。[1]

誰がマホメット(ムハンマド)のことを証言するのか。彼自身だ。

自分についての証言には価値がない、というのがイエス・キリストの考えだ。(2)

証人に必要な資格は、つねに、あらゆるところに存在して、しかもみじめな境遇にあることだ。(3)彼は独りきりだ。(4)

(1)「詩編」は古代イスラエルの宗教詩百五十編を収録した文書で、旧約聖書の一部をなす。それが、「あまねく大地」でうたわれるというのは、祖国を失い、世界に四散したユダヤ人が、先祖伝来の信仰を守って、各地で「詩編」を朗誦《ろうしょう》しつづけているということ。アウグスティヌスも、『告白』で「詩編」について、それは「あまねく大地でうたわれている」と述べている(第九巻四章)。

(2)「もし、私が自分自身について証しをするなら、その証しは真実ではない」(「ヨハネによる福音書」第五章三一節)。誰でも、言うだけなら、自分について好き勝手なことを言うことができる。マホメットも自分は預言者であると自称したが、そのことを予告した者がいるわけでも、それを裏付ける証人や証拠があるわけでもない。断章二四三参照。

(3)イエス・キリストの証人であるユダヤ人は、世界最古の民族(断章七九三)として「つねに」存在し、「あまねく大地」でメシアを預言する「詩編」をうたいつづけ、しかもその大多数のメンバーがイエス・キリストをメシアとして認めなかったために、みじめな境遇にある(断章三二一)。みじめな境遇にありながら、自分の得にならないことを証言しつづける証人は信用できる。

（4）「彼」というのは、マホメットのこと。本断章のテーマは、ファイルＡ一六「他宗教の誤り」で展開されている。

二　（ラ二／ブ二二七）

順序、対話によって。

「私はどうすればいいのか。どこもかしこも見えるのは闇《やみ》ばかり。自分は無だと思おうか。自分は神だと思おうか①」

（1）断章二〜四は同一の紙片に記されており、セリエ版とルゲルン版は、一つの断章として扱っている。

三　（ラ三／ブ二二七、二四四）

「万物は変わり、交代する」

「それは違う。ある何かが①……」

「何だって。大空と飛ぶ鳥は神の存在を証明するというのが、きみ自身の主張じゃないのか。」「いや、違う。」「それじゃきみの宗教は、そうは主張しないのか。」「しないさ。

それはたしかに、神から魂に光明を与えられた一部の人々にとっては、ある意味で本当だ。しかし大多数の人々にとっては偽りだ(2)」

(1) 万物の有為転変のうちにある連続するものが認められるかどうかをめぐる対話の発端。このテーマは、ファイルA二二「永続性」、ユダヤ人の状態を論ずる第二部のファイルB六、B九などで展開される。

(2) 断章七八一参照。

四（ラ四／ブ一八四）

神を探究するように促すための手紙。

そしてそれから、哲学者たち、懐疑論者と独断論者の双方のもとで、神を探究させるが、彼らは探究する者を苦しめるだろう。

五（ラ五／ブ二四七）

順序

友を探究へと促すために励ましの手紙を書く。それに彼はこう答えるだろう。「でも探して何の役に立つのか。何も現れないのに。(1)」そこで彼にこう答える。「希望を捨てるな。」すると彼は答えて言うだろう。「何か光明が見つかればうれしいのだが、でもこの宗教の教え自体、たとえこんな風に信じたとしても、何の役にも立たないというのではないか[2]。だから探さないほうがましだ。」それに対してこう答える。「機械[3]」

（1）ファイルA一八の断章二四四参照。

（2）ファイルA六の断章一一〇によれば、人間が推論によって説得する宗教は、救いには無益な信仰しか生み出さない。

（3）「機械」については、断章七参照。

六　（ラ六／ブ六〇）

第一部　神なき人間の悲惨。

第二部　神と共にある人間の至福。

別の言い方をすれば、

第一部　自然が損なわれていること。自然そのものによって[1]。

第二部　修復者が存在すること。聖書によって。

（1）　自然が損なわれていることは、自然、とりわけ現在の人間の生まれながらの性質、つまり自然本性を考察するだけで示すことができる。

七　（ラ七／ブ二四八）

証拠が役立つことを示す手紙。機械①によって。

信仰は証拠とは異なる。一方は人間的であり、他方は神の賜物《たまもの》である。「義人は信仰によりて生く。②」それは、神ご自身が心の中に注ぎ込まれるこの信仰によるのであり、証拠はしばしばその手段なのである。「信仰は聞くによる。③」しかしこの信仰は心の中にあって、「我知る」ではなく、「我信ず」と言わせるのである。

（1）　人間の身体および身体に支配される限りでの心理作用。他の箇所（断章八二一）では、「自動機械」と呼ばれている。デカルトによれば、身体はそれ自体独立して作用する「自動機械」であり、反復にもとづく習慣の形成を通じて精神に働きかける。精神がいったんキリスト教の「証拠」を発見しても、それを保持しつづけることは困難である（断章一九〇）が、「機械」はそれを習慣に転ずることによって信仰の形成に貢献する。

（2）　「福音には、神の義が啓示されていますが、それは、初めから終わりまで信仰を通して実現されるのです。『正しい者は信仰によって生きる』と書いてある通りです」（「ローマの信徒への手紙」第一章一七節）

（3）「実に、信仰は聞くことにより、しかも、キリストの言葉を聞くことによって始まるのです」（同第一〇章一七節）

八　（ラ八／ブ六〇二）

順序

ユダヤ人の状態をくまなく見渡して、その中に明瞭で議論の余地のないことを見ること。①

（1）「ユダヤ人の状態」のテーマは、とりわけファイルＢ六〜九で展開されている。

九　（ラ九／ブ二九一）

不正についての手紙の中で取り上げることとして、

長子相続のばかばかしさ。「友よ、きみは山のこちら側で生まれた。だからきみのお兄さんがすべてを継ぐのは正しい①」

「きみはどうしてぼくを殺すのだ②」

（1）法律の規定にもとづく正義が恣意的《しいてき》で相対的であることは、ファイルＡ三の断章六〇で強調されている。

（２）断章五一参照。

一〇（ラ一〇／ブ一六七）

人生の苦悩が、これらすべてに反旗を翻《ひるがえ》した。（１）

彼らにはそのことが分かったので、気晴らしを選択した。

（１）「これらすべて」とは、最高善を探究する哲学者たちの主張と教え。本断章はもともとファイルＢ一に綴《と》じ込まれた断章四〇八の直後のスペースに記されていた。そこで言及されている「人間の学問および哲学の愚かさについての手紙」と関連する主張だと考えられる。

一一（ラ一一／ブ二四六）

順序

神を探究すべきことをさとす手紙の次に、障害を取り除くための手紙を書く。それは、機械についての論説であり、（１）機械を準備し、理性による探究に誘う。

（１）断章五および七参照。「機械についての論説」が具体的に何を指しているかについて定説はないが、フィリップ・セリエによれば、一般に「賭」と呼びならわされている断章四一八を示唆《しさ》しているという。賭の議論の最終部分で、信仰への障害が理性よりはむしろ情念であることが明らかにされ、その抵抗を克服するために、身体すなわち「機械」の振舞いを信仰の外面的なあり方に合致させることが勧められているからである。

一二　（ラ一二／ブ一八七）

順序

人々は宗教を軽蔑し、憎み、宗教が真実であることを恐れている。そんな気持ちを正すには、手始めに、宗教が理性に決して反していないことを示さなければならない[1]。敬うべきものとして、尊敬の念を植えつけること。次いで愛すべきものとし[2]、善良な人々に宗教が真実であってほしいと願わせ、さらに進んで、真実であることを示す。

敬うべきというのは、宗教が人間の真実を知っているから。

愛すべきというのは、宗教が真の善を約束するから。

（1）ファイルＡ一三「理性の服従と使用、そこに真のキリスト教がある」のテーマ。

（2）ファイルＡ一七は、「宗教を愛すべきものにする」と題されている。

〔ファイルＡ二〕　むなしさ

本ファイルからファイルＡ一〇においては、断章六八七で語られる「人間の研究」に関連する諸テーマが取りあげられる。その目標は、断章六の言う「神なき人間の悲惨」あるいは、自然そのものによって「自然が損なわれていること」を示すところにあると考えられる。

一三　（ラ一三／ブ一三三）

似かよった二つの顔。別々に見ればおかしくもなんともないが、並べて見るとその相似に笑ってしまう。

一四　（ラ一四／ブ三三八）

真のキリスト教徒はそれでも狂愚[1]に服従する。狂愚を敬うからではない。罰として人間をこのような狂愚の支配下に置かれた神の命令を敬うからである。「なべての被造物むなしさに服せり。解き放たれむ。[2]」こうして聖トマスは、富者の優先に関する聖ヤコブのあの箇所[3]を説明して、こう述べている。神のお考えに従ってそうしなければ、宗教の秩序を逸脱することになる。[4]

（1）「狂愚」と訳した原語 folie は、狂気と愚かさの二重の意味をそなえているが、パスカルの人間観の理解の鍵となる言葉の一つである（断章四一二参照）。ここでは、社会秩序と政治体制の不合理さを意味している。断章六〇参照。

（2）「被造物は虚無に服していますが、それは、自分の意志によるものではなく、服従させた方《かた》の意志によるものであり、同時に希望も持っています。つまり、被造物も、いつか滅びへの隷属から解放されて、神の子供たちの栄光に輝く自由にあずかれるからです」（「ローマの信徒への手紙」第八章二〇―二一節）

（3）「あなたがたの集まりに、金の指輪をはめた立派な身なりの人が入って来、また、汚らしい服装の貧しい人も入って来るとします。その立派な身なりの人に特別に目を留めて、『あなたは、こちらの席にお掛けください』と言い、貧しい人には、『あなたは、そこに立っているか、私の足もとに座るかしていなさい』と言うなら、あなたがたは、自分たちの中で差別をし、誤った考えにもとづいて判断を下したことになるのではありませんか」（「ヤコブの手紙」第二章二―四節）

（4）トマス・アクィナスの「説明」は、『神学大全』第二の二部六三問三項に見られるが、それを『ポール・ロワイヤル論理学』は次のように敷衍《ふえん》している。「聖トマスの見解によれば、使徒聖ヤコブは教会の集まりにおいて富者に貧者より高い席を与えることを禁じているが、それは、富者に対する尊敬と賛嘆のまなざしを厳しく咎《とが》めたからである。なぜならこの一節を文字通りに解して、貧者をさしおいて、富者に何らかの外面的務めを果たすことの禁止と取るわけには行かないからである。じっさい、現世の秩序――それを宗教が乱すことはない――はこのような分けへだてを許容しており、聖者の方々でさえそれを実践したのである以上、禁止の対象は、貧者を富者の足下に、また富者を貧者のはるか上方にあるかのように見なす、心中の分けへだてだと解釈しなければならないと思われる」（第一部一〇章）

一五　（ラ一五／ブ四一〇）

マケドニアの王ペルセウス、パウルス・アエミリウス。(1)
ペルセウスは、どうして自殺しないのかといって非難された。(2)

（1）ペルセウスは、マケドニア最後の王。ローマに挑戦して、第三次マケドニア戦争を起こしたが、ローマの執政官パウルス・アエミリウスに敗れ（前一六八年）、ローマ軍に捕らわれた。

（2）「パウルス・アエミリウスは、捕虜にしたペルセウスが使者を送って、どうか凱旋式《がいせんしき》の見世物に引きずり出さないでほしいと懇願したのに対して、『そんな願いは自分自身にすればよい』と答えた」（モンテーニュ『エセー』第一巻一九章「哲学することとは、死に方を学ぶこと」）。断章一一七参照。なお『エセー』第一巻の章立ては、パスカルが読んでいた版――一五九五年版を底本とする版――と二十世紀に流布した「ボルドー本」を底本とする版では異同がある。邦訳は後者に依拠しているものがほとんどだが、前者を底本とする宮下志朗訳(白水社刊)もある。本訳注では一五九五年版の章数を掲げるが、「ボルドー本」の章数と異なる場合は、混同を防ぐために、章のタイトルを併記する。ちなみに『エセー』第一巻一九章は、宮下訳以外の邦訳では第一巻二〇章に当たる。

一六　〔ラ一六／ブ一六一〕

むなしさ

この世のむなしさほど明白な事柄はないはずだが、それを知る人はほとんどいないので、栄光と権勢を求めるのは愚かしいと言うと、奇怪でものめずらしい物言いに聞こえる。これこそ驚嘆すべきことだ。

一七　〔ラ一七／ブ一一三〕

定めなさと奇妙さ

労働で生計を立てることと世界最強の国家を支配することは、正反対の事柄である。トルコ人たちの皇帝において、この両者は結びついている。(1)

（1）　オスマン・トルコのスルタンは、自ら耕作に従事しているという伝説があった。

一八　（ラ一八／ブ九五五）

七五一。[1]頭巾《ずきん》の先っぽのことで、二万五千人の修道士が武器を取る。[2]

（1）　パスカルが参照していたモンテーニュの『エセー』（一六五二年版）の頁数を指示すると考えられている。そうだとすれば、第三巻一〇章「意志を節約することについて」の一節、「世の中すべてが芝居を演じている」のだが、人々はそのことを自覚せず、自分に与えられた役柄を自分自身と取り違え、自分がかぶっている仮面を素顔と勘違いすることが批判されている一節が念頭にあることになる。
（2）　頭巾の形をめぐって、フランシスコ会修道士の間で長期間にわたって戦わされた論争が背景にあるという。

一九　（ラ一九／ブ三一八）

彼には四人の従僕がいる。[1]

（1）　断章八九参照。

二〇　（ラ二〇／ブ二九二）

彼は川向こうに住んでいる。[1]

（1）断章九および六〇参照。

二一　（ラ二二／ブ三八一）

若すぎるとよい判断ができない。年を取り過ぎても同様だ。考えが足りなくても、考えが過ぎても、頑固になり、固執する。

自分の作品を眺めるのに、仕上げた直後だと、まだそれで頭がいっぱいだ。あまり時間を置くと、もはや作品の中に入っていけない。

絵画を見る場合も同様で、あまりに遠くでもあまりに近くでもいけない。そして真の場所と言えるのは、不可分の一点しかない。他の視点は、遠すぎたり近すぎたり、高すぎたり低すぎたりする。絵画の技術では、遠近法がその点を定める。だが真理と道徳では、何がそれを定めるのか。

二二　（ラ二二／ブ三六七）

蜂《はち》や虻《あぶ》の威力。そんな虫たちが戦いを勝利に導き(1)、われわれの魂の働きを妨げ(2)、われわれの遺体を食らう。

（1）モンテーニュの伝えるところでは、ポルトガル人に包囲されたインドのタムリという町の住人は、ミツバチを使って敵を撃退したという（『エセー』第二巻一二章）。

（2）断章四八参照。

二三　（ラ二三／ブ六七）

学問のむなしさ

逆境に打ちのめされているとき、外界についての学問は、道徳についての私の無知を慰めてはくれないだろう。しかし生き方について学問は、外界の学問についての私の無知をいつでも慰めてくれるだろう(1)。

（1）断章六八七では、類似した文脈で、「抽象的な学問」と「人間の研究」が対比されているが、そこでは後者の効用について微妙な留保がつけられている。

二四　（ラ二四／ブ一二七）

人間のありよう

無常、倦怠《けんたい》、不安。

二五　（ラ二五／ブ三〇八）

国王には近衛兵《このえへい》、鼓手、廷臣をはじめとして、機械(1)を尊敬と恐怖に傾かせるあらゆる道具立てが付き従っている。それを眺めるのが習慣になって、国王がときおり供回りを連れずに独りでいても、その顔立ちは臣下のうちに尊敬と恐怖の念を刻み込む。それは彼らが心の中で、人間としての国王を、いつも目にする随行から分離できないからである。そこでこのような効果が習慣に由来することを知らない世間は、それが自然本来の力に由来すると思い込む。そこからこんな言い方が出てくる。「神性のしるしが尊顔に刻まれている、云々《うんぬん》」

（1）　断章七参照。

二六　（ラ二六／ブ三三〇）

国王の権力を支えているのは民衆の分別と狂愚だが、狂愚のほうがはるかに大きな支えだ。この世で最も偉大で重要な事柄の基礎にあるのは弱さなのだ。しかしこの基礎は驚くほど確実だ。なぜなら民衆が弱いということほど確実なものはないのだから。ただ健全な分別だけに支えられているものは、基礎がすぐにぐらつく。知恵の尊重がそうであるように。

二七　（ラ二七／ブ三五四）

人間の本性は、いつも前に進むところにはない。それは行ったり来たりする。①熱病にも悪寒と激しい発熱がある。そして寒気は、熱っぽさと同じく、火のような高熱のしるしだ。②代々にわたる人々の創意工夫も同様の歩みをたどる。全体としての世の中の良し悪《あ》しも同じことだ。③「王公方にはしばしば変化がお気に召す④」

（1）「私は行ったり戻ったりするばかりだ。私の判断もつねに前に進むとは限らない。それは、漂い放浪する」（モンテーニュ『エセー』第二巻一二章）
（2）「熱病には熱っぽさと寒気がある。燃えるような情念の作用から一転、凍えるような情

念の作用に落ち込むこともある。私は前に進んだだけ、それだけ後ろに退く」(同前)

(3)　古代ローマの贅《ぜい》をこらした闘技場の仕掛けについて、モンテーニュはこう述べている。「このようなむなしいものごとにおいてさえ、あの時代が現代とは桁違《けたちが》いの才気の持ち主にあふれていたことに気づくのである。こういう豊かさは、他の自然の産物すべてについても同様である。もっともこれは、あの時代に自然があるだけの力を出し尽くしたということではない。われわれは前に進まず、むしろさまよい歩く。ここかしこを経《へ》めぐり、逆戻りをする」(『エセー』第三巻六章)

(4)　『エセー』(第一巻四二章)に引用されたホラティウス『カルミナ』の一節(第三書二九歌一三行)、「彼らは、貧しい屋根の下に、毛氈《もうせん》も緋《ひ》の衣《ころも》もなく、質素な食事をとって、憂《うれ》いの眉《まゆ》を開く」と続く。

二八　(ラ二八／ブ四三六)

弱さ

人々の関心事のすべては、財産を獲得するところにある。それなのに所有の正当性を示す証文を手に入れることができない。彼らがもっているのは、人々の想像による思いなしだけだからだ。(1)彼らには、所有を確実なものとする力がない。

学問についても同じことだ。病気によって失われるのだから。

われわれは真も善も自分のものとすることができない。(2)

（1）　法律と正義を作り出す能力と考えられた「想像力」のこと（断章四四参照）。
（2）　ほとんど同じ文章が、奇蹟をめぐるファイルＢ三四の中に残されている（断章八九〇）。

二九　（ラ二九／ブ一五六）

「武器なしには生きられないと考える獰猛《どうもう》な民族（1）」彼らは講和を受け入れるぐらいなら、むしろ死を選ぶ。他の民族は戦争するぐらいなら、むしろ死を選ぶ。

どんな信念でも生命以上に大切なものとなりうる。（2）生命への愛着ほど強く自然なものはないように見えるのに。

（1）　ティトゥス・リウィウス『ローマ建国史』第三四巻一七章。モンテーニュはこの句を引く直前にこう記している。「執政官のカトーがスペインのいくつかの都市の支配を確かなものにするために、住民に武器の携帯を禁じたところ、多数の者が自殺した」（『エセー』第一巻四〇章「幸福と不幸の味わいは、大方、われわれの考え方次第であること」）
（2）　「およそ信念というものは、生命を賭してでも添い遂げたいと思うほど強力なものだ」（同前）。「信念」と訳した原語オピニオン（opinion）は、個人ないし集団がある事柄について形成する思いなし、つまり意見あるいは考え方のことである。『エセー』の当該の章の題名に見られる「考え方」の原語もオピニオンである。

三〇　（ラ三〇／ブ三二〇）

船の舵取《かじと》りを任せるのに、乗客の中で最良の家柄の者を選びはしない。(1)

(1)　この考えは、断章＊八三で敷衍《ふえん》されている。ただしそれは、パスカルの友人で、ポール・ロワイヤル版『パンセ』の編集者の一人であったピエール・ニコルが書き直したものではないかと考えられている。

三一　（ラ三一／ブ一四九）

通りすがりの町、そこでわざわざ評判を気にかけることはない。しかしほんの一時《いっとき》でも滞在することになれば、気にかける。だが一時といっても、どれほどの時間が必要なのか。私たちのむなしくはかない人生に相応する時間だ。

三二　（ラ三二／ブ三一七の二）

むなしさ

敬意を表すというのは、「窮屈な思いをせよ」というのと同じことだ。(1)

（1）この文は、ファイル五「現象の理由」に含まれる断章八〇で敷衍《ふえん》され、異なる解釈を与えられる。

三三　（ラ三三／ブ三七四）

何とも驚き入るのは、世間の誰一人として自分の弱さに驚いていないことだ。人は真剣に行動し、各人は自らの境遇に従う。それが流行だからじっさいそうするのがよいというのではなく、各人あたかも理性と正義がどこにあるかを確実に知っているかのように振舞っている。ところが期待はいつでも裏切られる。それなのに、人はおかしな謙遜《けんそん》を発揮して、失敗したのは自分のせいであり、自分が会得したと始終自慢している技のせいではないと思い込んでいる。しかしながらこの世にこれほど大勢、懐疑論に従わない人々がいることは、懐疑論の名誉にとって好都合だ。それは人間が、どれほど常軌を逸した意見でも信じかねないことを示すのに役立つではないか。何しろ人間ときたら、生来の弱さは不可避ではなく、それどころか自分は生来賢いと思い込みかねないのだから。

懐疑論に従わない人々の存在ほど、懐疑論を強化するものはない。もし全員が懐疑論者であれば、懐疑論は間違っていることになるだろう。

三四　（ラ三四／ブ三七六）

この学派[1]は、支持者より反対者によって強化される。なぜなら人間の弱さは、それを知る者より知らない者のうちに、はるかに明らかに姿を現わすからである。

（1）前断章でも言及された懐疑主義、とくにその中でも、ピュロン主義と呼ばれる学派を指す。懐疑を徹底して、真実は把握不可能だと断定することもできないとして、判断保留（エポケー）の境地にあって、探究を継続する。

三五　（ラ三五／ブ一一七）

靴のかかと

「なんて見事なできばえだこと。なんて腕の立つ職人さんだろう。勇敢な兵隊さんだこと。」こんな言葉が、われわれの志望と職業選択の出発点にある。[1]「見事な飲みっぷりだこと。控えめな飲み方だこと。」こんなことで、節酒家になったり、酔っ払いになったり、兵隊になったり、臆病者になったりする。[2]

（1）断章三七および一二九参照。
（2）断章六三四および六三参照。

三六　（ラ三六／ブ一六四）

この世のむなしさが見えないのは、おのれ自身がよほどむなしいのだ。だからそれは誰にでも見える。もっとも若者は別だ。彼らは皆、騒ぎと気晴らし、そして将来の計画のうちにあるのだから。

だが彼らから気晴らしを取り去ってみよう。倦怠《けんたい》でふさぎ込むのが見られるだろう。彼らはそのとき、我知らずおのれの虚無を感じている。おのれを見すえてそこから目を離せないように追い込まれるやいなや、耐えがたい悲しみに陥るのは、何とも不幸なことではあるまいか。

三七　（ラ三七／ブ一五八）

職業

功名は実に甘美なものなので、どんな対象に結び付けられようとも、たとえそれが死であろうとも愛される。

三八　（ラ三八／ブ七一）

多すぎる酒、少な過ぎる酒。飲ませなければ、真実を見つけられない。度を過ごして飲ませても、同じこと。

三九　（ラ三九／ブ一四一）

人々は一個のボールや一羽の兎《うさぎ》を追うことにも夢中になる。[1]それは王者の楽しみでさえある。

（1）球技と兎狩は、ファイルA八で展開される「気晴らし」のテーマの例として挙げられている。断章一三六および五二二参照。

四〇　（ラ四〇／ブ一三四）

絵とはなんとむなしいものだろう。原物には感心しないのに、それに似ているといって感心されるのだから。[1]

（1）模倣ないし再現は、伝統的に造形芸術の本質と考えられていた。それが、「原物」の与える効果を逆転させる力を秘めていることは、すでにアリストテレスが指摘している。「私たちは、最も下等な動物や人間の死体の形状のように、その実物を見るのは苦痛であっても、それらをきわめて正確に描いた絵であれば、これを見るのを喜ぶからである」（『詩学』第四章）

四一　（ラ四一／ブ六九）

本を読むのに、速すぎてもゆっくり過ぎても、意味が分からない。(1)

（1）　同じ文章は、ファイルＢ二五にも見出される（断章七二三）。

四二　（ラ四二／ブ二〇七）

われわれのことを知らない王国がどれほどたくさんあることだろう！

四三　（ラ四三／ブ一三六）

些《さ》細《さい》なことに苦しめられるからこそ、われわれは些細なことに慰められる。(1)

（1）「些細なことがわれわれの気持ちをそらせ、変えさせる。なぜなら些細なことがわれわれをとらえるからである」（モンテーニュ『エセー』第三巻四章）

四四　（ラ四四／ブ八二）

想像力

これこそ、人間のうちなるあの支配的部分、あの誤りと偽りの親玉、いつも嘘《うそ》をつくとはかぎらないだけに、いっそう嘘つきの親玉だ①。なぜならそれが嘘の確かな基準であったなら、真理についても間違いのない基準になるはずだから。しかしたいていは偽りであっても、想像力は真にも偽にも同じしるしを付けるので、その性質をいっさい示すことがない。私が語っているのは愚者たちのことではない。最高の賢者たちが問題なのであり、彼らの間においてこそ、想像力は最も説得力を発揮するのだ。理性が叫んだところでどうにもならない。理性はものごとに値段をつけることができないからだ②。

理性に敵対するこの尊大な能力は、好んで理性をあやつり支配するが、自分がすべてにおいてどれほど力をもっているかを示すために、人間のうちに第二の自然本性を作り上げた。想像力はその配下に、思い込みで幸福だったり不幸だったり、健康だったり病気だったり、金持ちだったり貧乏だったりする者どもを従えている。理性を信じさせ、疑わせ、否定させるのは想像力だ。感覚を停止したり働かせたりするのも想像力だ。その配下には、思い込みによる愚者と賢者がいる。そして何より癪《しゃく》に触るのは、想像力が自分を迎え入れてくれる者たちを、理性とは比べものがないぐらいに、十分にまた完全に満足させることだ。思慮深い人々が分別を発揮してもなかなか自分に満足できないのに、想像力に長《た》けた人々は自分にすっかり満足している。前者はおどおどして自信なさげなのに、後者は人々を横柄に見下《みくだ》し、大胆かつ自信ありげに議論する。そしてこの陽気な顔つきはしばしば聴衆の考え方に伝染して、後者に優位を与える。それほど想像上の賢者は、同じ性質の審判たちのもとで好評を博すのだ③。想像力には愚者を賢明にすることはできない。しかし自分の友をみじめにすることしかできない理性を尻目《しりめ》に、愚者を幸福にする。理性は愚者を恥じいらせるのに、想像力は栄光で包むからである④。

名声を授けるのは何か。人物や作品、法律や大貴族に尊敬と崇拝をもたらすのは、この想像する能力でなくて何だろう。その同意なしには、地上のあらゆる富も取るに足りない。

齢《とし》を重ねて人々の尊敬を一身に集めるあの裁判官なら、純粋で崇高な理性に従って振舞い、民衆の想像力だけを迷わせるむなしい周囲の状況には目もくれず、ものごとをその本性に即して判断するとおっしゃるか。彼が、説教が行われる場に、堅固《けんご》な理性を熱心な慈愛で裏打ちし、敬虔《けいけん》な信心を携えて入っていくのを見てみよう。彼は、模範的な尊敬の念をこめて、説教を聴く態勢にある。そこに説教師が姿を現わすとする。彼が生まれつき、しゃがれ声で奇妙な顔立ちをしており、床屋がひげを剃《そ》りそこない、おまけにたまたま顔に何かついていたとしよう。彼がどれほど偉大な真理を述べ伝えようとも、われらのお偉方の重々しい態度が失われるのは確実だ。

世界最高の哲学者が、十分広い板の上に乗っている。もし眼下に絶壁があれば、理性では安全を確信していても、想像力に負けてしまうだろう。⑤多くの人は、そのことを考えただけで、青ざめ、冷や汗を流すだろう。⑥

想像力の引き起こす結果をすべて記すつもりはない。猫やねずみの姿を見たり、木炭をこする音を聞いたりするだけで、理性の調子が狂ってしまうことは、誰でも知っている。⑦声の調子は最高の賢者にも影響を及ぼし、演説や詩歌の効果を変える。⑧愛情あるいは憎しみは正義の姿を変える。前もってたっぷり支払いを受けた弁護士は、自分が弁護する訴訟事件をどれだけ理のあるものと思うだろう。彼の弁論の自信に満ちた身振りは、その外見で裁判官たちを幻惑し、事件をどれほど有利に見せることだろう。⑨風の一そよぎを受けて、あらゆる方向へなびく滑稽な理性。⑩この調子で行くと、人間の行動のすべてを数え上げることになりそうだ。ほとんどすべてが、想像力に揺さぶられてしか動き始めない。なぜなら理性は譲歩せざるをえなかったのだから。最も賢明な理性にしても、人間の想像力が行き当たりばったりにそれぞれの土地に導入した原理を、自らの原理として採用しているだけなのだ⑪。

〔世間がそれでよいというのだから、想像上のものにすぎないと分かっている幸福のために、終日働かなければならない。そして睡眠が私たちを理性の疲労から回復させてくれたら、すぐさまぱっと起き上がって幻影を追い求め、この世を支配する想像力の影響をこうむらなければならない⑫。〕

われらの裁判官はこの神秘をよく心得ていた。彼らの赤いガウン、彼らが毛皮猫族⑬のように身を包む白貂《しろてん》の帯、彼らが裁きを下す裁判所、ゆりの花、これらの荘厳な仕掛けは、すべて大いに必要であった。また、もしも医者にガウンとラバがなく、博士に角帽とどこもかしこもだぶだぶのガウンがなかったなら、世人を欺くことは決してできなかっただろう。しかしこれほどもっともらしい外見に逆らうことはできない。裁判官に真の正義があり、医者に真の癒《いや》しの術があれば、彼らは角帽に用などなかっただろう。これらの学問に備わった威厳はそれだけで十分の尊敬を呼び覚ましただろう。ところが想像上の学問しか持ち合わせていないので、彼らは想像力に訴えて、想像力を驚かせるむなしい道具立てを用いざるをえなかった。そしてじっさい、それによって彼らは人の尊敬を引き寄せるのだ。

ただ軍人だけがこのような変装をしない。彼らの身の上はもっと実質的だから。彼らは力ずくで立身出世するが、他の連中は見せかけでそうするのだ。

われらの国王方がこのような変装をとりわけ追求しなかったのも、そのためである。国王は国王らしく見せるために、特別の衣装をまといはしない。その代わりに、近衛兵《このえへい》や矛槍兵《ほこやりへい》を付き従えている。ひたすら国王のために腕と力をもつこれらの武装した男たちの形相《ぎょうそう》、先導役を務めるラッパ手と鼓手、彼らを取り囲む軍団は、最も沈着な心も怖気づかせる。彼らには衣装ばかりでなく、力がある。豪壮な宮殿で、四万の近衛兵に取り囲まれたトルコ皇帝を他の人間と同じように眺めるためには、よほど澄んだ理性が必要だろう。

ガウンを身にまとい、頭に帽子をかぶった弁護士を見ただけで、われわれは彼の能力を買いかぶらずにはいられない。

想像力はすべてを思いのままにあやつる。それは美と正義、そしてこの世のすべてである幸福を作り出す。私としては、題名しか知らないが、それだけで何冊の本にも匹敵する『意見こそこの世の女王』というイタリア語の本を心から読んでみたいと思う。内容は知らなくても、私はそれに同意する。もっとも具合の悪い点があれば、それは別だが。

おおよそ以上が、この欺瞞《ぎまんてき》的能力の作用であり、それは人間を必ずや誤りに導くために、わざわざわれわれに与えられたように思われる。だが、私たちには他にも誤りの原理がある。

　私たちを欺く力を備えているのは、昔の印象だけではない。新しさの魅力もそうである。そこからあらゆる論争が生まれ、人々は互いに、きみは子供時代の間違った印象に捕らわれている[14]、あるいは逆に新奇な印象を軽率に追い求めているという非難を投げつけあう。正しい中庸を守っている者がいるのなら、出てきて、その証拠を示すがよい。どれほど自然な原理、それも子供時代から受け入れているものであっても、教育あるいは感覚に由来する、誤った印象と思わせられないものはない。

　ある人々はこんなことを言う。「きみは子供の頃から、箱の中に何も見当たらないと、それは空だと思い込み、それで真空が可能だと信じたのだ。それはきみの感覚に由来し、習慣によって根づいた錯覚だ、学問によって修正しなければならない錯覚なのだ[15]。」――それに対して、他の人々はこう言う。「学校で[16]真空は存在しないと聞かされたものだから、きみの共通感覚が狂わされたのだ。この間違った印象を受け入れる以前、共通感覚はあれほど鮮やかに事態を理解していたのに。きみの最初の自然本性に立ち戻って、きみの共通感覚を修正しなければならない。」――それでは、どちらが欺いたのか。感覚かそれとも教育か。

さらに別の誤謬《ごびゅう》の原理、つまり病気がある。それは、われわれの判断力と分別を損なう。そして大病が著しい変質をもたらすとすれば、軽い病気もその程度に応じて影響を及ぼすに違いない⑰。

自分自身に関わる利害も、私たちの目を心地よくくらます驚くべき手段である。この世で最も公平な人でも、自分の事件の裁判官になることは許されない。自己愛に陥るまいとして、逆に自分に対してこの上なく不正になった裁判官を私は知っている。まったく正当な訴訟に負ける確実な方法は、それを裁判官の近親に後押しさせることである。正義と真理はどちらもきわめて微細な切っ先なので、われわれの用いる道具は鈍すぎて、そこに正確に触れることができない。そこに達したとしても、先端を押しつぶして、的よりは周りのはずれの部分を押さえつける。

〔こうして人間は実にうまく作られているので、真については、正しい原理を一つももっていないのに、偽については、素晴らしい原理を多数もっている。それでは、どれほど……しかし人間の誤りの原因のうちで最も滑稽なのは、感覚と理性の間の戦争である。〕

（1）　ポール・ロワイヤル版は、冒頭の文を、「想像と思いなしと呼ばれる人間のうちなるあの支配的部分は、いつも嘘をつくとはかぎらないだけに、いっそう嘘つきの親玉だ」と書きかえている。「思いなし」(オピニオン)は、意見、信念、考え方とも訳される(断章二九注(2)参照)。本断章の言う想像力は、オピニオンと同義語だと言うのであるが、この解釈は、パスカルの文章の意味を正しく捉えていると言える。

(2)「われわれの考え方が、ものごとに値段をつけるということは、多くのものごとにおいて、われわれがその価値を見積もるために、それら自体を考慮するのではなく、それらがわれわれに対してもつ価値を考慮することからも、明らかである。われわれは、それらのものごとの性質や有用性ではなく、それらを手に入れるコストだけを考えているのだ」(モンテーニュ『エセー』第一巻四〇章「幸福と不幸の味わいは、大方、われわれの考え方次第であること」)

(3)「愚かさで何より癪に触るのは、理性が分別に従って自分に満足する以上に、愚かさが自分に満足していることである。思慮があなたに満足し自慢するのを禁じて、つねに不満と心配のうちに送り返すのに、他方では頑迷と無分別が、自らを迎え入れてくれる者たちを喜びと自信で満たすというのは不幸なことである。戦闘からいつも栄誉と歓喜に満ちて帰還して、他人を肩越しに見下すのは、最も無能な連中のすることである。しかもたいていの場合、彼らの自信たっぷりな言葉や陽気な顔つきは観衆の目に勝利者らしく映る。観衆は一般に無力で、本当の長所を正しく判断し見分けることができないからである」(『エセー』第三巻八章)

(4)モンテーニュが運と偶然の仕業にしていたものを、パスカルは想像力に帰している。「われわれが世の中の出来事を見ていて気づくのは、次のことである。すなわち運命は、自分がすべてにおいていかに強力であるかを思い知らせるために、また、われわれの思い上がりを叩きのめすために、無能な人間を賢明にすることはできなかったので、有徳の人々を尻目に、彼らに幸福をもたらす」(『エセー』第三巻八章)

(5)「哲学者を細い針金で編んだ目の粗い籠《かご》に入れて、パリのノートルダム寺院の塔の天辺《てっぺん》からぶら下げてみよう。理性では明らかに、落ちるはずはないと分かっていても、(彼が屋根葺《やねふ》き職人の仕事に慣れていないかぎり)これほどの頂上から見下ろしたら、恐怖と戦慄《せんりつ》を禁じ得ないだろう。〔……〕ノートルダム寺院の二つの塔の間に、その上を歩くのに十分なだけの幅の桁《けた》を渡すとする。どれほど堅固な哲学の知恵といえども、その桁を地上に置いてあるときのように、平気で歩いていく勇気をわれわれに与えることはできないだろう」(『エセー』第二巻一二章)

(6)「われわれは想像力に揺さぶられて、大汗をかいたり、震えたり、蒼《あお》くなったり、赤くなったりする」(『エセー』第一巻二〇章「想像力について」)

(7)「医者たちは何かの音や楽器に興奮して狂乱する気質の人がいると主張している。私は食卓の下で骨をかじる音を聞くのが我慢できない人を見たことがある。鉄を引っかく鑢《やすり》の鋭くきしりあう音を聞いて、平気でいられる人はほとんどいない」(『エセー』第二巻一二章)

(8)「私は次のようなことを言われたことがある。『あなたは、フランス人なら誰でも知っているある人が自作の詩を朗誦《ろうしょう》するのを聞いて感動したようだが、この詩も、紙に書いたのを読めば、うたうのを聞いたほどでなく、あなたの目は耳と違った判断を下すだろう。それほど朗誦というものは、作品に思い通りの価値と風合いを与えるものだ』と」(『エセー』第二巻一二章)

(9)「弁護士に向かって訴訟の一件を話してみるだけでは、あやふやな疑わしい返事しか返ってこない。そこで、どちらの側を支持しようがどうでもいい気でいることが分かるから、彼をこの事件に食いつかせ、熱中させるためにたっぷりとお金を払ってやると、はじめて身を乗り出して、やる気を出してくる。同時に彼の理性も学識も熱を帯びてくる。するとたちまち彼の知性に明白で疑うことのできない一つの真理が立ち現れる。彼はそこにまったく新しい光を見出し、それを心から信じ、その通りだと思い込む」（『エセー』第二巻一二章）

(10)「いやまったく、この結構な能力〔＝判断力〕の堅固さを大いに自慢するだけのことはある。それはほんのわずかな風の偶然のそよぎにも翻弄され、変化するのだから」（『エセー』第二巻一二章）。「風」というのは、空気の振動の引き起こす音声のこと。

(11) 自筆原稿では、直後に、横線で消された次の一文を読むことができる。「理性にしか従いたくないなどと言い張るのは、世間の大部分の判断に照らして、証明済みの愚か者である」

(12) 写本には収録されていないが、自筆原稿では、次に、「以上が、誤謬《ごびゅう》の原理の一つであるが、それは唯一ではない」という横線で消された一文が書き込まれている。さらにその下方には、縦の線で削除された次のような一節を読むことができる。「人間がこれら二つの勢力を同盟させたのはもっともなことであった。この講和においてさえ、想像力は理性よりはるかに優位にあるが、戦争になれば、想像力の優位は完全なものになるのだから。理性が想像力を完全に支配することはないが、想像力のほうはしばしば理性をその居場所から追い払ってしまうのだ」

(13) ラブレーのガルガンチュアとパンタグリュエルの物語『第五の書』第一一章で、貪欲な裁判官を風刺するために用いられている表現。

(14) デカルトの『哲学原理』によれば、「われわれの誤謬の第一の主要な原因は、子供時代の先入見」(第一部七一節)であり、第二の原因は、「われわれがそのような先入見を忘れることができない」(同七二節)ところにある。

(15) 同じく『哲学原理』によれば、絶対的な意味での空虚すなわち真空は存在しえない。それがあると思うのは、「幼いとき」に抱いた「先入見」のせいである(第二部一六―一七節)。

(16) 当時の学校とくに大学の教育は、中世以来のスコラ学――「スコラ」は学校のこと――の原理と方法にもとづいていたが、スコラ自然学では、「自然は真空を嫌悪する」という主張が行われていた。デカルトはスコラ学の全面的な転覆を企てたが、真空については、物体の本性は延長すなわち空間的広がりであるという自らの哲学的立場から、その存在を否定した。パスカルは反対に、真空に関する数々の実験を通じて「真空の嫌悪」に帰せられる現象が、大気圧に起因することを示した。

(17) 「われわれの理解と判断、要するにわれわれの魂全体の能力が、肉体の運動と変化の影響をこうむるのは確かであり、その変化は絶えることがない。〔……〕発熱や深酒や大事件ばかりでなく、ほんの些細な事柄もわれわれの判断をくつがえす。持続的な発熱がわれわれの魂を打ちのめすとすれば、われわれは気がつかないけれど、三日目ごとに出る熱も、それ相応に何らかの変化をもたらすことは確かである」(『エセー』第二巻一二章)

四五(1) (ラ四五/ブ八三)

人間は生まれながらに誤りの巣窟《そうくつ》であり、恩恵(2)なしには誤りを拭《ぬぐ》い去ることはできない。彼に真理を示すものは何もない。すべてが彼を欺く。(3) 理性と感覚は真理の二つの原理であるが、それぞれ誠実さを欠いている上に、互いにだましあう。感覚は偽りの見せかけによって理性をだますが、それが魂にもたらすその同じ偽りを、今度は感覚が理性から受け取る。これは理性の仕返しだ。魂の情念は感覚を混乱させ、偽りの印象を感覚に与える。この両者は競って嘘《うそ》をつき、だましあう。(4)

以上の誤りは偶発的なものであり、これら異質の能力の間に意思の疎通がないことに由来するが、さらにこの誤りの上に……

ここから誤謬《ごびゅう》の能力についての章を始めなければならない。(5)

（1）本断章は、自筆原稿では、前断章の直後に記されており、セリエ版とルゲルン版は同じ一つの断章としている。

（2）神の恵みのこと。「恩寵《おんちょう》」とも言う。

（3）「神の助けなしにわれわれが企てること、神の恩恵の光なしにわれわれが眺めるもののすべては、空虚と狂気でしかない。われわれは、一様で不変の真理の本質でさえ、運任せで与えられると、自らの無力のために腐敗させ堕落させる」（モンテーニュ『エセー』第二巻一二章）

（4）「感覚がわれわれの知性をたぶらかすその同じ欺瞞《ぎまん》に、今度は感覚がだまされる。われわれの魂は、時々同じ仕返しをする。両者は競って嘘をつき、だましあう。〔……〕われわれの感覚は魂の情念によって、変化をこうむるだけでなく、しばしばまったく麻痺《まひ》してしまう。〔……〕このようにして、人間は内も外も無力と虚偽に満ちている」(『エセー』第二巻一二章)

(5) この一文は、自筆原稿においても、写本においても、左の欄外に書き込まれている。

四六 (ラ四六／ブ一六三)

むなしさ

恋愛の原因と結果。

クレオパトラ。(1)

(1) 断章四一三参照。

四七 (ラ四七／ブ一七二)

われわれは決して現在の時にとどまっていない。われわれは未来を、やってくるのが遅すぎるかのように、その歩みを急《せ》かすかのように、先回りして待ちもうける。あるいは過去を、あまりにも早く過ぎ去るかのように、押しとどめるために呼び戻す。無分別にも、われわれは、自分のものではない時の中をさまよい、唯一自分のものである時に思いを向けない。またむなしくも、無に等しい前後の時をあれこれ思い、唯一存続する時を顧みもせずに取り逃がしてしまう。それはたいてい、現在がわれわれを傷つけるからである。現在は悲しい思いをさせるから、われわれはそれを自らの視界から隠す。そしてもし現在が心地よいものであれば、それが逃れ去るのを見て残念がる。われわれは未来の助けを借りて現在を支えようと努め、そこまで行き着けるかどうか当てのないときのために、われわれの力の及ばないものごとを按配《あんばい》しようと考える。(1)

各々、自らの思いを吟味してみるがよい。それがすべて過去か未来に占められているのに気づくだろう。われわれはほとんど現在のことを考えない。考えるとすれば、未来を思い通りにするための光明を現在から引き出すためだ。現在は決してわれわれの目標ではない。過去と現在はわれわれの手段である。ただ未来だけが目標なのだ。こうしてわれわれは決して生きていない。生きようと願っているだけだ。そしていつでも幸福になる準備ばかりしているものだから、いつになっても幸福になれるわけがない。(2)

（1）「人々がつねに未来のことばかり追い求めるのを非難して、『われわれは未来のことには過去のこと以上に無力なのだから、現在もっている幸福をつかんで、それに安住せよ』と教える人々は、人間の犯す過ちの最もありふれたものに触れている。〔……〕われわれは決して自分のもとにいないで、つねに自分の向こうにいる。心配や欲望や希望は、われわれを未来に押しやり、将来のことに、しかもわれわれのいなくなった後のことに、心を煩《わずら》わせて、われわれから現にあるものについての感覚と考慮を奪い去る」（『エセー』第一巻三章）

（2）　パスカルが、一六五七年一月、友人ロアネーズ公爵の妹シャルロットに書き送った手紙の中に次のような文言がある。「われわれは過去に囚われてはなりません。自分の過ちを悔いることしかできないのですから。しかし未来にはいっそう影響されてはなりません。未来はわれわれにとってはまったく存在しないし、そこまでたどり着けるかどうかさえ覚束ないのですから。現在だけが真にわれわれに属する唯一の時、神意に即して用いなければならない時です。そこでこそ、まず、われわれの思いが吟味されなければなりません。しかしながらこの世はあまりにも落ち着きがないので、人は未来の生の瞬間を目指すばかりで、現在の生活とただ今の生の瞬間にはほとんど目を向けません。こうして人はつねに、未来において生きようとし、ただ今の生を生きる態勢には決してありません」

四八　（ラ四八／ブ三六六）

この世界至高の裁判官は、周囲の騒音でたちまち心をかき乱されないほど、独立独歩の精神を持ち合わせているわけではない。彼の考えを妨げるのに、大砲の音は必要ない。風見や滑車のきしる音だけで十分だ。彼が今、筋道を立てて考えられないからといって、驚くことはない。虫が一匹、耳元でぶんぶん飛び回っているではないか。それだけでうまい考えが出てこなくなるのに十分だ(1)。彼が真理を見出せるようにしたければ、その虫を追い払いたまえ。それこそ、彼の理性の邪魔をして、都市と王国を統治するこの強力な知性を混乱させる元凶なのだ。

なんとおかしな神さまだろう。「ああ、滑稽きわまる英雄よ」(2)

(1)「私はやわらかく、すぐに飛び上がる精神をもっている。独りで何かに没頭しているときには、虫のかすかな羽音にも悩まされる」（モンテーニュ『エセー』第三巻一三章）

(2) 一六五七年春、ジャンセニスム問題を討議していたフランス聖職者会議を風刺する落書きが、総会議場の入口に貼り出されたが、その中に登場する表現。呼びかけられているのは、当時パリで活躍していたイタリアの喜劇役者スカラムッシュ。そこで彼は、「学者」の守護者とも言われているが、それは、学問が、他の職業と同じく、世界という舞台で演じられる「喜劇」にすぎないからである。

四九　（ラ四九／ブ一三二）

思うに、カエサルは、世界制覇に時を費やすには、年を取り過ぎていた。そんな暇つぶしは、アウグストゥスやアレクサンドロスにふさわしかった。彼らは熱気に駆られた若者だったのだから。しかしカエサルはもっと成熟していてしかるべきだった。(1)

(1) モンテーニュは、カエサルの成熟を高く評価して、アレクサンドロス大王の上に置いていたが、それに対する応答。「私はカエサルのほうがアレクサンドロスよりも事を行うのに慎重で思慮深いと思う。なぜなら、アレクサンドロスはあたかも奔流が当たるを幸い、何にでも見境なくぶつかっていくように、危険を求め、力ずくで突進していくように思われるからである。〔……〕また、アレクサンドロスは花の盛りの血気にあふれた年頃に戦争に従事したが、カエサルはすでに成熟してだいぶ年を取ってから戦争を始めた」（『エセー』第二巻三四章）。ちなみに、アウグストゥスは、カエサルの養子でローマの初代皇帝となったオクタウィアヌスの尊号。

五〇　（ラ五〇／ブ三〇五）

スイス人は貴族だと言われると腹を立て、平民の血筋を証明して、重要な公職に就く資格があることを示そうとする。(1)

（1）　あらゆる政治体制は恣意的《しいてき》であり、したがって、むなしい（断章八一八参照）。

五一　（ラ五一／ブ二九三、一五四）

「どうしてきみはぼくを殺すのか。(1)」――「なぜって、きみは川の向こう側に住んでいるではないか。友よ、もしきみがこちら側に住んでいれば、ぼくは人殺しになり、きみをこんな風に殺すのは、不正になるだろう。だがきみは向こう側に住んでいる。だからぼくは勇者で、殺すのは正しい」

（1）パスカルはいったんここに、「きみのほうが有利なのに。ぼくには武器がない」と加筆したが、最終的に削除した。ブランシュヴィック版では「武器 armes」を「友人 amis」と読んで、「きみのほうが有利なのに。ぼくには友人がいない」という文を独立した断章（ブ一五四）として立てた。

五二　（ラ五二／ブ三八八）

良識

彼らは追い詰められて、「きみたちのやり方は不誠実だ。ぼくらは眠ってなぞいない」などと口走る。(1) あの高慢な理性が屈服し哀願するとは、何ていい気味だ。(2) それは、自分の権利に文句をつけられれば、武器を手にして力ずくで、自分の立場を守る男のせりふではない。そうだとすれば、やり方が不誠実だなどとぐずぐず言わずに、その不誠実を力で罰するはずだ。

（1）「彼ら」とは、人間が理性によって確実さと真理に到達できると主張する「独断論者」のこと。「きみたち」は、夢と覚醒が区別できないことを楯にとって、それを否定する「懐疑論者」。断章一三一参照。

（2）パスカルは、『サシ氏との対話』の中で、モンテーニュの独断論批判について、同様の口吻《こうふん》を洩《も》らしていた。「私は、この著者において、高慢な理性が自らの武器によってこれほど容赦ない仕打ちを受けているのを見て、喜ばずにはいられません」

〔ファイルA三〕　みじめさ

五三　（ラ五三／ブ四二九）

人間の卑しさ。獣に服従し、獣をあがめるまでに。

五四　（ラ五四／ブ一一二）

定めなさ

ものごとにはさまざまな性質があり、魂にもさまざまな性向がある。じっさい魂の前に現れるもので単純なものは何一つなく、またいかなる事柄に対しても魂が単純なものとして現れることはないからだ。だからこそ、同じことで泣いたり笑ったりするのだ。(1)

（1）　モンテーニュには、「いかにわれわれは同じことで泣いたり笑ったりするか」と題する文章がある（『エセー』第一巻三七章）。断章六七二参照。

五五　〔ラ五五／ブ一一一〕

定めなさ

人に接するのは、普通のオルガンに触れるのと同じことだと思われている。なるほどオルガンには違いない。だがそれは奇妙で、気まぐれで変わりやすいオルガンだ。(1)〔普通のオルガンしか弾けない者には〕これでは和音を出せないだろう。どこに鍵盤(2)があるか、知らなければならないのだ。(3)

(1)　最初この部分は、「そのパイプが連続音程に従って並んでいないオルガンだ」と書かれていた。

(2)　本断章は、文章として完結しておらず、「何が」あるかは記されていないが、「鍵盤」か「ペダル」だと推測されている。

(3)　「確固たる法律や、確固たる政体を確定した人でもいれば、〔……〕その人について判断や推論を行うのは難しくない。たとえば、小カトーの場合なら、その鍵盤の一つに触れるなら、すべてに触れたことになる。そこでは、すべての音がよく整ったハーモニーをなしており、それが崩れることはない。ところがわれわれは反対で、行動の数だけの別々の判断が必要となる」(モンテーニュ『エセー』第二巻一章)

五六　（ラ五六／ブ一八一）

私たちはあまりにも不幸なので、何かに喜びを見出すにしても、それが失敗すれば悲しまずにはいられない。そして失敗なら、無数の事柄が引き起こすことができるし、またいつでも引き起こしている。対極にある不幸に悲しむことなしに幸福を喜ぶ秘訣を見つけられたら、肝心の点が見つかったことになるだろう。それこそ永久運動なのだ。

五七　（ラ五七／ブ三七九）

あまり自由すぎるのはよろしくない。

必需品をすべて持ち合わせているのはよろしくない。

五八　（ラ五八／ブ三三二）

圧政とは、おのれの領域を越えて全体を目指す支配欲のことである①

強者、美形、才人、信心家のそれぞれが寄り集うさまざまの部屋②。各々が、余所《よそ》ではなく、自分の部屋を支配している。ところがときおり、彼らは出くわし、力持ちと美形が、どちらが相手の主人になるかをめぐって、愚かにも争う。彼らの支配は種類が異なっているのに。彼らは互いに聞く耳をもたない。彼らの誤りはあらゆるところで支配しようと望むところにある。何であれ、そんなことはできない。たとえ力であっても。力は学者の国では無力である。力が支配するのは、ただ外面的な行動だけである。

（1）この一文は、最初は、「自然本性の腐敗は、おのれの領域を越えて全体を目指す支配欲に現れている」と記されていた。

（2）「部屋 chambre」には、管轄や領域ごとに区別される裁判所の部門の意味もある。

五八の二①　（ラ五八／ブ三三二）

圧政②

圧政とは、ある経路を通じてしか入手できないものを、他の経路を通じて入手しようと望むことである。それぞれ異なった取柄には、それに応じて異なった務めを果たすのが筋だ。魅力には愛の務め、力には恐れの務め、知識には信用の務めを。

これらの務めを果たすのは義務であり、それを拒むのは不正であるが、他の務めを要求するのも不正である。だから次のような物言いは、間違っており圧政的である。「私は美しい、だから私は恐れられて当然だ。私は強い、だから私は愛されて当然だ、私は、云々《うんぬん》……」同様に次のように主張するのも間違っており圧政的である。「彼は強くない、だから尊敬することはない。彼は有能ではない、だから恐れることはない」

（1）　本断章と直前の断章は、ラフュマ版とブランシュヴィック版では一体になっているが、それぞれ別の紙片に記されている。

（2）　パスカルは政治用語の「圧政 tyrannie」に独特の意味を与えている。それは、直前の断章が明記しているように、不当で行き過ぎた支配欲、あるいは「木によりて魚《うお》を求む」の類《たぐ》いのお門違《かどちが》いの欲望のことである。

五九　（ラ五九／ブ二九六）

戦争をしてあれほど多くの人間を殺すべきなのか、あれほど多くのスペイン人を死に定めるべきなのかを判断するのが問題になっているのに、それを判断するのはたった一人の人間、それも当事者なのだ。利害を離れた第三者であってしかるべきなのに。（1）

（1）　パスカルの存命中、フランスとスペインは長い間（一六三五―五九年）、交戦状態にあった。

六〇　（ラ六〇／ブ二九四）

彼は、この世の組織をいかなる基礎の上に据えて、それを統治しようというのか。（1）

個々人の勝手な思い込みの上だとすれば、何という混乱。正義の上にというのなら、彼はそんなものは知らない。② 仮に知っていたとすれば、人々の間に最も広く行き渡っている原則、すなわち「各人、おのれの国の風習に従うべし」という原則を決して樹立することはなかっただろう。真の公正の光明が、あらゆる民族を支配していたことだろう。そして立法者たちが、法律の手本として、この不変の正義の代わりに、ペルシャ人やドイツ人の恣意《しい》と思い込みを採用することもなかったはずだ。③ あらゆる時代に、世界中のすべての国家が不変の正義を受け入れる光景が見られたことだろう。ところが私たちが目にするのは、いかなる正義であれ不正であれ、土地が変われば、その性質も変わることである。緯度が三度上がれば、法律の全体が引っくり返される。一本の子午線が真理を左右する。わずか数年の領有の間に、基本法が変わる。法律にはそれぞれの時代がある。土星の獅子座への入場が、ある犯罪の起源を告げる。川一筋によって区切られる滑稽な正義よ。ピレネー山脈のこちら側では真実、あちら側では誤り。④

正義の根拠はこのような慣習にではなく、あらゆる国に共通する自然法のうちにあることを人々は認める。偶然の仕業で行き当たりばったりに作られた人間の法律のうちで、せめて一つだけでも普遍的なものがあったとすれば、なるほど彼らはそれを強硬に主張しつづけるだろう。しかし滑稽なことに、人間の気まぐれの極まるところ、そんな法律は一つもない⑤。

盗み、近親相姦、子殺しに親殺し、すべては徳行のうちに数えられたことがある⑥。ある男が川向こうに住んでいて、彼の主君が私の主君と争っている。それだけの理由で、彼と争っているわけでもない私を殺す権利があるという。これ以上、滑稽千万なことがあるだろうか。

自然法というものがあるのは確かだ。しかしあの腐敗した結構な理性が、すべてを腐敗させてしまった⑦。「もはやわれわれのものは何一つとしてない。われわれのものと言っても、人為の産物にすぎない⑧。」「元老院決議と民会決議の名において犯される犯罪がある⑨。」「かつてわれわれを苦しめたのは悪徳だったが、今は法律だ⑩」

このような混乱の行きつくところ、ある意見によれば、正義の本質は立法者の権威、別の意見では、君主の便宜⑪、さらに別の意見では、現行の慣習ということになる。そしてこの最後のものが最も確実だ。ただ理性だけに従って言えば、それ自体で正しいものは何もない。すべては時に応じて変化する。正義の総体を作り出すのは慣習であるが⑫、それはひたすら、慣習が現に受容されているという理由による。これこそ正義に権威を与える神秘的な基礎だ。正義は、その根源に立ち戻って考察しようとすれば、台無しになる。間違いを正す法律ほど、間違ったものはない。それが正しいから従うと言う人がいれば、彼が従っているのは想像上の正義であり、法の本質ではない⑬。本質はそっくりそのまま自分の中に閉じこもっている。法は法であり、それ以上の何ものでもない。その根拠を吟味しようとすれば、それがどれほど薄弱で軽薄であるかが見えてしまう。それで、人間の想像力の生み出す驚異に見慣れていなければ、一世紀の間に法律がこれほどの威容と尊敬を勝ちえたことを目の当たりにして驚嘆することになるだろう。国家に反逆し、それを転覆する秘訣は、既存の慣習の成り立ちを探って源泉にまでさかのぼり、それが権威と正義を欠いていることを示して、慣習に揺さぶりをかけることである⑭。不正な慣習によって廃止された国家原初の基本法に立ち戻らなければならない、という主張がある⑮。そんなことをすれば、すべてを失うはめになるのは確実だ。この天秤にかけて正しいものは何もないだろう。しかしながら民衆は、この手の話にすぐに耳を傾ける。彼らは、くびきの存在に気づくやいなや、それを振り払おうとする⑯。それを利用して、民衆そして既存の慣習を詮索《せんさく》する批判者たちを破滅に追い込むのは、大貴族である。だからこそ人々のためを思えば、彼らをしばしば欺かなければならないと、立法者の中でも最高の賢人⑰は述べていたのである。さらにもう一人の優秀な政治家の言によれば、「自由をもたらす真理を知らないのだから、欺かれるのがよいのである⑱」。民衆が簒奪《さんだつ》の真実を感じ取ってはならない。それはかつて理由なく導入されたが、今や理にかなうものになった。それが真正かつ永遠であるかのように見せかけ、その起源を隠さなければならない。さもないとそれは遠からず終わりを迎えることになるだろう。

（1）　自筆原稿では、直前に、棒線で消された次の文を読むことができる。「本当に法律のむなしさ。彼はそれから解放されることになるだろう。だから彼を欺くのが有益なのだ。」「彼」は、「人間の研究」の対象となる人間を指している。

（2）　断章九で予告されていた「不正についての手紙」のテーマが、法律の恣意性・相対性との関連で、この断章で展開されている。

（3）　「われわれの風習の規則をわれわれ自身から引き出すとすれば、どれほどの混乱に陥ることか。なぜならわれわれの理性が最も真実に近いこととして勧めるのは、一般に、『各人はおのれの国の法律に従うべし』ということだからである。これは、神から霊感を受けたと言うソクラテスの意見でもある。要するにわれわれの理性の主張は、『われわれの義務を律するのに偶然以外の規則はない』ということではあるまいか。真理は均一で普遍的な顔をもつはずである。もしも人間が実体と本質をそなえた公正や正義を知っていたなら、それをこの国やあの国の習慣に結びつけたりはしないだろう。徳が徳としての形を取るのは、ペルシャ人やインド人の思いつきからではないだろう」（モンテーニュ『エセー』第二巻一二章）。本断章は、モンテーニュの『エセー』、とりわけ第二巻一二章「レモン・スボンの弁護」の多数の引用から構成されている。

（4）　「法律ほど、絶え間のない動揺をこうむるものはない。〔……〕私は、わが国においても以前は死罪に値した事柄が今では合法とされるのを見た。別の立場が合法だと思っているわれわれにしても、定めない戦乱の運命に翻弄されて、いつかは人および神に対する大逆罪に問われないとも限らない。われわれの正義が不正に踏みにじられて、わずか数年の領有の間に、正反対の本質に転ずることもありうるからだ。〔……〕昨日はもてはやされていたのに明日はそうでなくなるような善、川一つ渡っただけで罪悪に変ずるような善とはいったい何だろう。山によって区切られ、向こう側の世界では虚偽であるような真理とは何であろうか」(『エセー』第二巻一二章)

(5)「彼らは、法律に何らかの確実性を与えようとして、滑稽にもこう主張する。それ自体の本質によって人類に刻み込まれた堅固《けんご》、永続的かつ不動のいくつかの法律、いわゆる自然法がある。〔……〕ところが彼らは実に不運である。じっさいこれを不運と言わずに何と言おう。これほど無限にある法律の中に、せめて一つでも運命と偶然によって、あらゆる国民の同意によってあまねく認められるものがないとは」(『エセー』第二巻一二章)

(6)「ある事柄がここでは唾棄されるが、別のところでは誉《ほ》めそやされる。たとえばラケダイモンでは盗みの巧みさが賞賛される。近親結婚はわれわれの間では死刑によって禁じられているが、余所《よそ》では名誉とされる。〔……〕子殺し、親殺し、女性の共有、盗品の取引、あらゆる種類の放埒《ほうらつ》な快楽など、要するにどんな極端なことでも、どこかの国民の習慣で認められないものはない」(『エセー』第二巻一二章)

(7)「他の被造物において見られるように、自然法なるものがあることは信じてよい。しかしそれは、われわれの間では失われている。あの結構な理性がいたるところに口出しをし、支配し命令し、そのむなしさと定めなさによって事物の姿を混乱させ、歪曲《わいきょく》するからである」(『エセー』第二巻一二章)

（8）前注に掲げた『エセー』の一節の直後に引かれているラテン語の引用。出所は、キケロ『善と悪の究極について』第五巻二一節であるが、忠実な引用ではなく、原文の主張とは大きく異なっている。

（9）セネカ『倫理書簡集』九五（『エセー』第三巻一章からの引用）。

（10）タキトゥス『年代記』第三巻二五節（『エセー』第三巻一三章からの引用）。

（11）「プロタゴラスとアリストンは、法の正義の本質として、立法者の権威と考えしか認めなかった。そして、それを別にすれば、善も正しさもその性質を失い、どうでもいいことの空虚な名前となってしまったと言った。トラシュマコスはプラトンの著作の中で、目上の便宜以外に正しいことはないと言っている」（『エセー』第二巻一二章）。プロタゴラスは、前五世紀に活躍したソフィスト。「人間は万物の尺度である」という言葉で知られる。アリストンは、前三世紀に生きたストア派の哲学者。弁論家のトラシュマコスは、プラトンの『国家』第一巻で、「正しいこととは、強い者の利益にほかならない」と述べている。

（12）「キュレネ派の主張によれば、何一つそれ自身で正しいものはなく、習慣と法律が正義を形作る」（『エセー』第三巻一三章）

（13）「法律が信用を保っているのは、正しいからではなく、法律であるからである。これこそ法律の権威の神秘的な基礎である。〔……〕法律ほど重大かつ広範囲に間違いを犯すものはないし、これほど不断に間違うものもない。法律が正しいからといってそれに従う者は、正しい根拠にもとづいて従っているとは言えない」（『エセー』第三巻一三章）

（14）「法律はその権威を、受容と行使から得ている。それを根拠にまでさかのぼって論ずることは危険である。法律は川と同じことで、流れていくうちに大きく尊くなる。源泉までさかのぼってみれば、やっと見分けられるほどのほんの小さな湧き水にすぎないものが、年を経るにしたがって、こんなにも誇らしげに力強くなるのである。威厳と名誉と尊厳にあふれたこの名高い奔流も、最初のきっかけとなった昔のいろいろな理由を考えてみれば、実に軽薄で些細なものであることがお分かりになろう」(『エセー』第二巻一二章)。『エセー』第一巻二二章「習慣について。容認されている法律を安易に変えないことについて」にも次のような一節がある。「かつて私は、われわれのしきたりの一つで、われわれの周囲にずっと遠くまで確固たる権威をもって受け入れられているものを擁護しようとしたことがある。だがよくあるように、法律や先例を持ち出して補強するだけでなく、さらに起源にまでさかのぼってきわめてみたところ、その根拠があまりにも薄弱であることを発見して、他人にその正しさを説くはずの自分のほうが、危うく嫌気を起こすところだった」

(15)　フロンドの乱(一六四八—五三年)の引き金となった高等法院のメンバーの演説に、同趣旨の発言が見出される。

(16)　「大衆は、〔……〕それまで尊敬していた考え方をあえて軽蔑したり批判してもいいのだという考えを吹き込まれると、〔……〕すぐさま、自分の信念のうちで打撃を受けた部分はもとより、他のすべての部分にまでたやすく疑いの目を向けることになる。彼らにとっては、それらの部分も打撃を受けた部分も、等しく権威も根拠も失ってしまうからである。そしてこれまで、法律の権威や古来の慣例に対する尊敬から受け入れていたあらゆる見解を、まるで暴君のくびきであるかのように振り捨ててしまう」(『エセー』第二巻一二章)

(17)　プラトンのこと。「彼は、『国家』の中で、あからさまに、人々のためを思えば、彼らをしばしば欺かなければならないと述べている」(『エセー』第二巻一二章)。『国家』第五巻四五九Ｃ参照。

(18) 古代ローマの政治家で祭司長を務めたスカェウォラ、あるいは、学者で詩人であったウァッロの言葉。アウグスティヌスが、『神の国』(第四巻二七章)で、批判の対象として引用したが、それをさらにモンテーニュが引用している(『エセー』第二巻一二章)。

六一　(ラ六一／ブ三〇九)

正義

流行が魅力を作り出す。正義を作り出すのも同じく流行だ。

六二　(ラ六二／ブ一七七)

イギリス国王、ポーランド国王そしてスウェーデン女王の愛顧を受けたような人間で、よもや隠棲先や避難所に事欠くことがあると思った者がいるだろうか(1)。

(1) イギリスのチャールズ一世は、一六四九年、ピューリタン革命で処刑された。ポーランドのヤン二世は、一六五六年、スウェーデン軍によって数カ月の間、国から追われた。スウェーデンのクリスティーナ女王は、一六五四年、退位した。原稿には、「三人のあるじ」という題名が書き込まれていたが、棒線で消されている。

六三　（ラ六三／ブ一五一）

栄誉

賞賛は、子供のときから、すべてを台無しにする。「何て上手なお口、何て上手なできばえ、何てお利口なの、等々。」ポール・ロワイヤルの子供たち(1)は、このようなうやみと誇りの気持ちを刺激されることがないので、無頓着《むとんちゃく》になる。

（1）ポール・ロワイヤルの隠士たちが設立したいわゆる「ポール・ロワイヤル塾」で学ぶ生徒。

六四　（ラ六四／ブ二九五）

ぼくのもの、きみのもの

あのいとけない子供たちはこう言い合っていた。「この犬はぼくのもの。」「この日なたはわたしのもの。」これこそ、世界中にありとある土地の横領(1)の始まりであり、縮図である。

（1）「横領 usurpation」とは、他人に所属する物を奪取または不正使用することだが、法の成立以前の段階に立ち戻って考えれば、誰の物でもない物、すなわち万人の物を、使用を通じて取得する(usu rapere)ことである。本断章は、ルソーの『人間不平等起源論』(一七五五年)第二部の冒頭で語られる所有権の発生の寓話を髣髴《ほうふつ》させることで有名だが、このような考え方自体は、キリスト教の初代教会の著作家にも見出される。たとえば、ヨアンネス・クリュソストモスの説教には、次のような一節があるという。「一部の人々が皆の物を独り占めにしようとして、争いや戦争が起こるのです。それはあたかも、神が与えた和合を、人間が〈ぼくのもの、きみのもの〉という冷淡な言葉で分裂させることに、自然が憤《いきどお》ったかのようです。ここにこそ不和の原理、無数の苦しみの源泉があるのです」(『説教』第一二)

六五　(ラ六五／ブ一一五)

多様性

神学は一つの学問だ。だがそれは同時に、どれほど多くの学問から成り立っていることか。人間は一つの実体だ。だが解剖すれば、それはどうなるのか。頭、心臓、胃の腑《ふ》、血管、それぞれの血管、血管のそれぞれの部分、血液、それぞれの血の滴《したた》りではないか。

一つの町、一つの田園。遠くから見れば、それは町と田園だ。だが近づくにつれて、それは家々、木々、かわら、葉叢《はむら》、草々、蟻《あり》、蟻の足、と無限に続いていく。それらがすべて田園という名に包み込まれているのだ。①

（1）「いくらさまざまな野菜が入っていても、全体はサラダという名で包み込まれる」（『エセー』第一巻四六章）。

六六　（ラ六六／ブ三二六）

不正

法律は正しくないと民衆に言うのは危険だ。彼らが法律に従っているのは、それが正しいと信じているからだ。だから彼らには同時にこう言わなければならない。「法律に従わなければならないのは、それが法律だからだ[1]。目上に従うのは当然だが、それは彼らが正しいからではなく、彼らが目上だからというのと同じことだ。」これであらゆる騒擾《そうじょう》は防止できるはずだ。それを理解してもらい、それがまさに正義の定義だということをわかってもらえれば、の話だが。

（1）「法律が信用を保つのは、正しいからではなく、法律だからである。〔……〕法律が正しいからといってそれに従う者は、正しい根拠にもとづいて従っているとは言えない」（モンテーニュ『エセー』第三巻一三章）。断章六〇および五二五参照。

六七　（ラ六七／ブ八七九）

不正

裁判権は裁く者のためではなく、裁かれる者のためにある。(1) 民衆にそれを言うのは危険だ。しかし彼らはすっかりあなた方を信じ込んでいる。(2) この教えは彼らの害にはならないだろうし、あなた方には役立つはずだ。だからこのことを公表しなければならない。「わが羊を養え。汝《なんじ》の羊にあらず。(3)」あなた方には私を養う義務がある。

(1) モンテーニュからの引用。彼は、続けてこう述べている。「目上がいるのは、目上自身のためではなく、目下のためであり、医者がいるのは病人のためで、彼自身のためではない」（『エセー』第三巻六章）

(2) ローマ教皇の権威を擁護する人々、いわゆる教皇至上権主義者、とりわけイエズス会士たちに対する呼びかけと考えられる。

(3) イエスは復活の後、信者の群れの指導をペトロに委ね、「私の羊を飼いなさい」と述べた（「ヨハネによる福音書」第二一章一七節）。「汝の羊にあらず」というのは、この箇所に対するアウグスティヌス（『ドナトゥス派に反対してカトリック教徒に与える手紙』第一六章四〇節）、さらにジャンセニウス（『四福音書注解』）の注釈を踏まえたパスカル自身のコメント。イエスがペトロとその後継者たちすなわち教皇に託した羊の群れは、彼らのものではない、というのである。断章七〇八参照。

六八　（ラ六八／ブ二〇五）

私の一生のささやかな時間が、それに先立ちまた引き続く永遠の中に、「通り過ぎてゆく一夜の客の思い出」(1)のように呑み込まれるのを眺め、私が占めるささやかな空間、いや私が見ている空間までもが、私が知らず私を知らない空間の無限の広がりに吸い込まれるのを眺めるとき、私は恐れにおそわれ、自分があそこではなくここにいることに驚き怪しむ。あそこよりここにいる理由はないのだから。どうしてあの時より今なのか。誰が私をここに置いたのか。誰の命令、誰の導きによって、この場所とこの時が私に割り当てられたのか。

（1）旧約聖書続編「知恵の書」第五章一五節（新共同訳では一四節）。

六九　（ラ六九／ブ一七四の二）

みじめさ

ヨブとソロモン。(1)

（1）このメモは、断章四〇三で展開されている。

七〇 （ラ七〇／ブ一六五の二）

もしも私たちの境遇が本当に幸福だったとすれば、わざわざそこから気をそらせて、気晴らしをする必要はないはずだ。[1]

（1） ほとんど同じ考察が、奇蹟に関するファイルＢ三四に含まれる断章八八九に見出される。

七一 （ラ七一／ブ四〇五）

矛盾

思い上がりはすべてのみじめさを埋め合わせる。それは、みじめさを覆い隠す。さもなければ、さらけ出した上で、みじめさを自覚していることを自慢する。

七二 （ラ七二／ブ六六）

自分自身を知らなければならない。[1] そうすれば、たとえ、真実の発見には役立たないとしても、少なくとも自分の生き方を整えるのには役立つ。そしてこれほど正しいことはない。

（1）「汝《なんじ》自らを知れ」というのは、デルフォイの神殿の扉に彫り付けられていたという教えで、ソクラテスが自らのモットーとしたことで有名であり、古来、数多くの思想家の思索の糧《かて》となった。モンテーニュもこの教えに深い関心を寄せていた。「自分自身を知れという、各人への忠告は重大な結果をもたらすものに違いない。なぜなら、学問と光明の神であるアポロンはこれを、人間の教えのすべてを含むものとしてその神殿の正面に彫らせているからである。プラトンも、知恵はこの命令の実行にほかならないと言っている。クセノフォンによれば、ソクラテスもこれを個々の事実において実証している」（モンテーニュ『エセー』第三巻一三章）。「昔、デルフォイであの神がわれわれに与えたあの命令は逆説的なものであった。『おまえのうちを見よ。おまえを知れ。おまえ自身に立ち止まれ。〔……〕おお、人間よ、おまえ以外の万物はそれぞれ真っ先に自己を研究する。そして自分の必要に応じて、自分の仕事と欲望に限界を定める』」（同第三巻九章）

七三 （ラ七三／ブ一一〇）

今の快楽が偽りであることは感じられるが、遠くにある快楽のむなしさは分からない。移り気の原因はそこにある。

七四 （ラ七四／ブ四五四）

不正

他人を害することなしに自分の欲心を満たす手立てとして、彼らは他の手立てを見つけることができなかった。(1)

（1）「他人を害することなしに自分の欲心を満たす手立て」とは、一つは、国家の統治システムであり、もう一つは、自己愛を覆い隠す礼節である。だからといって、人間の自我の中核にある自己中心性と支配欲が根絶されるわけではない（断章二一一および五九七参照）。

七四の二　（ラ七四）

ヨブとソロモン。(1)

（1）写本に独立したパラグラフとして記入されている文言。ブランシュヴィック版は無視、ラフュマ版は前断章の末尾に付加している。断章六九および四〇三参照。

七五　（ラ七五／ブ三八九）

「伝道の書」の著者(1)が示すように、神なき人間は、すべてに無知で、不幸を避けることができない。なぜなら意欲だけあって力がないのは、不幸なことだからだ。ところが人間は、幸福になり、何らかの真理を確保することを欲している。しかしながら彼は知を獲得できないし、知への欲望を捨てることもできない。彼は疑いにとどまることさえできないのだ。

（1）旧約聖書の「伝道の書」——現在では「コヘレトの言葉」と呼ばれる——は、「エルサレムの王、ダビデの子」であるソロモンの語録の体裁を取っている。

七六[1]（ラ七六／ブ七三）

〔それでは魂にとっては、自分自身でさえ、自らのか弱い光明の及ばない高貴すぎる主題だというのか。それなら魂を下方に導いて、物質に目を向けてみよう。魂は、自分が命を吹き込んでいる自分の身体、そして自分が思いのままに眺め、また動かす他の物体が、何からできているかを知っているだろうか。

何も知らないものはないと豪語するあの偉大な独断論者たちは、それについて何を知っていたのか。

三九三[2]

「以上の意見の中で[3]」

理性に分別があれば、たしかにそれで十分だろう。理性は、まだ何も確実なものは見出していないことを認めるくらいの分別は持ち合わせている。だが見出せるという希望は捨てていない。それどころか、かつてないほど熱心にこの探究に乗り出し、その実現に必要な力を自らのうちに備えていると確信している。

だから理性にとどめを刺さなければならない。その能力がどんな結果を生み出しているかを調べ、その後に能力それ自体を確認しよう。真理を把握するための何がしかの力、何がしかの手がかりをもっているかどうか見てみよう。〕

〔しかしもしかしたら、この主題は理性の限界を越えているかもしれない。(4) それなら、自らの力の及ぶ事柄について、理性が何を考案したか調べてみよう。理性が自らの利害関心に促されて、最も真剣に取り組む事柄があるとすれば、それは究極の善の探究である。(5) そこで、あの強力で明敏な魂の持ち主たちがそれをどこに置いたか、またその在処《ありか》について意見が一致しているかどうか見てみよう。

ある人は、究極の善は美徳のうちにあると言う。別の人は、快楽のうちに、また別の人は、自然に従うことのうちに、もう一人は、真理のうちに置く、「幸いなるかな、ものごとの原因を極めることのできる者」(6)。さらに別の人は、平安な無知のうちに、もう一人は、不動心に、また別の人は、見かけに抵抗することに、次の人は、何も驚かないことに、「無感動こそ、幸福を生み出し、保持するほとんど唯一の手段だ」(7)。そしてまっとうなピュロンの弟子たちは(8)、平静不動《アタラクシア》と懐疑と絶えざる判断保留を目指すが、さらに別のもっと賢い人々に言わせれば、究極の善などというものは、願い事の対象としてさえ見つからない。[9]　十分すぎるほどのお答えだ。

法律の後に移すこと。
次の節。

だが、この見事な哲学が、これほど長いあいだ精魂を傾けて、何か確実なことを獲得したかどうか見てみよう。[10]　もしかしたら魂は少なくとも自分自身を知ることはできるのではないか。この問題について、この世の先生方の意見を聞いてみよう。

先生方は、魂の実質について、どう考えたのか。[11]

三九五

先生方は、魂の在処については、もっとよい答えを見つけたのか。[12]

三九五

先生方は、魂の起源、その存続期間、その旅立ちについて、何を見出したのか。

三九九〕

（1）　本断章は、断章六〇が記された二枚の紙の裏面（一枚はその下半分）に書き込まれた後、線を引いて消されている。しかしそれは、内容を否認したからではなく、断章六〇を「みじめさ」の章に分類するに際して、本断章には別の分類場所を考えていたからだと思われる。なお、自筆原末尾の、「法律の後に移すこと」という文言は、分類についての指示である。

稿の左側の余白には、花マルで囲まれた一三という数字が三カ所に書き込まれている。人間の研究をテーマとするいくつかの断章、たとえば一九八、一九九、二〇〇の欄外にそれぞれH五、H九、H三という符号が記されていることと考え合わせると、本断章も人間についての論説の一環であった可能性がある。

(2) パスカルが愛読していたモンテーニュ『エセー』(一六五二年版)の参照箇所の指示。直前の文章は、三九三頁からの自由な引用と思われる。「スボンの挙げる理由を薄弱すぎると考える人々、何も知らないもののない人々、世界を支配する人々、何でも知っている人々〔……〕」、こういう人々は、書物の中に埋もれて、ときには自分自身の存在を認識することの困難さを考えてみたことがないのだろうか」(『エセー』第二巻一二章)。後に出てくる、三九五、三九九という数字も、同じく『エセー』の頁数を指示している。

(3) モンテーニュは、魂の本性に関する古来の哲学者の多種多様な意見を列挙した後で、締めくくりにキケロの言葉(『トゥスクルム荘対談集』第一巻一一章)を引用する。「以上の意見の中でどれが正しいかは、いずれかの神さまが決められることだ」(『エセー』第二巻一二章)

(4) 写本では、本段落の欄外に、断章六〇の末尾に送るという趣旨の注記がある。それを考慮すると、「この主題」というのは、断章六〇の主題、すなわち正義と法律の問題を指していると思われる。

(5) 「人間の究極の善は何かという問題ほど哲学者の間に激しい論争を巻き起こしたものはない。ウァロの計算によると、ここから二百八十の学派が生まれたそうである」(『エセー』第二巻一二章)。これに続いて、モンテーニュは、「究極の善」に関する哲学者たちの学説のいくつかを紹介しているが、パスカルはそれを下敷きにして以下の文章を綴《つづ》っている。なお、

「究極の善」の数には、モンテーニュの引用源であるアウグスティヌスの『神の国』(第一九巻一章)では二八八となっており、モンテーニュ自身の加筆でもそうなっているが、作者の死後に公刊された一五九五年版では、二八〇となっており、パスカルが参照した版もその誤りを踏襲していた。断章四〇八参照。

(6) ウェルギリウス『農耕詩』第二歌四九〇行。断章四〇八参照。

(7) ホラティウス『書簡詩』第一巻六歌一―二行。断章四〇八参照。

(8) 古代ギリシャの懐疑主義者ピュロンにならって、あらゆる判断の断定を避け、それを通じて、平静不動の境地にいたることを目指す人々。

(9) 「われわれが無力であることの証拠はいろいろあるが、とくに次のことは特筆に値する。つまり、人間は欲望においてさえ、自分に必要なものを見出すことができないし、また、じっさいに享受することにおいてではなく、想像と願望においてさえ自分を満足させるのに何が必要であるかについて意見の一致を見出すことができない」(『エセー』第二巻一二章)

(10) 「だが最後に、人間は求めるものを見出すことができるかどうか、また何世紀にもわたって続けてきた探究によって、何か新しい力と確実な真理を得たかどうかを考察しなければならない。私の思うところ、もし人間が誠実に語るならば、これほど長い間の探究から得た収穫はせいぜい自分の無力を知ったことだと告白するだろう」(『エセー』第二巻一二章)

(11) 「理性が何かを知っているとすれば、それは少なくとも自分の存在と住まいであろう。理性は魂の中にあり、その部分もしくは作用である。〔……〕さて人間の理性が自己と魂について、われわれに教えるところを見てみよう」(『エセー』第二巻一二章)

(12) 「魂の在処についてもこれに劣らぬ意見の相違と議論がある」(『エセー』第二巻一二章)

〔ファイルＡ四〕　倦怠《けんたい》および人間の基本的性質

倦怠のテーマは、このファイルでは十分に展開されていないが、それはファイルＡ八で論じられる気晴らしのテーマと深く関連している。

七七　（ラ七七／ブ一五二）

思い上がり

好奇心はたいてい虚栄にすぎない。知りたがるのは、それについて話すためだ。さもなければ遠洋航海に乗り出したりはしないだろう。それについて何も語らず、ただ見る楽しみだけで、見たことをいつか人に伝えるという希望もなしに。

七八　（ラ七八／ブ一二六）

人間の描写

依存し、独立を欲し、必要に迫られる。

七九　（ラ七九／ブ一二八）

倦怠《けんたい》を感じるのは、夢中になっていたことから離れることによる。ある男が楽しく夫婦生活を送っている。男が気に入った女を見かけて、五、六日楽しく遊び暮らすとしよう。古巣に帰ると、みじめなものだ。これほどありふれたことはない。

〔ファイルＡ五〕　現象の理由

「現象の理由」は、パスカルに独特の用語法。「現象」とは、観察されるあらゆる事実であるが、その中でも、とりわけ観察者に不思議な思いをさせる事実が問題になっている。そのような事実の「理由」とは、その事実を説明する原因であると同時に、それを正当化する理由、つまり一見不思議に見えて実はそれが理性にかなっていることを示す理由である。なお、「目次」によれば、本ファイルは、まず「民衆の意見の健全さ」と題されていたが、それが「現象の理由」に改められた。二つの題名の関係については、断章九三が示唆《しさ》を与えてくれる。

八〇　（ラ八〇／ブ三一七）

尊敬とは、「窮屈な思いをせよ」ということだ①。

それは、うわべはむなしいが、きわめて正しい②。なぜなら、その真意は、「必要とあれば、いくらでも窮屈な思いをしましょう。だってそれがあなたの役に立つわけでもないのに、そうしているのですから」ということだからだ。その上、尊敬は大貴族を選別するためにある。もし尊敬が、ソファーにふんぞり返っていることであれば、相手が誰でも尊敬することになるだろう。そうなれば、誰も選別されなくなる。ところが窮屈な思いをしなければならないものだから、きちんと選別される。

（1）ファイルＡ二の断章三二一参照。
（2）ファイルＡ二では、「むなしさ」の格好の例であった尊敬が、社会生活において、それなりの理由と正当性をもっていることが示される。

八一　（ラ八一／ブ二九九）

唯一の普遍的なルールは、通常の事柄については国法であり、その他の事柄については多数決である。どうしてそうなるのか。そこにある力のせいである。

だからこそ、国王は大臣たちの多数決に従わない。他に力を保持しているからである。たしかに財産の平等は正しい。しかし正義に従うことが力をもつようにできなかったので、力に従うことが正義になったのだ。正義に力を与えることができなかったので、力を正義としたのである。それは、正義と力が一緒になって、平和をもたらすためであった。平和こそが究極の善なのだから。

八二①　（ラ八二／ブ二七一）

知恵はわれわれを子供時代に連れ戻す。「もしも幼子《おさなご》のようにならなければ②」

（1）　本断章は、自筆原稿では前断章と同じ紙片、しかもその直後に記されている。

（2）　イエスが、天国での席次について議論している弟子たちに述べた言葉。「はっきり言っておく。心を入れ替えて子供のようにならなければ、決して天の国に入ることはできない」（「マタイによる福音書」第一八章三節）。ウルガタでは、「心を入れ替えて」のところは、「回心して」となっている。

八三　（ラ八三／ブ三二七）

世間の人々はものごとを正しく判断する。なぜなら彼らは、人間本来の座、つまり生まれながらの無知のうちにいるのだから。知識には、互いに接する両極端がある。一方の端は、自然で生《き》のままの無知であり、人間はすべてこの状態で生まれる。他方の端は、人間の知のあらゆる可能性を踏破したあげく、何も知らないことを悟る偉大な魂の持ち主たちがたどり着く無知であり、ここで彼らは、出発点と同じ無知のうちにいる自分に出会う。しかしそれは、学ある無知、おのれを知る無知である。中間の連中は、生まれつきの無知は脱しても、他方の無知に行き着けないので、このうぬぼれ知識のうわべをなでて聞いた風をする。彼らは世間を騒がせ、すべてに間違った判断を下す。民衆と識者が世の中の動きを作り出す。中間の連中はそれをばかにして、彼ら自身ばかにされる。彼らは、すべてのことに間違った判断を下すが、世間は正しく判断する。[1]

（1）「無知には、知識以前の初歩的な無知と、もう一つ、知識の後にくる学識ある無知がある。〔……〕この中間にある連中、すなわち前者の無知無学を軽蔑し、さりとて後者に到達することもできなかった連中（これは二つの鞍《くら》の間に尻《しり》を置く連中で、私も、他の多くの仲間と同じくここにいる）は、危険で無能、そして厄介だ。この連中が世間を騒がせるのだ」（モンテーニュ『エセー』第一巻五四章）

八四[1]　（ラ八四／ブ七九）

〔デカルト

大まかになら、「それは形と運動から成る」と言わなければならない。それは本当だからだ。しかし、どのようなものかについて立ち入って語り、機械を組み立てるのは滑稽だ。なぜならそれは無用にして不確実、そして骨の折れることだからだ。第一、それが本当だとしても、哲学全体にたとえ一時間でも時間を費やす価値があるとは思えない。[2]〕

（1）直前の断章の裏面に書き込まれたが、線を引いて消されている。「現象の理由」とは無縁のテーマを扱っているためだと思われる。

（2）デカルトの自然哲学の原理である機械論を受け入れることは、必ずしも『方法序説』で素描され、『哲学原理』で展開される彼の自然学の体系を受け入れることではない。マンジョという医者によれば、「故パスカル氏はデカルト哲学のことを自然の小説、ドン・キホーテの物語と同工異曲の小説と呼んでいた」という（下巻、語録9）。十七世紀において、学科としての哲学は、自然についての学問、すなわち自然学を含んでいた。ちなみに現在の「物理学 physics」は、語源的には、「自然 physis」についての学、つまり「自然学」を意味する。

八五　（ラ八五／ブ八七八）

「法のきわみは不正のきわみ」(1)

多数決は最良の手段だ。それは目に見えるし、服従させるための力を備えているのだから。とはいえ、これは未熟な知識人の見解だ。

もし可能であれば、力は正義の手中に置かれていたことだろう。しかしながら力は実質的な性質であるために、思いのままにあやつることができない。それに対して正義は精神的な性質なので、思いのままに左右することができる。そういうわけで、人々は正義を力の手中に置き、そうして、従わざるをえないものを正義と呼んだ。

―――

剣の権利はそこに由来する。[2] なぜなら剣は本物の権利を与えるのだから。

―――

さもなければ一方に暴力、他方に正義が向き合うことになるだろう。

『プロヴァンシャル』第一二信の末尾。[3]

―――

だからこそ自称の正義を力に刃向かわせるフロンドの乱は不正なのだ。

―――

教会では事情が異なる。そこには真の正義があり、暴力はいささかもないのだから。

（1） キケロ『義務について』第一巻一〇章に引かれていることわざ。テレンティウス『自虐者』第四幕五場にも同趣旨の文言が見られる。シャロンの『知恵について』（第二版、第一書三七章）に引用されており、パスカルの典拠はここにあると思われる。キケロによれば、このことわざの趣旨は法律の断罪ではなく、条文の言葉尻《ことばじり》にこだわる法律万能主義の批判にある。

（2） 力が政治的権威の正当な源泉であるという考えは、十七世紀ヨーロッパでは広く認められていた。「国王の権威はただ神とおのれの剣に由来する」という法諺《ほうげん》もあった（ジェラール・フェレロルによる）。
（3）『プロヴァンシャル』第一二信の末尾では、暴力と真理が対峙《たいじ》させられて、次のように述べられている。「あなた方〔＝イエズス会の神父たち〕は、自分たちには力があり、罰を免れると信じておられる。私のほうは、真理と無実があると信じています。これは奇怪な長期戦です。暴力が真理を抑圧しようとする戦いなのですから。暴力がどれほど努力しても、真理を弱めることはできません。いっそう真理を際立たせるばかりです。真理がどれほど光り輝いても、暴力を押しとどめるには無力であり、暴力をさらに激化させるばかりです。〔……〕だからといって両者が拮抗《きっこう》していると言ってはなりません。〔……〕暴力が通用するのは、神の命令によって定められた間のことであり、神は暴力を導いて、それが攻撃する真理の栄光を示されるのです」

八六　（ラ八六／ブ二九七）

「真実の法」(1) もはやわれわれにそんなものはない。もし持ち合わせていたのなら、自国の風習に従うことを、正義の基準に持ち出したりはしないだろう。

こうして、義人が見つからなかったので、強者を見つけた、云々《うんぬん》。

（1）「自然で普遍的な、それ自体としての正義は、もう一つ別の正義、個別的で民族的で、われわれの国家組織の必要に縛られた正義と違って、より気高い規則をもっている。『われわれには真実の法と本物の正義の確実で明白な姿は一つもない。われわれが手にしているのは、その影と反映にすぎない』」（モンテーニュ『エセー』第三巻一章）。引用の出典は、キケロ『義務について』第三巻一七章。

八七 （ラ八七／ブ三〇七）

大法官はいかめしく、飾りを身にまとっている。なぜならそのポストはまがいものだからだ。しかし国王は違う。彼には力があるからだ。国王には、想像力は必要ない。裁判官や医者などには、想像力しかない。

八八 （ラ八八／ブ三〇二）

それは力の結果であって、習慣の結果ではない。なぜなら創意工夫の才に恵まれた者は稀《まれ》だからだ。衆を頼む多数派は追随することしか望まず、発明家が自らの発明によって名誉を求めても、それを拒む(1)。そして発明家があくまで名誉を得ることを望み、発明の才のない者たちを見下《みくだ》すと、多数派は彼に滑稽な名前を付け、もしかしたら杖で打ちすえるかもしれない。だから鋭敏な精神を誇ってはならない。さもなければ、自分ひとりで満足することだ。

（１）パスカル自身、計算機の考案と製作に際して類似の体験をしている。大法官セギエに宛てた計算機の献呈状には、次のような一節がある。「世に知られない発明には決まって、賛同する者よりは貶《けな》す者のほうが多数です。人々は発明を完全に理解することができないので、発明者を非難します。そして不正な偏見に囚われて、驚嘆すべき事柄には困難が付き物だと思い込み、それを吟味して高く評価するどころか、そんなことは不可能だと決めつけ、しかるのちに、酔狂というレッテルを貼って拒絶するのです」

八九（ラ八九／ブ三一五）

現象の理由

これは驚いた。錦を身にまとい、七、八人の従僕を従えた男にうやうやしく一礼するのがよくないというのか。しかしどうだろう。(1)もし私が男に挨拶《あいさつ》しなければ、彼は私を鞭《むち》打たせるのではないか。この衣装、それは力なのだ。それは、立派な馬具をまとった馬とそうでない馬との対比と同じことだとでも言うのか。もっともモンテーニュは滑稽なことに、そこにどんな相違があるかを見ようとせずに、世間が相違を見出すことに驚いて見せ、その理由を訊《たず》ねる。(2)彼は言う、「じっさい、一体どこから、云々《うんぬん》」。

（１）断章一九に対する応答。
（２）「しかし人間の評価について不思議なのは、われわれ人間を除くあらゆるものは、それぞれに固有の特質だけによって評価されるということである。われわれが馬を誉《ほ》めるのは、たくましく俊敏だからであって、〔……〕馬具が立派だからではない。〔……〕なぜわれわれはこれと同じように、人間も固有の価値によって評価しないのか。あの男は大勢のお供と、美しい宮殿と、あれほどの信用と、あれほどの収入をもっている。しかしこれらすべては彼のまわりにあるもので、彼のうちにあるものではない」(『エセー』第一巻四二章)。モンテーニュは、人間とその社会を観察した結果として、人間以外のものは、すべてその固有の価値によって評価されるのに、人間だけは、地位や財産のように偶然的で非本質的な価値によって評価されるという事実あるいは現象を見出し、それに驚きの目を向ける。それに対してパスカルは、モンテーニュの指摘する結果すなわち現象を生み出す理由を発見することを通じて、一見不思議に見える現象を説明する理由があることを示す。それが、「現象の理由」である。

九〇　(ラ九〇／ブ三三七)

現象の理由

螺旋《らせん》階段。民衆は高貴な生まれの人々を敬う。生半可な識者は、血筋は偶然の仕業で、個人に備わる美質ではないと言って、貴族を軽蔑する。識者は貴族を敬うが、それは民衆の考えによるのではなく、背後の考え(1)による。知識より熱意にまさる信者は、識者が貴族を尊敬するその考えは承知して、なおかつ貴族を軽蔑する。それは、彼らが信仰の

もたらす新たな光明に照らして判断するからである。しかし完全なキリスト教徒は、さらに高次の光明によって貴族を敬う。(2)

こうして人の意見は、光明を得るに応じて、正から反へと転換していく。

（1） 断章七九七では、「頭の背後の考え」と言われている。

（2） 断章一四参照。

九一　（ラ九一／ブ三三六）

現象の理由

民衆と同じ発言をしながら、背後の考えをもち、すべてをそこから判断しなければならない。

九二　（ラ九二／ブ三三五）

現象の理由

だから世の中全体が幻想に囚われているというのは本当だ。なぜなら民衆の意見はそれ自体としては健全でも、彼らの考え方においてはそうではないからだ。じっさい民衆は真理をそれがないところにあると考えている。真理はたしかに彼らの意見のうちにあるが、彼らが想像している点にはない。貴族を敬わなければならないというのは本当だが、しかしそれは血筋が実質的な美質だからではない、云々《うんぬん》。

九三　（ラ九三／ブ三二八）

現象の理由

正から反への絶えざる逆転

こうしてわれわれは、人間のむなしさを示した。人間は、本質的でないことを大事にするのだから。そしてこれらの意見(1)はすべて引っくり返された。

次いでわれわれは示した。これらの意見はすべてきわめて健全であり、したがってこれらのむなしさにはすべて、しっかりした根拠があるので、民衆はひとが言うほど、むなしくはないことを。こうしてわれわれは、民衆の意見を引っくり返した意見を引っくり返した。

しかし今やこの最後の命題を引っくり返し、民衆が、いくらその意見は健全でも、むなしいことには変わりないことを示さなければならない。なぜなら彼らは自分たちの意見がどこにおいて正しいのかを理解せず、正しくないところに正しさを見出すので、彼らの意見はやはり大いに間違っており、大いに不健全なのである。

（1）この世で常識として通用している見解や信念。ファイルＡ二「むなしさ」は、それらが根拠を欠いていることを示した。

九四　（ラ九四／ブ三一三）

民衆の意見の健全さ

災いの最たるものは、内乱(1)である。

もし功績に報いようとすれば、内乱は必至だ。全員が自分には功績があると言うだろうから。愚か者が出生の権利によって世継ぎとなっても、災いはそれほど大きくないし、確実でもない。

（1）内乱とは、国家の内部での市民同士の戦争である。

九五　（ラ九五／ブ三一六）

民衆の意見の健全さ

美々《びび》しく着飾ることは、それほどむなしいことではない。それは大勢の人々が自分のために働いていることを示すことなのだから。髪型によって、部屋つきの召使、香水係などを抱えていることを示し、飾《かざ》り襟《えり》、刺繡糸《ししゅういと》、飾り布などによって、云々《うんぬん》。ところで多数の人手を抱えていることは、ただのうわべや、ただの馬具とは話が違う。人手を多くもてばもつほど、強くなる。美々しく着飾るのは、自分の力を示すことだ。

九六　（ラ九六／ブ三二九）

現象の理由

世に行われるあれほど多くの芸術美――たとえばリュートを上手に弾けること――を作りあげたのは、人間の弱さである。〔リュートが弾けないのが〕悪いのは、ただわれわれの弱さのせいである。[1]

（1）「写本」の読みに従う。原稿では、「世に行われるあれほど多くの芸術美を作りあげたのは、人間の弱さである。たとえばリュートを上手に弾けるのが悪いのは、ただわれわれの弱さのせいである」となっており、意味が逆転している。これは、第一段階で、「世に行われるあれほど多くの芸術美を作りあげたのは、人間の弱さである。たとえばリュートを弾けないのが悪いのは、われわれの弱さのせいである」と記されていたのが、次の段階で、「リュートを弾けない」を、「リュートを上手に弾ける」と書き改めた結果である。リュートを弾けることと弾けないことの双方が、等しく「人間の弱さ」の結果とされているのは、観点の違いによるものと考えられる。芸術を気晴らしであり、むなしさであると観ずるモラリストにとっては、リュートを上手に弾くことはよしなしごとであるが、社交界のたしなみからすれば、リュートを弾けないことは欠点である。しかしそれは真の欠点ではない。そのような判断を下すのは、人間の本性の「弱さ」なのだから。

九七　（ラ九七／ブ三三四）

現象の理由

私たちの行動はすべて、欲心と力を源泉としている。欲心が自発的な行動を、力が他律的な行動を行わせる。

九八　（ラ九八／ブ八〇）

どうしてびっこに会っても腹を立てないのに、精神のびっこを相手にすると腹を立てるのか[1]。びっこは、私たちがまっすぐ歩くのを認めるが、精神のびっこは、びっこを引くのは私たちのほうだと言い張るからだ。そうでなければ、かわいそうに思いこそすれ、怒ったりはしないだろう。

エピクテトスの問いかけはもっと強烈だ。私たちは、人から「きみは頭が痛いのだろう」と言われても怒らないのに[2]、「きみの推論は間違っている」とか「きみの選択は間違っている」と言われると怒るが、それはどうしてか[3]。

（1）「われわれは、ねじれた不具の身体に出会っても怒らないのに、出来損ないの精神に会うと腹を立てずにいられないのは、なぜだろう。この間違ったとげとげしさは、相手の欠陥よりも、これを判断する者のせいである。あのプラトンの言葉をつねに口ずさもうではないか。『私があるものを不健全だと思うのは、私自身が不健全だからではないか』」（モンテーニュ『エセー』第三巻八章）。「びっこ」という語は、『エセー』第三巻一一章の題名になっているが、「精神のびっこ」という表現はモンテーニュには見当たらない。

（2）エピクテトスは、『語録』第四巻六章「憐《あわ》れみを受けると立腹する人々に対して」の中で、哲学に精進しながら名誉と富を得られないことを気に病む弟子と、次のような対話を交わしている。「それでは、きみは人から憐れまれているかどうかが気にかかるのかね。――ええ、でもそれは不当な憐れみです。――そうすると、きみはそれに苦しんでいるのだ。だが苦しみを感ずる者はかわいそうな人間ではないのか。――そうです。――それならきみに向けられた憐れみは不当だと言えるだろうか。だって憐れみを苦にすることで、きみは憐れみにふさわしい人間になっているのだから。〔……〕私の頭は健康だが、皆から頭痛もちだと思われている。それがどうしたというのだ。私に熱はない。それなのに発熱しているかのように憐れまれる。『気の毒に。そんなに長い間、熱が引かないのかい。』すると私も陰気な顔をして、『ええ、本当に長いこと、具合がよくありません』と言う。『一体、きみはどうなるのだろう。』『神のおぼしめしのままに』と答えて、私は心の中で、私を憐れむ者を笑うのだ。今のきみの場合も、同様に振舞えないことはないだろう。私は貧乏だ。しかし貧乏について正しい考えをもっている。だから貧乏でかわいそうだと言われたところで、どうしたというのだ」（一九―二二節）。人の憐れみに、心穏やかでいられないのは、自分の選択の正しさを、自分自身にしっかり説得していないからというのである。

(3)「医者が患者に、『自覚症状はなくても、きみには熱がある。今日は絶食だ。水を飲みなさい』と言っても、誰もそれがひどい侮辱だと言ったりしない。しかしもしもきみが誰かに、『きみの欲望は度を越している、きみの嫌悪は低劣だ、きみの企ては理にかなっていない、きみの情動はたがが外れて自然と調和していない、きみの意見は空虚で偽りだ』と言えば、言われたほうは、たちまち逆上して、自分は大変な侮辱をこうむったと叫ぶだろう」(エピクテトス『語録』第二巻一四章二一—二二節)

九九　(ラ九九/ブ八〇)

その原因がどこにあるかと言えば、われわれは、頭痛がしていないことや、びっこを引いていないことには確信があるが、正しい選択をしたかどうかはそれほど自信がもてないところにある。(1) そういうわけで、正しいという自信の根拠は、ただ目を凝らして真実を見ているということでしかないので、他人から、同じく目を凝らして見たけれど反対に見えると言われると、気の迷いが生じ、途方にくれる。まして無数の人からわれわれの選択をせせら笑われたら、ひとたまりもない。何しろ、あれほど多くの他人の知恵より自分の知恵を優先しなければならないのだが、これは大胆で困難だ。びっこに関する感覚の判断については、このような反論はない。

（1）前断章の提出した問いに対する応答。ブランシュヴィック版は、前断章と本断章を一つのものとしている。

九九の二(1)　（ラ九九／ブ五三六）

人間は、人からおまえは愚かだと言われつづけると、自分でもそう思うように造られている。そして自分で自分にそう言いつづけると、自らそう信じ込む。じっさい人間は、独りで内的な対話を交わしている。それをきちんと整えることが大切だ。「悪《あ》しき交際《まじわり》は善き風儀《ならわし》を害《そこな》う(2)。」できる限り沈黙のうちにとどまり、対話をするなら、神のみを話題にするべきだ。神は真理であることが分かっているのだから。こうして、神が心に刻まれることになる。

（1）断章九八〜九九の二は、原稿では同じ紙片に連続して記されており、セリエ版、ルゲルン版は、同一の断章として扱っている。
（2）「コリントの信徒への手紙 一」(第一五章三三節)に引用されているメナンドロスの詩句。

一〇〇　（ラ一〇〇／ブ四六七）

現象の理由

エピクテトス。「きみは頭が痛いのではないか」と言う人々。[1] それは事情が違う。健康についてはは確信がもてるが、正義についてはそうではない。そしてじっさい、エピクテトスの正義は愚かしいものだった。それにもかかわらず、エピクテトスは、「われわれの支配下にあるのか、それともないのか」と言うことで、[2] 正義を証明できると思い込んでいた。

しかし彼は、心を整えることがわれわれの意のままにならないことに気が付かなかった。そしてキリスト教徒の例から、意のままになると結論したのは間違っていた。[3]

（1）　断章九八注（2）参照。

（2）「ものごとのうち、あるものはわれわれの支配下にあり、他のものはそうではない」（エピクテトス『提要』第一節）。われわれの支配下にあるもの――意思、判断、表象など――と支配下にないもの――自分の身体、財産、地位、名誉など――の区別は、エピクテトスの倫理学の根本原則であり、前者を理性に従って規整し、後者に対しては無関心になる修錬を積むことが彼の哲学の目標であった。

（3）　ファイルＡ九「哲学者」の断章一四六参照。

一〇一　（ラ一〇一／ブ三二四）

民衆の意見はとても健全だ。たとえば、

一　気晴らしを選び、捕まえることよりむしろ追いかけることを選んだこと。(1)　生半可な識者はそれをせせら笑い、だから世の中は狂っていると言い立てて勝ち誇る。しかし彼らが見抜くことのできない理由によって、世の中は正しい。

二　人間を、貴族の身分や財産のようなうわべで分けへだてすること。世人はまたも や、それがどれほど理に反するかを示して勝ち誇る。しかしそれはきわめて理にかなっている。人食い人たち、彼らは子供の王様を見てばかにする。(2)

三　平手打ちを受けて立腹すること、あるいはあれほど名誉を欲しがること。しかしそれは望ましいことだ。他の実質的な利益がそれに付随しているのだから。そして、平手打ちを受けても恨みに思わないような者は、侮辱と困窮に打ちひしがれることになる。

四　不確かなことのために働き、海に乗り出し、板の上を渡ること。(3)

---

(1)　その「理由」は、ファイルA八「気晴らし」に含まれる断章一三六に示されている。

(2)　『エセー』の「人食い人種について」と題する章の中で、モンテーニュは、フランスにやってきたブラジルの原住民が、国王シャルル九世と会見したときの様子を伝えているが、そこに次のような一節がある。「彼らが言うには、『王様のまわりにはひげを生やして武器を手にしたたくましい大男が大勢いるが――彼らはスイス出身の近衛兵《このえへい》のことを指しているらしい――、彼らが自分たちの間から誰かを選んで支配者にする代わりに、一人の子供に平伏しているのは実に不思議だ』（第一巻三〇章）

（3）断章五七七参照。

一〇二(1)　（ラ一〇二／ブ七五九）

〔ユダヤ教徒とキリスト教徒、双方のどちらかが邪悪でなければならない。〕

（1）本断章は、前断章の「三」と「四」の間に引かれた区切り線の直後に記され、しかるのちに棒線で消されている。本ファイルのテーマとは無関係だからであろう。

一〇三　（ラ一〇三／ブ二九八）

正義　力

正しいことに従うのは正しい。最強のことに従うのは必然である。

力を欠いた正義は無力だ。正義を欠いた力は圧政だ。

力を欠いた正義には異議が唱えられる。悪人の種《たね》が尽きることはないのだから。正義を欠いた力は糾弾される。だから正義と力を一緒にする必要があるが、そのためには、正しい者が強くなるか、強い者が正しくなるかのどちらかでなければならない。

正義は言い争いの種になる。力のあるなしを見分けるのはたやすく、言い争いの余地はない。こうして正義に力を与えることはできなかった。力が正義に言い逆らって、おまえは不正だと言い、さらに正しいのは自分だと言ったからである。

こんなわけで、正しい者を強くすることができなかったので、強い者を正しいと定めたのである。

一〇四　（ラ一〇四／ブ三二二）

貴族とはなんと大きな特典だろう。十八歳のときから好位置を占め、世に知られ尊敬される。他の人間なら五十歳にしてやっと手に入れられるかどうかだというのに。苦もなく三十年を儲《もう》けたことになるではないか。

〔ファイルＡ六〕　偉　大　さ

一〇五　（ラ一〇五／ブ三四二）

もし獣が本能で行うことを知性で行っていたとしよう。そして狩の際、獲物を見つけたか、あるいは見失ったことを仲間に知らせるのに、本能の言葉ではなく知性の言葉を用いたとしよう。そうだとすれば、自分にもっと切実な事柄のためなら、なおさら言葉を使い、たとえば、こんな風に言ったことだろう。「ぼくを痛めつけるこの縄を嚙《か》み切ってくれ。ぼくには届かないのだ」

一〇六　（ラ一〇六／ブ四〇三）

偉大さ

現象の理由は、欲心からあれほど見事な秩序(1)が引き出された次第を明かして、人間の偉大さを示す。

（1）「統治と道徳と正義の素晴らしい規則」（断章二一一）によって導かれる社会秩序と国家の統治システム。断章七四、一一八、二一〇も参照のこと。

一〇七　（ラ一〇七／ブ三四三）

オウムのくちばし。汚れてもいないのに、オウムは拭《ぬぐ》う。

一〇八　（ラ一〇八／ブ三三九の二）

私たちの中で快楽を感ずるのは何か。手、腕、肌身、それとも血液だろうか。何か非物質的なものでなければならないのが分かるだろう。

一〇九　（ラ一〇九／ブ三九二）

ピュロン主義[1]に抗して

〔これらの事柄を定義しようとすると、かえって訳が分からなくなるのは、なんとも奇怪なことだ。[2]〕私たちは、それらについて誰でも同じような観念を抱いていると想定している。しかしこの想定には根拠がない。そこにはいかなる証拠もないのだから。なるほど、同じ状況にそれらの言葉が当てはめられるのは、私も見ている。そしてある物体が場所を変えるのを二人の人が目にすると、二人ともこの光景を同じ言葉で表現し、どちらも「それが動いた」と言う。そして当てはめ方が合致していることから、観念も合致しているに違いないという有力な推定が出てくる。しかし、推定をどう思うかと訊《き》かれれば、賛成の側に回るのは確かだとしても、そこには、有無を言わせず論破して絶対的な確信を生み出す力はない。何しろ周知の通り、異なった想定から同じ結果が出てくるのは珍しいことではないのだから。

それだけで、少なくとも問題を紛糾させるには十分だ。だからといって、それらの事柄に確信を抱かせる自然の光明がまったく消え去るというわけではない。アカデメイア派の人々なら[3]賛成の側に賭けただろう。しかし光明は薄暗がりの中に溶け込み、独断論者たちを困惑させ、ピュロンの徒党の栄誉を輝かせる。彼らは、曖昧《あいまい》かどうかが曖昧なほどの曖昧さと、闇《やみ》かどうか疑わしい暗がりの中にいるので、私たちの疑いがどれほど強くても、そこからすべての光明を取り去ることはできないし、私たちの生来の光明をいくら掲げても、すべての闇を追い払うことはできないのだ。[4]

（1）断章三四注（1）および本断章注（3）参照。

（2）パスカルの残した未完の小品『幾何学的精神』によれば、論証法の理想は、論証に用いられるすべての用語を定義し、すべての命題を証明することにあるが、用語のうちには、自明ではあるが定義不可能な「原始語」――たとえば、「空間」「時間」「運動」――がある。「これらの用語は、それが意味する事柄を、言語を解する人々にはきわめて自然に指示するので、それを説明しようとしても、明らかになるどころかかえって分かりにくくしてしまう。」したがって、ここで言及されている「これらの事柄」は、原始語によって指示される事柄だと考えられる。

（3）　プラトンの設立した教育施設アカデメイアの学統に連なる人々のことだが、ここでは、ストア主義の独断論に対立して懐疑論的立場を取った新アカデメイア派のこと。彼らは認識の確実性は否定したが、真実らしさがあることは認めた。これに対して、ピュロン派はいかなる見解にも真実らしさを認めず、すべての事柄は疑わしいとして、判断保留にとどまる。モンテーニュは両派の相違について、次のように述べている。「アカデメイア派は、判断がどちらか一方に傾きがちであることを認めていた。そして、雪が白いというのは、黒というのと同じく本当らしくない〔……〕などというのは極端だと考えていた。〔……〕そこで彼らは、それを避けるためにも、〔……〕ある事柄が、他の事柄よりも信憑性《しんぴょうせい》があることを認めて、一方の蓋然性《がいぜんせい》よりも、他方の蓋然性に傾くところの、判断力という能力を受け入れた。〔……〕一方、ピュロン派の意見は、より大胆であると同時に、より真実らしさがある。よく考えてみれば、アカデメイア派が一方の説より他方の説を採るという傾きを認めるというのは、そちらにより明らかな真実性があることを認めることではなかろうか。〔……〕けれども、真なるものを知らずにどうして真実らしさに傾くことができようか。そのものの本質を知らずに、どうしてそれに似たものを認識できるというのか。われわれは完全に判断できるか、全然判断できないかのいずれかである」（『エセー』第二巻一二章）

（4）自筆原稿の裏面には、棒線で消された「どれほど些細《ささい》なことでも、この性質を帯びている。神は始めであり、終わりである。伝道の書」という一文が読める。またその下方には、「一　理性」という語が記されている。

一一〇　（ラ一一〇／ブ二八二）

真理の認識はたんに理性ばかりでなく、心[1]によっても行われる。第一原理の認識は後者によるのであって、それに関与しない推論が第一原理の打倒を試みてもむなしい。そのことしか頭にないピュロンの徒が、いくら骨折っても無駄だ。私たちは夢を見ているわけではないことを知っている。それを理性で証明できるかといえば、いくら努力したところで、私たちはまったく無力なのだけれど。この無力から結論として出てくるのは、私たちの理性の弱さにほかならず、ピュロンの徒が主張するような、私たちの認識の不確かさではないのだ。

なぜなら第一原理の認識、たとえば空間、時間、運動、数の存在の認識は、推論を通じて与えられるいかなる認識にも劣らず堅固《けんご》である。そして理性が自らの支えとするのは、これら心と本能によって与えられる認識であり、理性はそれにもとづいて自らの論証を展開する。空間には三次元があり、数は無限であることを感じるのは心であり、しかるのちに、一方が他方の倍であるような二つの平方数は存在しないことを理性が証明する。②原理は感得され、命題は結論として導き出される。経路は異なるとはいえ、全体として確実だ。そして理性が心に対して、第一原理に同意したいからその証拠を見せてくれと要求するのは、心が理性に対して、きみの証明した命題を受け入れたいから、その正しさを感じさせてくれと要求するのと同じくらい無用で滑稽なことだ。

だからこの無力さは、すべてを判定しようとする理性を辱《はずかし》める役には立っても、私たちの認識の確実さを打倒することはできない。私たちに知識を授けることができるのは、理性しかないかのようであるが、むしろその反対で、理性などまったく不必要で、すべての事柄を本能と直感によって知ることができたら、どんなによかったことだろう。しかし自然は私たちにこんな特典は与えてくれなかった。それどころかこの種の認識はほんの少ししか与えてくれなかった。それ以外の認識はすべて推論によってしか獲得できない。

だからこそ神から心の直感によって宗教を授けられた人々は、まことに幸せで、まことに正当な確信を抱いている。③しかしそうではない人々に対しては、私たちは推論によってしか宗教を与えることができない。しかもそれは、神が心の直感によって宗教を授けられるまでのことである。そうでなければ信仰は人間的なものにとどまり、救いには無益なものにすぎない。

(1) ポール・ロワイヤル版『パンセ』は、「心」を「直感と鮮やかで明晰《めいせき》な知的直観」と書きかえている(第二一章一節)。「知的直観」(intelligence)とは、ラテン語の intellectus の訳であり、媒介なく直接に対象を洞察する精神の働きである。この書きかえが、パスカルの思想を正しく伝えているかどうかは保証の限りでないが、少なくとも「心」という用語がパスカルに独特のものであり、彼の知人たちにとってさえ、解釈が困難であったことを窺わせて興味深い。

(2) 二の平方根は無理数であり、整数を分母と分子とする分数では表現できない。

(3) ファイルＡ二七「結論」に収められた断章、とりわけ三八〇～三八二には類似の考えが読みとれる。

一一一　(ラ一一一／ブ三三九)

手足も頭もない人間を私は思い描くことができる。足より頭のほうが必要であることを私たちに教えてくれるのは、経験しかないのだから。しかし私は、思考を欠いた人間を思い描くことはできない[1]。そんなものがあるとすれば、石ころか獣だろう。

(1) 人間の本質を思考にあるとしたデカルトを踏襲する見解。「われわれは次のことを明白に知っている。われわれは、存在するために、延長にせよ形にせよ、またある場所にいることにせよ、物体に帰せられるいかなるものも必要としていない。われわれはただ考えることによってのみ存在している」(デカルト『哲学原理』第一部八節、フランス語版による)

一一二　(ラ一一二／ブ三四四)

本能と理性、二つの本性を示すしるし。

一一三　(ラ一一三／ブ三四八)

考える葦《あし》(1)

自分の尊厳の根拠、それを私は空間に求めてはならない。自分の思考を整えることに求めなければならない。私は、土地を所有したところで、優位に立つわけではない。空間によって、宇宙は私を包み込み、一個の点のように私を飲み込む。思考によって、私は宇宙を包み込んで理解する。

(1)　ファイルA一五の断章二〇〇参照。

一一四　(ラ一一四／ブ三九七)

人間の偉大さは、自分がみじめであることを自覚しているところにある。

一本の立ち木は自分がみじめだとは思わない。だから自分がみじめだと思うのはみじめなことだが、自分がみじめだと自覚するのは偉大なことだ。

一一五　（ラ一一五／ブ三四九）

魂の非物質性。おのれの情念を抑制した哲学者たちがいるが、それを可能にしたのは、いかなる物質なのか。

一一六　（ラ一一六／ブ三九八）

これらすべてのみじめさが、まさに人間の偉大さの証拠となる。それは大領主のみじめさ、国を失った国王のみじめさだ。

一一七　（ラ一一七／ブ四〇九）

人間の偉大さ

人間の偉大さはきわめて明白なので、そのみじめさからさえも、偉大さを引き出すことができる。なぜなら動物にとって自然なことも、それが人間にあっては、みじめさと呼ばれるのだから。[1] そこから私たちは理解する。人間の本性は今や動物の本性と等しいが、かつて人間にはもっと優れた固有の本性があり、人間はそこから転落したのだと。

なぜなら国を失った国王でないかぎり、自分が国王でないことを、誰が不幸に思うだろう。執政官でないからといって、パウルス・アエミリウスが不幸な人だと思われただろうか。[2] それどころか、執政官を務めたのは幸せだと皆から思われたのだ。ずっと執政官にとどまることが彼の定めではなかったのだから。しかしペルセウスについては、ずっと王位にとどまるように定められていたので、王位を失うほどの不幸はなく、それでもおめおめと生き長らえているのは奇怪だと思われたのである。[3] 口が一つしかないと言って、誰が不幸に思うだろう。だが目が一つしかないとしたら、誰が不幸に思わずにいられよう。目が三つないと言って嘆いた人はおそらくいないだろうが、目が一つもなければ慰めようもない。

（1）「人間にとっての欠陥は、動物においては自然である」（アウグスティヌス『キリストの恩寵《おんちょう》と原罪について』第二巻四〇章四六節）
（2）執政官は、共和政ローマにおける最高の政務官。定員は二名で、任期は一年であった。
（3）断章一一五参照。

一一八　（ラ一一八／ブ四〇二）

人間の偉大さは欲心のただ中にさえ現れる。人間は、そこから驚嘆すべき規則を引き出す術《すべ》を知って、欲心を愛の似姿に仕立て上げたのだから。(1)

（1）　断章一〇六参照。

〔ファイルＡ七〕矛　盾

一一九　〔ラ一一九／ブ四二三〕

人間の卑しさと偉大さを示した後で。

今や人間はおのれの値打ちを弁《わきま》えて、おのれを愛するがよい。人間のうちには、本性として善への適性があるのだから。しかしだからといって、おのれのうちにある卑しさを愛してはならない。人間はおのれをさげすむべきだ。なぜならこの適性はがらんどうなのだから。しかしだからといって、この本来の適性をさげすんではならない。人間は、おのれを憎み、おのれを愛すべきだ。彼のうちには、真理を知り、幸せになる適性があるのだから。それなのに彼には、揺るぎない真理あるいは満足を与える真理がない。

だから私は、人間が真理を見つけたいと思うように仕向けたい。情念の呪縛から解き放たれ、おのれの認識が情念によってどれほど曇らされていたかを自覚して、真理が見つかれば、それに付き従う態勢に入るように彼を導きたい。人間が、おのれのうちで勝手に振舞う欲心を憎むようになってほしい。欲心に目をくらまされて人生の選択を誤ったり、欲心に妨げられてせっかくの選択を中止したりすることがないように。

一二〇　（ラ一二〇／ブ一四八）

私たちの思い上がりときたら、全世界の人々に知られたい、いやそれどころか、私たちの死後にやってくる人々にも知られたいと願うほど強い。そして私たちのうぬぼれときたら、周囲の五、六人に評価されるだけで、いい気になって満足するほど軽薄だ。

一二一　（ラ一二一／ブ四一八）

人間はどれほど獣に近いことか。だが人間に、彼の偉大さを示すことなしに、そのことばかり見せつけるのは危険だ。そしてまた人間に、彼の卑しさを示さずに、偉大さばかり見せつけるのも危険だ。(1) さらに危険なのは、偉大さと卑しさの双方を知らせずにおくことだ。しかし双方を彼の眼前に描き出すのは、きわめて有用だ。

人間は、自分が獣に等しいとも天使に等しいとも信じてはならない。またその双方であることを知らないのもよくない。双方であることを知らなければならない。(2)

(1)　人間の卑しさだけ示せば、「怠惰」と「絶望」の危険、偉大さだけ示せば、「傲慢《ごうまん》」の危険が待ち受けているというのである。断章二〇八参照。

（2）　断章五二二および断章六七八参照。

一二二　（ラ一二二／ブ四一六）

Ａ・Ｐ・Ｒ（1）　偉大さとみじめさ

みじめさは偉大さから、偉大さはみじめさから結論として導き出されるので、一方の人々は、偉大さをみじめさの証拠に利用すればするだけ、いっそう強力にみじめさを結論し、他方の人々は、みじめさ自体から偉大さを引き出せば引き出すだけ、いっそう強力に偉大さを結論した。こうして一方にとっては偉大さを示す理由のすべてが、他方にとってはみじめさを結論するための論拠となった。なぜなら転落するところが高ければ高いほど、みじめさも増すのだから。ところが他方にとっては、話は逆転する。彼らは、限りない円を描いて、一方から他方へと移り変わった。光明が増せば増すほど、人間がおのれのうちに偉大さもみじめさも見出すのは確かなのだから。要するに、人間はおのれのみじめさを自覚している。だから人間はみじめだ。事実、みじめなのだから。しかし人間は偉大だ。みじめなことを自覚しているのだから。

（1）　この略号は、ファイルＡ一一のタイトルになっている。その意味と役割については、ファイルＡ一一の冒頭の解題参照。

一二三　（ラ一一三／ブ一五七）

矛盾。おのれの存在を軽蔑し、よしなしごとのために命を捨て、おのれの存在を憎むこと。(1)

（1）「またわれわれの生命を軽蔑する意見も滑稽である。なぜならそれこそわれわれの存在であり、われわれのすべてなのだから。われわれよりももっと高貴で豊かな存在をもつ者なら、われわれの存在を咎《とが》めるのは構わないが、われわれがわれわれ自身を軽蔑し、われわれ自身をないがしろにするのは自然に反する。おのれを憎み、おのれを侮《あなど》ることは、人間に特有の病気で、他の生物には決して見られない病気である。現在のわれわれと違う存在になりたいと望むのも、同じく空虚な考えである。その欲望が実現したとして、その成果はわれわれには無縁である。その欲望自体が矛盾撞着するからである。人間でありながら、天使になりたいと望んでも、自分のためには何の得にもならない。それでいささかでも上等になるわけではない。なぜなら、自分がいなくなったら、いったい誰がその改善を喜び、感ずるのか。〔……〕安心、無痛、無感覚、要するに今生《こんじょう》の不幸を免れることも、死という代価を払って得られるものなら、何の幸せにもならない。せっかく戦争を避けても、平和を楽しむことができなければ何にもならない。苦痛を避けても、安息を味わうことができなければ無駄である」（モンテーニュ『エセー』第二巻三章）

一二四　（ラ一二四／ブ一二五）

矛盾

人間は生まれながらに信じやすくて疑い深く、臆病で向こう見ずだ。

一二五　（ラ一二五／ブ九二）

私たちにとって自然な本性とは、習慣によって獲得された性質でなくて何だろう。そして子供たちにあっては、父親の習慣から受け継いだ性質、たとえば動物における狩の習性でなくて何だろう。(1)

異なる習慣から、別の自然な本性が生まれる。それは経験から明らかだ。そして習慣によって消し去ることのできない本性があるにしても、他方では、自然に逆らい、自然によっても第二の習慣によっても消し去ることのできない性質がある。それは素質に依存する。

（1）「良心の掟《おきて》は自然の産物だと言われるが、習慣の産物である。各人は周囲で認められ受け入れられている意見や風習を内心で尊敬しているから、それから離反すれば後悔するし、それに従えば満足する。〔……〕またわれわれの周囲で信じられ、父親の種子によってわれわれの魂に注ぎ込まれた共通の考え方も、普遍的で自然であるように見える。それで、習慣の蝶番《ちょうつがい》からはずれたものは、理性の蝶番からもはずれていると思われるようになる」（モンテーニュ『エセー』第一巻二二章「習慣について。容認されている法律を安易に変えないことについて」）

一二六　（ラ一二六／ブ九三）

父親は子供の自然な愛情が消え去りはしないかと心配する。だが消え去りかねない自然とはいったい何だろう。

習慣は第二の自然であり、それが第一の自然を破壊する。(1)

しかし自然とは何か。どうして習慣は自然でないのか。

もしかして、この自然それ自体、第一の習慣にすぎないということはないのだろうか。

ちょうど習慣が第二の自然であるように。

（1）「習慣は第二の自然であり、自然に劣らず強力である」（モンテーニュ『エセー』第三巻一〇章）

一二七　（ラ一二七／ブ四一五）

人間の本性は二通りに考察される。一つは人間の目標から見たあり方であり、そのとき、人間は比類なく偉大だ。もう一つは多数①②から見たあり方である。ちょうど多くの馬や犬が競走したり吠え立てたりするのを見て、多数からその本性を判断する場合がそうだ。そのとき、人間はさもしく卑しい。この二つの見方こそ、人間の本性を正反対に判断させ、哲学者たちの間にあれほどの争論を引き起こした原因だ。

じっさい、一方は他方の想定を否定して、こう言う。「人間がこの目標に向けて生まれたはずはない。彼の行動はすべてそれと相容れないではないか。」他方の言い分はこうだ。「こうした卑しい行動を行うとき、人間は目標から遠ざかっているのだ」

（1）「経験」（断章一二八）によって、多数者のうちに観察される、ありふれた現実。

（2）「吠え立てたりする」の原語は、「遠ざける性向」を意味するラテン語であるが、ブランシュヴィックは、番犬が吠えることによって見知らぬ人を遠ざけようとする本能だと解釈している。

一二八　（ラ一二八／ブ三九六）

二つの事柄が人間に自らの本性の全容を教えてくれる。本能と経験。

一二九　（ラ一二九／ブ一一六）

職業

パンセ(1)

すべては一《いっ》であり、すべては多様である。人間の本性のうちには、どれほどの本性があることか。またどれほどの職業があることか、それもいかなる偶然によって。誰でも普通は周囲のもてはやすものを選択する。見事なかかと細工(2)。

（1）「パンセ」は「考えること」、そしてその結果として「考えたこと」つまり「思想」を意味するが、さらに「簡潔な表現に凝縮された思索あるいは着想」つまり格言や警句のような短文形式の文章を意味することがある。ここでは、その意味で用いられている。

（2）断章三五参照。

一三〇　（ラ一三〇／ブ四二〇）

自慢をすれば、貶《おとし》める

謙遜《けんそん》すれば、持ち上げる

そしてあくまで逆らいつづける

彼がついにはおのれを
　不可解きわまる怪物だと悟るまで。

一三一（ラ一三二／ブ四三四）

懐疑論者たちの議論の威力は、枝葉はさておき、主として次の点にある。それは――信仰と啓示を別にすれば――、私たちが原理と見なしているこれらの事柄が本当に真理であるかどうか、いかなる確信も持てないことである。何しろその根拠は、私たちが自分のうちにこれらの原理を自然に感じていること以外にないのだから。ところで、この自然の直感は、これらが真理であることを説得的に示す証拠ではない。なぜなら、人間が創造されたのは善なる神によるのか、悪《あ》しき霊によるのか、それとも偶然によるのか、信仰なしには確かなことが分からないので、私たちに与えられたこれらの原理も、私たちの起源に応じて、真実なのか偽りなのか、あるいは不確実のいずれなのか、疑わしいままなのだから(1)。

その上、自分が目覚めているのかあるいは眠っているのか、信仰なしには、誰も確信がもてない(2)。なにしろ睡眠中も、いま私たちが目覚めていると思っているのと同じように確固として、起きていると思い込んでいるのだから。空間、ものの形、運動を目にしているのと思い、時間の流れを感じ、それを計り、要するに目覚めているのと同様に活動しているのだから。こうして人生の半分は、私たち自身が認めるにせよ、あるいは私たちにはどう見えるにせよ、眠りのうちに過ぎていくので、私たちは真実について少しも知るところがない。睡眠中に私たちが感じることはすべて幻覚なのだから。誰知ろう、人生のもう一つの半分、目覚めていると思われている半分が、第一の眠りといささか異なる別の眠りで、そこから抜け出して目覚めるのは、私たちが眠っていると思っているときなのだ、ということを③。

〔そして誰が疑うだろう、もしも私たちが夢を見るのは一緒で、たまたまそれが一致する――それは普通に起こることだ――としたら、そして目覚めにおいては独りだったとしたら、私たちはきっとあべこべのことが起こっていると思うに違いない。最後に、夢に夢を重ねて、夢を見ているという夢を見ることがよくあるが、人生の中で目覚めていると思われている別の半分も、それ自体夢にすぎず、他の夢はそこに接木《つぎき》されており、夢から目覚めるのは死ぬときなのかもしれない。こうして私たちは覚醒中も、自然の睡眠中と同様、真の原理も善の原理も把握していない。私たちが感じているこの時の流れとこれらさまざまの物体、私たちを動かす種々の思いは、夢の中で流れる時とそこに登場する幻影と同様に、幻覚にすぎないかもしれないのだから。〕

以上が、双方の議論の主要なものだ[4]。それほど重要でない議論は放っておこう。たとえば懐疑論者が、習慣や教育そして諸国の風俗の及ぼす影響やそれに類したものに対して仕掛ける議論がそうだ。そうした影響は、こうしたむなしい根拠だけを頼りにものごとを断定する大半の普通人を引きずりまわすが、懐疑論者が少しでも息を吹きかけるやいなや引っくり返されてしまう。もしそのことを十分に確信していないのなら、彼らの本を一読しさえすればよい。すぐさま確信するだろう、それもおそらく行き過ぎるほどに。

他方、独断論者の唯一の強みに注目すれば、それは、嘘《うそ》偽りなく誠実に語れば、自然の原理を疑うことができないということだ。

それに対して懐疑論者は、一言《ひとこと》で言えば、私たちの起源すなわち自然本性の不確かさを対置する。それに対して独断論者は、開闢《かいびゃく》以来、今にいたるまで応酬しつづけている。

これが、人間界に勃発《ぼっぱつ》した戦争であり、そこでは各人が旗色を明らかにして、否応《いやおう》なしに独断論か懐疑論のいずれかに与《くみ》しなければならない。中立の立場に留まろうと考える者は、この上ない懐疑論者なのだから。中立こそがこの徒党の本質であり、彼らに反対しない者は、彼らの最上の味方なのだ。彼らは自分の側に立たず、中立で無差別、自分も除外せずに判断を保留する。

こんな状態で人間はいったいどうするのか。すべてを疑うのか。目覚めているかどうかを、つねられているかどうかを、火あぶりにされているかどうかを疑うのか。疑っているかどうかを疑うのか。自分が存在しているかどうかを疑うのか。そこまで徹底することはできない。私としては、現実には完璧な懐疑論者はいなかったと断固として主張する。自然が無力な理性を支え、理性がそこまで道を踏み外すのを妨げているのだ。

それでは反対に、人間は真理を確実に所有しているというのか。少しでも問いつめられれば、その証拠を示すことができず、降参してしまう存在だというのに。

人間は何というキマイラ⑤だろう。何たる珍獣、何たる怪物、何たる混沌、何たる矛盾のすみか、何たる怪奇。万物の裁き手にして、卑しい地の虫けら、真理の受託者にして、不確実と誤謬《ごびゅう》の掃《は》きだめ、宇宙の誉《ほま》れにして屑物《くずもの》！

誰がこのもつれを解きほぐすのだろう。〔これはたしかに独断論と懐疑論、そして人間の全哲学の手には負えない。人間は人間を超越する。だから懐疑論者たちには、彼らがあれほど言いつのることを認めてやろう。真理は私たちの手の届くところにある獲物ではない⑥。それは地上には留まらず、天の住人だ。真理は神のふところに住まい、神がそれを思し召しに従って啓示してくださる限りにおいてしか知ることができない⑦。だから、創造されずに受肉した真理⑧から私たちの真の本性を学ぼうではないか。〕

〔本性を抑圧することなしには懐疑論者になれないし、理性を断念することなしには独断論者になれない。〕自然本性は懐疑論者を打ち負かし、理性は独断論者を打ち負かす。ああ人間よ。きみは生来の理性を用いて自分の真のありようを探究しているが、きみは一体どうなるのだ。きみはこれらの党派のいずれかを逃れることも、そのいずれかに留まることもできないのだ。

だから知るがよい、高慢な人間よ、きみが自分自身にとってどれほどの逆説であるかを。へりくだれ、無力な理性よ。黙せ、ひ弱な自然本性よ。人間は人間を限りなく超越することを知れ。そしてきみの主人から、きみが知らないきみの本当のありようを学べ。

神に耳を傾けよ。

〔人間のありようが二重であるのは火を見るより明らかではないか。〕というのも、もし人間が決して腐敗したことがないのなら、彼は無垢《むく》のうちに真理と至福を確実に享受しているはずだ。そしてもし最初から腐敗したままであったとすれば、人間には真理も至福も、それが何のことだか分からないだろう。だが私たちは何とも不幸なことに、しかも私たちのありように偉大さがない場合よりいっそう不幸なことに、幸福についてのイメージはもっているのに、それに到達できない。真理についてのイメージも感じているのに、虚偽しか所有できない。まったくの無知に留まることも、確実な知識にいたることもできない。私たちがもっと完全な状態にあったのに、そこから不幸にも転落したのは、明々白々ではないか⑪。

しかしながら驚くべきことに、私たちの認識から最も遠くにある神秘、すなわち罪の遺伝という神秘がなければ、私たちの自己認識はいっさい成り立たないのだ。

じっさい、最初の人間の罪が、この源のはるか下流にいるので、連座するはずがないと思われる人々に及ぶという主張ほど、私たちの理性を逆なでにすることはない。この罪の伝播《でんぱ》は、私たちにとって不可能に見えるばかりではない、きわめて不正にさえ思われる。じっさい、まだ意志をもたない幼子《おさなご》を、この子の生まれる六千年前⑫に犯されたものので、この子には関与の余地がなさそうに見える罪のために永遠の罪に定めることほど、私たちのみじめな正義の規則に反することがあるだろうか。間違いなく、この教えほど私たちに手ひどく衝突するものはない。それにもかかわらず、すべての神秘の中で最も不可解なこの神秘なしには、私たちは、自分で自分が分からない。私たちのありようが解きほぐせないのは、その折り目と結び目がこの深淵に発しているからだ。こういうわけで、この神秘が人間の想像を越える以上に、この神秘なしには人間はさらに想像を絶する存在だ。

〔以上から分かることは、こうだ。神は、私たちの本性を私たちに開示する権利をご自身だけに留保しておかれるために、私たちの存在の困難を私たちにとって不可解なものとすべく、困難の核心を非常な高み、いやむしろ非常な低みに隠されたので、そこにたどり着くことが私たちにはできなかった。だから私たちは、いくら自分の理性を誇らかに振り回しても、真に自己を認識することはできない。それは、理性を単純に服従させることによってはじめて可能なのだ。〕

〔以上の根拠は、宗教の不可侵の権威にもとづいて確立されたものだが、それによって私たちは、信仰の真理が二つ、いずれも等しく確実な真理があることを教えられる。一つによれば、人間は創造の状態あるいは恩恵の状態にあっては、全自然界の上に引き上げられ、あたかも神に類似して神性に与《あずか》るものとされる。もう一つによれば、腐敗と罪の状態にあって、人間は以前の状態から転落し、獣のようなものになる。この二つの主張は、等しく堅固《けんご》で確実だ。〕

〔聖書はここかしこで次のように述べて、以上の真理を明白に告知している。「我が喜びは人の子らとともにあること」「我が霊をすべての人に注がん」「汝《なんじ》らは神なり」等⒀。また別の箇所では、こう述べている。「人はみな草なり」「人は知恵なき獣に類《たぐ》えられ、獣に等しきものとなれり。人の子につきて、われ心にかく言いたり」「伝道の書」三⒁。〕

〔こうして、人間は恩恵によって神に類似し、その神性に与るけれど、恩恵なしには、野獣に等しいものとされることが明白に分かる。」

（1）パスカルがここで懐疑論者のものとして提示している議論は、デカルトが確実な知識に到達することを目指して、『省察』で展開している誇張的懐疑の議論を引き継いでいる。デカルトはそこで、「私」が「偶然」によって産出された可能性や、「狡猾《こうかつ》で嘘《うそ》つきしかも強力なある悪霊が私をだますためにあらゆる術策を用いている」可能性を想定している（『省察』第一）。パスカルは、『サシ氏との対話』においても、モンテーニュの懐疑論を説明するのにデカルトの議論を利用している。

（2）夢と覚醒の区別がつけがたいことも、デカルトの議論の中に見られる。「覚醒と睡眠を区別しうる決定的な徴候も確かなしるしもないことがはっきりと知られるので、私はすっかり驚いてしまい、もう少しで、自分は眠っているのだと信じかねないほどなのである」（『省察』第一）

（3）「われわれの人生を夢にたとえた人々は、彼ら自身が考えていた以上に正しかったようだ。われわれが夢を見ているときでも、われわれの魂は生きて、活動し、あらゆる機能を行使し、目覚めているときと優劣がない。〔……〕われわれは眠りながら目覚めており、目覚めながら眠っている。〔……〕われわれの理性と魂は、眠っている間に生まれる想像や思いなしを受け入れて、夢の中の行為にも昼間の行為と同じ承認を与える。それなのに、どうして、『もしかしたら、われわれの思考や行動は別の夢ではないのか、われわれの覚醒は別種の眠りではないのか』と疑ってみないのか」（モンテーニュ『エセー』第二巻一二章）

（4）これまでの議論は懐疑論者の主張であり、それに対立する立場、次節で言及される「独る。

断論者」の主張は見当たらない。両者の対峙《たいじ》は、『サシ氏との対話』のテーマの一つでもある。

（5）人間は、ギリシャ神話の怪物キマイラ――頭がライオン、胴体が山羊《やぎ》、尻尾《しっぽ》が蛇――のように、さまざまの「矛盾」から組み立てられた怪物である。

（6）「駆けずり回って狩り出すのがわれわれの仕事である。仕事の運びがまずくて的外れなのは許されない。獲物を捕らえそこなうのは別の話である。というのは、われわれは生まれつき真理を追い求めるようにできているが、真理を所有するのは、もっと偉大な力の持ち主がすることだからである」（『エセー』第三巻八章）

（7）「真実で本質的な理性――われわれは偽ってその名前を借りている――は、神のふところに宿っている。そこにこそその住まいがあり、隠れ家がある。この理性は、神がわれわれに御自《おんみずか》らの光をいくらかでも示そうと思し召されたときに、そこから発するのである」（『エセー』第二巻一二章）

（8）イエス・キリスト。

（9）原稿によると、初稿では、まず「懐疑論者とアカデメイアの徒」と記されたのち、「アカデメイアの徒」が削除された。この削除の意味については、次注（10）参照。

（10）パスカルは、最初はモンテーニュにならって、「これら三つの党派」と記していた。「何かを探す人は誰でも、『見つけた』『見つからない』『まだ探している』のいずれかに落ち着く。哲学もすべてこの三種類に分類される。〔……〕逍遥学派、エピクロス派、ストア派その他はそれを見つけたと考えた。〔……〕クレイトマコスやカルネアデスなどのアカデメイア派は、探究に絶望して、真理は人間の手段では理解できないと判断した。〔……〕ピュロンやその他の懐疑論者、すなわち判断保留論者――多くの古人は、この学説がホメロスや七賢人やアルキロコスやエウリピデスから発したものと考え、ゼノンやデモクリトスやクセノファネスをもその一派と見なした――は、まだ真理を探究中であるという」(『エセー』第二巻一二章)。パスカルも、断章一四五に見られるように、「三つの欲心」の区別を援用して、哲学の流派を三つに分類することがあるが、ここでは、モンテーニュの三分法――独断論、アカデメイア派、ピュロン派――を単純化して、独断論と懐疑論(ピュロン派)の二項対立を作り出している。

(11)　初稿には、次の文章が書き込まれていたが、のちに棒線で抹消された。「だから人間のありようが二重であることを理解しよう。／だから人間は人間を無限に超越し、信仰の助けなしには、自分が何であるか、自分自身にも分からなかったことを理解しよう。じっさい、人間の二重のあり方を知らずには、その本性の真実を決して知ることができなかったことを誰が認めないだろうか」

(12)　十七世紀のヨーロッパでは、世界は、イエス・キリストの到来する数千年前に、神によって創造されたと考えられていた。ここで問題になっている「神秘」は、原罪を示唆している。「創世記」第三章参照。

(13)　旧約聖書「箴言《しんげん》」第八章三一節(「我」の名で語っているのは、神の「知恵」である)。「ヨエル書」第二章二八節(新共同訳、第三章一節)。「詩編」第八一編六節(新共同訳、第八二編六節)。

(14)　「イザヤ書」第四〇章六節。「詩編」第四八編一三節(新共同訳、第四九編一三節では、「人間は栄華のうちにとどまることはできない。屠《ほふ》られる獣に等しい」となっている)。「伝道の書」は、現在では「コヘレトの言葉」と呼ばれている。その第三章一八節にはこう記されている。「人の子らに関しては、私はこうつぶやいた。神が人間を試されるのは、人間に、自分も動物にすぎないということを見極めさせるためだ」

〔ファイルＡ八〕　気晴らし

「気晴らし」は、パスカルの人間学のキーワードである。それは、仕事や心配事に集中している気持ちをそらせ紛らせる活動、とりわけ余暇に行われる娯楽であるが、本章に見るように、彼はその意味を拡張して、まじめな仕事を含めた人間の活動のいっさいを気晴らしと見なしている。

一三二　（ラ一三二／ブ一七〇）

「もし人間が幸せならば、気を紛らせることが少なければ少ないほど幸せになるはずだ。ちょうど聖者や神のように。」「なるほど。しかし気晴らしで喜べるものなら、それで幸せなのではないか。」「いや、気晴らしはよそから、つまり外部からやってきて、その状況に左右される。だから無数の突発事故に心を乱され、悲しみは避けがたいものになる」

一三三　（ラ一三三／ブ一六八）

気晴らし

人々は、死もみじめさも無知も免れることができないので、そんなことを考えずにすませることで幸せになろうとした(1)。

(1)「われわれの競争の決勝点は死である。それはわれわれが目指す必然的な目標である。もしも死におびえるというのであれば、一歩前に進むにも、戦慄《せんりつ》せずにはいられないではないか。俗衆がこれから逃れる療法、それはこれを考えないことである。しかし、どんな野獣のような愚鈍さによって、これほどひどい盲目になれるのか」（モンテーニュ『エセー』第一巻一九章「哲学することとは、死に方を学ぶこと」）

一三四　（ラ一三四／ブ一六九）

これほどの災難に取り囲まれていても、彼は幸せになりたい。幸せにしかなりたくない。幸せでなくてもよいとは考えられない。だがそのためにどうするのか。うまくやるには、不死にならなければなるまい。でもそれは無理な相談なので、それから目をそらすことを思いついた(1)。

（1）原稿では、前断章の右側の余白に書き込まれている。セリエ版、ルゲルン版は一つの断章としている。

一三五　（ラ一三五／ブ四六九）

私は、自分が存在しなかったかもしれないと感じる。なぜなら〈私〉というものは、考えることによって成立しているのだから。①したがって考える私は、私に魂が吹き込まれる前に、母が殺されていたとしたら、存在しなかったはずだ。②したがって私は必然的な存在ではない。同様に永遠でも無限でもない。しかし自然の中には、必然的で永遠かつ無限の存在があることが、私にはよく見える。③

（1）「考えることだけは、私から切り離すことができない。私はある、私は存在する。これは確かだ。だがどれだけの間か。要するに、私が考える間だ。じっさい、もし私が考えるのをやめてしまえば、おそらく同時に私の存在も停止するかもしれないのだから」(デカルト『省察』第二)

（2）当時の生理学によれば、人間の胎児には形成の当初から魂が備わっているわけではなく、ある時点で神から付与されると考えられていた。この前提を受け入れれば、母親そして父親も、〈私〉の存在を真の意味で生み出したとは言えないことになる。

（3）デカルトが、『省察』第三で展開する神の存在証明のうち、第二番目のいわゆるア・ポステリオリな証明、すなわち不完全な存在であることを自覚している〈私〉のうちに無限の観念が内属していることを証明の出発点とする議論を髣髴《ほうふつ》させる。

一三六　気晴らし①　（ラ一三六／ブ一三九）

人々がさまざまに立ち騒ぎ、宮廷や戦場で危険や苦労に身をさらし、そこからあれほど多くの争い、激情、大胆でしばしばよこしまな誘惑などが生ずるのをときおり観察するようになってから、私はしばしばこう言ったものだ。「人間の不幸は、ただ一つのこと、一つの部屋に落ち着いてじっとしていられないことからやってくる。ある男が、生きていくのに十分な資産をもっていて、わが家で楽しく過ごす術《すべ》を心得ていたら、家を出て航海や要塞《ようさい》の攻囲に乗り出したりはしないだろう。あれほどの大金をはたいて軍隊の職を購入するのは、ひたすら町の外に出ないことに耐えられないからだ②。社交や賭ごとのような気晴らしを求めるのも、ひたすらわが家に安住していられないからだ、云々《うんぬん》」

しかし私は、もっと仔細《しさい》に考えをめぐらせ、私たちのあらゆる不幸の原因を見つけた後で、さらにその理由を発見したいと思った③。そして分かったことは、たしかに一つ実質的な理由があり、それは、私たちが生まれながらに不幸だということであった。不幸というのは、私たちがか弱く死すべき境涯に定められており、それを突きつめて考えると、何によっても慰められないほどみじめだからである。

私たちが所有できる限りのよいもの④をすべて備えた境涯を思い描いてみれば、王位こそは、この世で最も素晴らしい地位である。しかしながら、自分に満足を感じさせてくれるあらゆるよいものに取り囲まれた国王を想像してみよう。もし王に気晴らしがなく、自分が何であるかを凝視し熟考するはめになれば、この活気のない幸福は王の支えとはならないだろう。王は必ずや、わが身をおびやかす不安におびえ、いつ起こるともしれない反乱、そして必ずやってくる死と病気の思いにさいなまれるだろう。そんなわけで、国王も、いわゆる気晴らしなしには不幸になる。賭ごとをして気を紛らわす、一番下《した》っ端《ぱ》の臣下より不幸になる⑤。

だからこそ、賭ごとや女性との交際、戦争や立身出世があれほど求められるのだ。そこに実質的な幸福があるわけではない。真の幸福は、賭ごとで獲得できる金銭や狩で追いかけ回す野兎《のうさぎ》のうちにあると人々が考えているわけでもない。そんなものは、差し上げますと言われたら、欲しくなくなってしまうのだから。人々が探し求めているのは、こういう気の抜けた平穏な所有の仕方ではない。それでは相変わらず、私たちの不幸な境涯を思わずにはいられない。また戦争の危険や職務の苦労を探し求めているのでもない。そうではなくて、私たちの考えをそらせ、気を紛らわせてくれるような騒ぎを求めているのだ。——人々が獲物より狩猟を好む理由はここにある。[6]

だからこそ、人々はあれほど喧騒と動揺を好むのだ。だからこそ、牢獄があれほど恐ろしい責め苦になるのだ。だからこそ、孤独の快楽が理解されないのだ。そして結局、王たちの境涯が幸福である最大の理由は、人々がひっきりなしに彼らの気をそらせ、あらゆる種類の快楽を彼らに得させようとしているからだ。——王を取り囲む臣下たちは、ひたすら王の気をそらせ、彼が自分のことを考えないようにすることしか考えない。なぜなら、いかに国王であっても、自分のことを考えると、不幸になるのだから。[7]

以上が、人々が幸福になるために考えついた手立てのすべてだ。そしてここで哲学者面《づら》をして世人を見下《みくだ》し、彼らが自分では買いたいとは思わない野兎を日がな一日追いかけ回して過ごすのは愚かしいと思う連中は、人間の本性をほとんど知らない。この野兎は、私たちが死と悲惨を見ないですむようにはしてくれないだろう。だが狩猟は、私たちの目をそこからそらせて、それらを見ないですむようにしてくれる。A[8]

〔こういうわけで、ピュロスに向かって、彼があれほど苦労して探しに出かけようとした休息をすぐに取るように勧める助言[9]は、大きな抵抗に遭った[10]。〕

Ａ　こういうわけで、人々の振舞いを非難して、「そんなに熱心に追求したところで、きみたちの求めているものが、きみたちを満足させることはありえない」と言ったとしよう。彼らが、よく考えれば、そう答えるべきであるように、「ぼくらが、このことで求めているのは、自分のことを考えずにすませてくれるような激しく勢いのよい活動にすぎない。そのためにこそ、ぼくらは、人を幻惑し熱烈に惹きつける魅力的なものごとを目標に祭り上げるのだ」と答えたら、相手は返す言葉に窮することになるだろう。しかし彼らはそうは答えない。自分自身を知らないからだ。自分たちが追い求めているのが、獲物ではなく狩猟にすぎないことを彼らは知らない。彼らは、あの地位を手に入れたら、その後で安んじて休息しようと思っているが、欲望が満足を知らないものであることを自覚していない。彼らは大まじめに休息を求めていると思っているが、本当は奔《ほん》走《そう》することしか求めていない。彼らには、ある密《ひそ》かな本能があり、それが彼らを促して、外部に気晴らしと活動を求めさせるが、それは彼らが絶えず不幸の感覚にさいなまれているからだ。そして彼らにはもう一つ、かつての偉大な本性の名残《なごり》である密かな本能があり、それが彼らに、幸福は喧騒のうちではなく、本当は休息のうちにしかないことを悟らせる。そしてこの二つの対立する本能から、混乱したもくろみが彼らのうちに形作られ、それが彼らを促して、奔走を通じて休息に向かわせ、目前にあるいくつかの難題を克服して、休息への扉を開くことができれば、今は欠けている満足が得られるだろうといつも思い込ませるのだ。

このようにして一生涯が過ぎていき、人々はいくつかの障害に打ち勝つことをつうじて休息を求める。ところがそれを克服すると、休息は堪《た》えがたいものとなる。休息が倦怠《けんたい》を生み出すからだ。休息を脱して、喧騒を乞い求めなければならない。さもなければ、目下の不幸か、将来をおびやかす不幸に思いを向けることになる。⑾そしてたとえどこから見ても安全だとしても、心の底に生まれながらに根を張った倦怠が自分勝手にうごめき出し、精神をその毒気で満たさずにはおかないだろう。

ダンス。どこに足を置くか、よく考えなければならない。⑿

貴族は、狩猟が王公にふさわしい大きな楽しみだと、心から信じている。しかし彼の猟犬係は同じようには考えない。

Ｂ　このようにして、人間の不幸はあまりにも大きいので、悲しみの原因がまったくない場合でも、生来の資質そのものによって悲しみに陥るだろう。そして人間のむなしさはあまりにもはなはだしいので、実質的な悲しみの原因――それは無数にある――に首まで漬かっていても、きわめて些細《ささい》なこと、たとえば玉を突いたりボールを打ったり

するだけで、気をそらせるのに十分だ。

C「だが人間は何を目指して、そんなことをするのだ」と、きみは訊《たず》ねるかもしれない。それは明日になって、自分が相手よりゲームの腕前が上だったことを、友達仲間に自慢するためなのだ。同様に他の連中は、それまで解決されていなかったらしい代数の問題を解いたことを学者仲間に示すために書斎で汗水流す。そして他にも、あれほど多くの連中が、ある要塞《ようさい》を奪取したことを後になって自慢するために極度の危険に身をさらすが、それも私に言わせれば、同じように愚かなことである。そして最後に、残りの連中は躍起《やっき》となって、以上のことすべてを指摘する。それで賢くなろうというのではない。ただ自分たちがそれらのことを知っているのを見せびらかすためである。彼らこそ一番の愚か者である。なぜなら他の連中は、それと気づけば、愚かさから脱することができるかもしれないが、この連中は、万事承知の上でなお愚かなのだから。

ある男が、毎日わずかばかりの金品を賭けて、退屈もせずに暮らしている。男に毎朝、賭ごとをしないという条件で、彼が毎日稼ぐことのできる額の金を与えてご覧《ろう》じろ。きみのせいで、男は不幸になる。それは、男が求めているのが賭ごとの楽しみで、儲《もう》けではないからだと、おっしゃるか。それなら賭金なしに賭をさせてみよう。熱中できずに、退屈するだろう。だから男が探しているのは、楽しみだけではない。活気がなく、熱の入らない楽しみでは、退屈するだろう。熱中する必要がある。賭をしないのならあげよう、と言われても欲しくはないものを、賭金として勝ち取るうれしさを思い描いて、自分を欺く必要があるのだ。それは、自ら情熱の原因を作り出し、それにもとづいて、自分の作り上げた対象めがけて、欲望や怒りや恐れをかきたてるためである。あたかも、自分で塗りたくった顔を見て、怖がる子供のように[13]。

一、二カ月前に一人息子を失い、訴訟や紛争に忙殺されて、今朝《けさ》はあれほどふさぎ込んでいたあの男が、どうして今は、ふさぎの虫を忘れているのか。驚くことはない。男は、あの猪《いのしし》、猟犬が六時間も前からあれほど熱心に追跡している猪が、どこを通るかを見張ることにすっかり気を取られているのだ。それ以上のことは必要ない。人間は、どれほど悲しみに満たされていても、何か気晴らしに引きずり込むことができれば、その間は幸せだ。そしてどんなに幸せであっても、悲しみの広がりを押しとどめるべく、何らかの情熱に気を取られたり、楽しみに気を紛らせたりしなければ、ふさぎ込み、不幸になる。気晴らしなしに喜びはない。気晴らしがあれば悲しみはない。だから高い身分

の人々が幸福なのは、彼らには、気晴らしをさせてくれる人々が大勢付いていて、気晴らしの状態に留まる力があるからだ。

Ｄ　よく注意してほしい。財務総監、国璽尚書《こくじしょうしょ》、裁判所長官であるというのは、ほかでもない、大勢の人間が朝早く四方八方から彼らのもとに詰めかけて、彼らに自分自身のことを考える暇を一日に一時間たりと残しておかない、そのような地位にあることなのだ。そして彼らが王の不興をこうむって、田舎《いなか》の家に蟄居《ちっきょ》を命じられると、困窮の際の助けとなる財産にも召使にも不自由していないのに、不幸で孤独になる。自分のことを考えないようにしてくれる人が、誰もいなくなるからだ。

（１）この長大な断章は、初稿では「人間のみじめさ」と題されていた。
（２）十七世紀のフランスでは、軍職を含めて、大多数の官職は売買の対象であった。
（３）「気晴らし」の原因を見出した後で、さらにその「現象の理由」の探究が行われるのである。
（４）物質的なものであれ、精神的なものであれ、個人的なものであれ、社会的なものであれ、すべて肯定的な価値をもつもの。ここでは、とくに富、権力、名誉。
（５）写本には収録されていないが、原稿では、初稿で記された後に消去された次の一節を読むことができる。

「したがって人間にとっての唯一の幸福は、自分のあり方を考えることから気をそらせる

えないですむことなのだ」

ことに存する。そのような考えを追いやる仕事、心を奪う快適で新奇な情熱、あるいは賭ごと、狩、面白い見世物や芝居、要するに気晴らしと呼ばれるものによって自分のあり方を考えないですむことなのだ」

（6）「獲物を捕らえる望みをなくした人々が、なおも狩猟の楽しみを捨てないのを不思議に思ってはならない」（モンテーニュ『エセー』第二巻一二章）。なお、この一文は原稿でも写本でも左側の余白に記されている。

（7）この一文も左側の余白に記されている。

（8）原稿に記されている送り記号。一段落飛ばした後の段落の冒頭のＡにつながる。次の一文は、初稿で記されたが、見直しの段階で、これを無視して後に続けるように指示が加えられた。写本にも収録されていない。

（9）ピュロス（前三一九—前二七二）は、ギリシャ北方エペイロスの国王。イタリアとギリシャの征服を目指して、たびたび遠征を試みたが、決定的な勝利を得ることはできなかった。彼が受けた「助言」のエピソードは、プルタルコス（『英雄伝』「ピュロス篇」第一四節）やモンテーニュによって伝えられている。「ピュロスがイタリア侵攻を企てたとき、賢明な助言者であったキュネアスが、その野心のむなしさを思い知らせようとして、こう訊《たず》ねた。『ところで王様、何のためにこんな大事を企てられるのですか。』王は言下に、『イタリアの支配者となるためだ』と答えた。——『それがすんだら、どうなさいますか』——『ガリアとスペインに進む』——『そしてその後は』——『アフリカを征服しに行く。そして最後に世界を支配下に治めてから、ゆっくり休息し、心満ち足りて暮らすのだ。』するとキュネアスは言い返した。『これは驚きました。王様がそれをお望みなら、どうして今からすぐにそういう状態におなりになりませんか。なぜお望みの境遇にすぐにもお入りになりませんか。そして二つの境遇の間にある労苦と危険を省こうとなさいませんか』」(『エセー』第一巻四二章)

(10)　原稿では、このあと数節の文章が記されていたが、推敲の段階で削除され、写本にも収録されていない。ブランシュヴィック版、ラフュマ版にならって、以下に採録する。

「誰かに向かって、安らかにあれというのは、幸福にお暮らしなさいと言うのと同じことである。つまり、完璧に幸せな境遇を得て、それをどれほどゆっくり眺め回しても、悩みの種《たね》が見つからないほどになりなさいということである。それはすなわち人間本性を知らないことにほかならない。

だから人間は、自らのあり方を生まれながらに感じているので、何よりも安息を避ける。ありとあらゆることをして喧騒を求める。だからといって彼らにある本能があって、真の幸福は*……

こうして彼らを非難するのはお門違《かどちが》いだ。彼らの誤りは喧騒を求めるところにはない。彼らがそれをたんなる気晴らしとして求めているとすれば、の話だが。具合が悪いのは、自分たちが求めているものごとを所有すれば、それで本当の幸福にたどり着けるかのように喧騒を探求していることだ。彼らの探求がむなしいという非難が当たっているのは、この点においてだ。だからここでは、非難するほうもされるほうも等しく人間の本性を理解していない」

＊この部分の左の余白には、「むなしさ。それを他人に示す快楽」という一句が書き込まれている。写本には収録されていないが、抹消されていないので、ブランシュヴィック版とラフュマ版は、本文中に取り込んでいる。内容的には、後段のCで始まる段落、あるいは断

章六二七に関連している。

(11)「倦怠」と訳した原語 ennui は、パスカルの時代には、悲しみや苦しみ、あるいは絶望という意味合いもあった。「どこから見ても安全」なのに感ずる ennui は、原因を特定することのできない悲しみ、メランコリー、あるいは、のちに実存主義の主要な概念となる「不安」でもある。断章六二二参照。

(12) 本段落と次の段落は、二段落前のＡで始まる一節の左側の余白に書き込まれている。

(13)「われわれが自分で作り出した猿真似《さるまね》や思いつきにだまされるとは、何ともあわれなことだ。――〈彼らは自分で作り出したものを恐れる〉――、ちょうど、子供たちが自分で仲間の顔を黒く塗りたくっておいて、それを怖がるようなものである」(『エセー』第一巻二一章)

一三七　(ラ一三七／ブ一四二)

気晴らし

王位はそれ自体で十分偉大なものなので、その保持者にしてみれば、自分が何であるかを眺めるだけで幸せになれるのではないか。一般人のように、彼をこの考えからそらす必要があるだろうか。なるほど、家庭の不幸から目をそらすために、うまく踊ることに気持ちを集中するのが幸福の秘訣だというのは分かる。[1] だが王にとってもそうだろうか。わが身の栄華を眺めるより、むなしい娯楽に身をやつすほうが幸福だろうか。いったい、王の気持ちをもっと満足させるようなものが何かあるのだろうか。だから王に心ゆくまで、自らをとりまく荘重な栄光をじっと眺めさせておく代わりに、舞曲のリズムにステップを合わせたり、棒投げ競技の棒を巧みに投げたりすることに専念させるのは、王としての喜びを損なうことになりはしないか。ひとつ試してみようではないか。王を一人ぼっちにして、感覚を満足させることも精神に配慮することもいっさいなく、仲間もなしに、暇に任せて自分のことを考えるままにさせてみよう。そうすれば、気晴らしを欠いた王がありあまる不幸を抱えた人間であることが分かるだろう。だからそうならないように入念な配慮がなされ、王の身の回りには多くの臣下が必ず控えて、執務の後にはすぐに気晴らしが引き続くように気を配り、またいつでも遊興と娯楽を提供できる態勢を整えて、王の余暇の時間を隅々まで見張り、いっさい空虚がないようにする。(2) 要するに、王を取り囲んでいるのは、彼が一人ぼっちで自分のことを考える羽目に陥らないように驚くべき心遣いを発揮する人々なのだ。それは彼らが、たとえ王であっても、自分のことを考えれば不幸になることを心得ているからだ。

断わっておけば、以上の話で引き合いに出したのは、キリスト教徒の王であるが、それは信者としての王ではなく、たんなる王としての王である。

(1)「ダンス。どこに足を置くか、よく考えなければならない」(断章一三六)
(2)「真空(＝空虚)の嫌悪」は自然学では夢想にすぎないが、人間の本性においては現実なのである(断章四四注(16)参照)。

一三八　(ラ一三八／ブ一六六)

気晴らし

死の危険なしに死を思うより、死を思わずに死ぬほうが耐えやすい。

一三九　(ラ一三九／ブ一四三)

気晴らし

人々は子供のときから、自分の名誉や財産や友人を大切にするように、さらには友人の財産と名誉も大切にするようにしつけられる。身を砕くまで、商売、外国語の勉強あるいは武芸の修行をやらされる。その上で、自分ばかりでなく、友人の健康と名誉と財産がよい状態になければ幸福になれず、そのうち何か一つでも欠ければ不幸になると聞かされる(1)。こうして職務と仕事を手いっぱい与えられて、朝一番からせわしなく働かされる。「彼らを幸福にするには何とも奇妙なやり方だ、人を不幸にするのにこれ以上見事に、何ができるだろう」と、おっしゃるか。「何ができるかだろう」ですって。以上の気苦労を彼らから取り去るだけで結構。そうなれば、彼らは自分を見つめ、自分が何であり、どこから来て、どこへ行くかに思いを向けるだろう。こうしていくら彼らを忙殺し、彼らの気持ちをいくらそらしても、それで十分ということはない。だからこそ、あれほど仕事の予定を入れたあげく、少しでも暇があると、その時間を気晴らしと娯楽に当てて、いつもすべての時間を埋め尽くすように助言されるのだ。

人間の心は何と空っぽで、汚濁に満ちていることか。

（1）「自分の死だけではまだ十分に恐くないというのなら、妻子や召使の死まで背負い込むがいい。自分のことだけでは心配が足りないというのなら、隣人や友人の分まで引き受けてせいぜい頭を悩ますがいい」（モンテーニュ『エセー』第一巻三八章「孤独について」）

〔ファイルA九〕　哲学者

一四〇　（ラ一四〇／ブ四六六）

たとえエピクテトスが道を完璧に見出したとしても、彼が人々に言ったのは、「きみたちの道は間違っている」ということだけだ。彼は、別の道を進むべきことを示すが、そこには導かない。それは、神が欲することを欲する道である。(1) イエス・キリストだけがそこに導く。「道、真理」(2)

（1）「知者は、神に従って行けば、安全に生涯行路を渡れると思っている。――神に従って行くとは、どういうことなのか。――それは、神が欲することは自分も欲し、神が欲さないことは、自分も欲さないことだ」（エピクテトス『語録』第四巻一章九八―九九節）。エピクテトスが、正しい道を見ているのに、そこに導くことができないのは、イエス・キリストの仲介なしには、神を知ることも、神の意に従うこともできないからである。断章一四二、および、ファイルA一四「この神の証明方法が優越していること」に含まれる断章を参照のこと。

（2）「イエスは言われた。『私は道であり、真理であり、命である。私を通らなければ、誰も

父のもとに行くことができない』」（「ヨハネによる福音書」第一四章六節）

一四〇の二[1]　（ラ一四〇／ブ四六六）

ゼノン自身の悪徳。[2]

（1）写本では、前断章の直後に書き込まれているが、原稿は失われている。ブランシュヴィック版、ラフュマ版は前の断章に続けて、一つの断章としている。

（2）ギリシャの哲学者でストア派の創始者であるキティオンのゼノン（前三三五—前二六二）は、徳や自足を重んじる禁欲主義で知られる。パスカルが問題にする「悪徳」については、モンテーニュの記述を手掛かりに、同性愛ではないかと推測されている。「かのゼノンは、『私には二種類の弟子がいる。一方は〈フィロログス〉と呼ばれ、ものごとを学ぶことを大切にするもので、私のひいきだ（原語 mignons には、少年愛の対象であるお稚児さんの意味がある）。他方は、〈ロゴフィルス〉と呼ばれる、言葉づかいにしか注意しない連中だ』と言っている」（『エセー』第一巻二五章「子供たちの教育について」）。「ゼノンは愛する少年クレモニデスが近寄ってそばに座りそうなのを見ると、突然立ち上がった。クレアンテスがわけを訊《たず》ねると、『医者はあらゆる傷に安静第一を命じ、興奮を禁じているではないか』と言った」（『エセー』第三巻一〇章）

一四一　（ラ一四一／ブ五〇九）

哲学者たち

何ともおめでたいことだ。自分を知らない人間に向かって、「自分で神のもとに行け」と叫ぶとは。そして自分を知っている人間にそう言うのも、これまたおめでたいことだ。

一四二　（ラ一四二／ブ四六三）

哲学者たち①

彼らは、神だけが唯一、愛と賛嘆の対象にふさわしいと信じている。それなのに彼ら自身、人々から愛され賛嘆されることを望んだ。彼らは自らの堕落を知らない。彼らが、神への愛と賛嘆の感情で満たされていると感じ、そこに喜びの根拠を見出しているのなら、自分は善良だと思うがよい。それは結構だ。しかしそれとは反対の心持ちにあって、ひたすら人に尊敬されることだけを願い、究極の完成状態として思い描くのが、人々を強制せずに導いて、彼らを愛することに幸福を見出すように仕向けることだとすれば、私は言いたい。そんな完成はおぞましいものだと。何と、神を知りながら、人々が神を愛することをひたすら望まずに、かえって人々が彼らのもとに留まることを望むのか。哲学者たちは、人々が自発的に彼らを幸福の目標にすることを望んだのだ。

（１）冒頭に、「イエス・キリストぬきの神をもつ哲学者に反駁《はんばく》する」というタイトルが記されていたが、削除された。

一四三　（ラ一四三／ブ四六四）

哲学者たち

私たちは、目を外に向けさせるものをいっぱい抱えている。

本能は、幸福は自分の外部に求めるべきだと感じさせる。情念は、それを掻《か》き立てる対象が眼前に見えなくても、私たちを外に追いやる。外部の対象は、そのことを考えていないときでも、対象のほうから私たちに呼びかけ、誘いをかける。こんなわけだから、哲学者が、「きみの内部に立ち戻りたまえ。きみの善はそこにある」（１）と言っても効き目はない。信じてもらえないのだから。信じる者がいるとすれば、それこそ一番頭が空っぽの愚か者だ。

（１）断章四〇七によれば、この教えを説くのは、ストア派の哲学者である。

一四四　（ラ一四四／ブ三六〇）

ストア哲学者が勧めることは、それほど難しくまたむなしい。

ストア哲学者の主張。知恵の最高段階に達していない者は、みんなひとしなみに愚者で不徳義漢だ。[1] あと指二本で水面に届くところにいる者でも同じことだ。[2]

---

(1) モンテーニュもこの点についてストア派を批判している。「不徳は、それぞれ不徳であることにおいてはすべて似かよっている。おそらくストア派はこのように考えているようである。けれども等しく不徳ではあっても、同じ不徳だということにはならない。境界線を百歩越えた者が〔……〕、十歩しか越えない者よりも悪くないなどとは信じられないし、神を冒《ぼう》瀆《とく》する罪が、畑からキャベツを盗む罪よりも重くないなどとも信じられない」(『エセー』第二巻二章)

(2) 「水から指二本のところで溺《おぼ》れる者がいる」(シャロン『知恵について』第三書三七章)

一四五　(ラ一四五/ブ四六一)

三つの欲心が三つの学派を作り出した。[1] そして哲学者たちは、三つの欲心のいずれかに従う以外のことはしなかった。

(1) 「三つの欲心」とは、感覚欲、知識欲、支配欲である(断章五四五参照)。感覚欲(官能性)にエピクロス派、支配欲(傲慢《ごうまん》)にストア派が割り当てられている。知識欲(好奇心)が生み出した学派については、ソクラテス以前の自然哲学者、プラトンとその後継者たち(アカデメイア派)、アリストテレス学派、デカルトなどが考えられる。

一四六 (ラ一四六/ブ三五〇)

ストア哲学者たち

彼らはこう結論する。ときにはできることなら、いつでもできるはずだ。また、名誉欲に駆られた人間がやってのけられることは、他の人間でもやってのけられるはずだ。それは熱に浮かされた活動であり、健康なときには真似《まね》のできないものである。エピクテトスは、志操堅固《しそうけんご》なキリスト教徒がいるのだから、誰でもそうなれると結論した。(1)

(1) 『語録』第四巻七章によれば、恐怖心からの解放の秘訣は、外面的な善や幸福を無視するところにあるが、そのような無関心を「習慣」によって獲得した例として、「ガリラヤ人」(キリスト教徒のこと)の名が挙げられている(第六節)。

〔ファイルＡ一〇〕最　高　善

一四七　〔ラ一四七／ブ三六一〕

最高善をめぐる争い

きみが自分自身に満足し
自分から生まれる善に安んずることができますように。(1)

そこには矛盾がある。なぜなら彼らは、最後は自殺することを勧めるのだから。
ああ、なんと幸福な人生だ。まるで疫病《えきびょう》から逃れるように、そこから逃げ出す人生なんて。(2)

(1)「他の願いはすべて神に委ねて、きみの思いと心づかいと祈念が目指すべきはこれだ。きみが自分自身に満足し、自分から生まれる善に安んずることができますように。これ以上、われわれにふさわしい幸福があるだろうか」(セネカ『倫理書簡集』二〇の第八節)。ジャンセニウスが『アウグスティヌス』第一巻「ペラギウス派の異端について」で引用し、批判している(第五書一章)。

(2) 「なんと幸福な人生だ、〔ストア派の〕賢者の人生は。それを味わうのに、死の助けが必要だというのだから」(ジャンセニウス『アウグスティヌス』第二巻「純粋な自然状態について」第二書八章)。この文章は、アウグスティヌス『書簡』一五五の次のような表現の翻案である。「人間は、まるで疫病から逃れるように、この幸福な人生から解放されなければ、幸福になれないのだろうか。」アウグスティヌスもジャンセニウスも、ストア哲学が、一方で、自足と美徳の実践のうちに幸福があると言いながら、他方で、自殺を人生の困難の解決法として勧める矛盾を皮肉っている。

一四八 (ラ一四八/ブ四二五)

第二部

人間は信仰なしには真の善も正義も知ることができないこと。

人間はみな幸福になることを追い求めている。探求に用いる手段がどれほど異なっていても、そこに例外はない。人間はみなこの目標を目指す。ある者が戦争に赴《おもむ》き、他の者がそうしないのは、両者のうちにあるこの同じ欲望による。違いは、幸福についての見方だけである。意志はこの対象に向かってでなければ、一歩も動かない。これこそ、すべての人間のあらゆる行動の動機だ。首をくくりに行く者にいたるまで①。

それにもかかわらず、大昔から、かつて誰も信仰なしにこの地点、万人がたえまなく目指す目標に到達した者はいない。万人が嘆いている。君主も臣下も、貴族も平民も、老いも若きも、強者も弱者も、学者も無学者も、健やかな者も病める者も、あらゆる国、あらゆる時代、あらゆる年齢、あらゆる身分の者が。

これほど長い間、これほどたえまなく、同様の苦悩が繰り返されてきたことを思えば、私たちには自らの努力で善に到達する能力がないことを自覚してもよさそうなものだ。しかし先例は私たちにとって指針にならない。先例というものは、微妙な差異がいささかもないほど完全に似かよっているわけではない②。そこから私たちは、前回はともかく今回こそ期待が裏切られることはないと期待する。こうして私たちは現在に満足できないので、経験に欺かれて③不幸から不幸へと歩みを進め、ついにはその永遠の極みである死に至る。

このような渇望と無力が私たちに向かって叫び声を上げるが、それはほかでもない、かつて人間のうちには真の幸福があったのに、今や中身のない刻印と痕跡だけしか残されていないという訴えだ。人間は自分を取り巻くものでその空虚を満たそうとむなしく試み、現前しているものからは得られない助けを、不在のものから得ようとするが、いずれも助けをもたらすことはできない。なぜならこの無限の深淵を満たすことができるのは、無限で不動の対象、すなわち神ご自身しかないからだ(4)。

神お一人が人間の真の善だ。そして人間が神のもとを去って以来、奇怪なことだが、自然のうちの何であれ、神の代わりになれなかったものはない。天体、天空、大地、元素、草木、キャベツ、ねぎ、動物、虫けら、子牛、蛇、熱病、ペスト、戦争、飢饉《ききん》、悪徳、不倫に近親相姦(5)。そして真の善が失われて以来、人間の目には、すべてが等しく善に見えうる。神と理性と自然のすべてにあれほど反する自分自身の破壊さえそうだ。

ある人々はそれを権威のうちに、他の人々は好奇心と学問のうちに、また別の人々は悦楽のうちに求める(6)。

さらに、善にもっと近づいた別の人々はこう考えた。すべての人間が欲しがるこの普遍的な善はいかなる個物のうちにも宿っていない。なぜなら個物を所有できるのは一人だけであり、分割されれば、所有者は自分の持ち分の享受に甘んずることができず、もっていない部分の欠如に苦しむからである。彼らは理解した。真の善とは、万人が同時に所有しても減りもせず妬《ねた》み合いも起こらず、また誰もおのれの意に反して失うことがないようなものである、と(7)。そして彼らは、この欲望が人間の本性である論拠として、それが必然的に万人のうちにあり、人間たるものそれを感じずにはいられないことを挙げ、そこから次のように結論した……

（1）「どのような人であろうと、誰でも幸福であることを望む。それを望まない者は誰もいない。〔……〕人々は異なった欲望に引きずられ、ある者はこれを、他の者はあれを望む。〔……〕こうして幸福の願望は万人に共通している。しかしながら、どのような手段でそこにたどり着き、どこを経由してその目標を目指し、いかなる道を通って到着するのか。ここで議論が始まる。ある者によれば、幸福は戦争に出かける者にあるが、他の者は、それを否定して、土地を耕す者だけが幸いだと言う。〔……〕万人が幸福を望んでいるのに、それぞれの生き方についてこれほど意見の相違があるのは、どうしてなのか」（アウグスティヌス『説教』三〇六第三章三節）。ジャンセニウス『アウグスティヌス』第二巻「純粋な自然状態について」第一書二章にも同様の記述が見られる。幸福の追求と自殺との関係については、断章一四七も参照。

（2）人間の行為の果てしない多様性について、モンテーニュは次のように述べている。「いくら多数の法律を立案しても、多種多様な事例に追いつくはずがない。さらに百倍の事例を追加してみるがいい。それでも、将来生起する出来事が、こうして選ばれて、法律として登録された何千何万という事例のいずれかに当てはまり、それとは異なる判断を考慮する必要があるようないかなる状況も差異もないほど、ぴったりと合致しているなどということは、まず起こりようがない」（『エセー』第三巻一三章）

（3）モンテーニュは、「経験について」と題された『エセー』第三巻一三章で同様の主張をしている。「理性にはたくさんの顔かたちがあるので、どれをよりどころにしたらいいのか分からない。経験についても同様だ。さまざまな出来事を比較しても、それらはいつも異なっているので、そこから引き出す結果は確実なものとは言えない。〔……〕あらゆるものは、何らかの類似によってつながっているが、どの例をとっても、どこか不完全であって、経験から引き出される関連づけは、いつでもどこか欠けた不完全なものにすぎない」

（4）パスカルは、父の死に際して書いた手紙（一六五一年十月十七日付）の中で、同様の考えを展開しているが、それを二人の偉大な聖者から学んだと記している。一人は聖アウグスティヌスであり、もう一人は、ジャンセニウスと考えられる。じっさい後者は、『アウグスティヌス』第二巻「堕落した自然状態」第二書二五章で、アウグスティヌスの『告白』の冒頭の有名な一句、「あなたは私たちを、ご自身に向けてお造りになりました。ですから私たちの心は、あなたのうちに憩うまで、安らぎを得ることはできないのです」を引用して、次のような解説を加えている。「そこから神なき人間のたえまない不安が生ずる。〔……〕人間には、神のほかに、自らの魂のこれほど広大な容量を満たすことができるものはまったく何もない。〔……〕神を見捨てた人間が自分のうちに見出したのは、自分自身にとって不可解な巨大な空虚と窮乏であった」

（5）モンテーニュは、『エセー』の最長編「レモン・スボンの弁護」（第二巻一二章）の中で、「宗教に関する、昔からの人々の意見」を長々と列挙している。たとえば、プラトンは、「世界、天空、天体、大地とわれわれの魂が神である」と言い、他の者は、「蛇や犬や牛を崇拝し」、また他の者は、「快楽や詐欺《さぎ》、死や妬み、老衰や悲惨、恐怖や熱病や不運、その他われわれ人間のか弱くもろい生命に降りかかる災禍にいたるまで神に仕立て上げた」。偶像崇拝は、ギリシャやローマの多神教と戦わなければならなかった古代のキリスト教著作家の批判と攻撃の的であった。アウグスティヌスもたびたびこの問題を論じており、パスカルがそれを知らなかったはずはない(たとえば、『真の宗教』第三七章六八節、あるいは、古代ローマの神々の批判が展開されている『神の国』第四巻)。

（6）　真の善つまり最高善について人間とりわけ哲学者が抱く考えは、「三つの欲心」に対応しているというのである。断章一四五参照。

（7）　真の善が満たすべき二つの条件は、アウグスティヌス『カトリック教会の道徳』に見出される。「あなた方は、隣人に対しても、あたかも自分自身に対するように振舞い、完全な愛で神を愛するように仕向けなければならない。なぜなら、あなた方自身が目指している善に、隣人も向かうように仕向けなければ、それは隣人をあなた方自身のように愛することにならないのだから。じっさいこの善だけは、どれほど多数の人々が私たちとともに、それを獲得しようと努めても減少しないのである」(第二六章四九節)。「最高善は、何人《なんぴと》もおのれの意に反して失うことがないようなものである」(第三章五節)

〔ファイルＡ一一〕　Ａ・Ｐ・Ｒ

Ａ・Ｐ・Ｒという略号は、断章一二二、一四九、二四一の二の冒頭に見られる。多くの研究者は、この頭文字を「ポール・ロワイヤルにおいて（À Port-Royal）」と解し、このタイトルを付した断章は、パスカルが一六五八年にポール・ロワイヤルで行ったと伝えられる講演——護教論の構想に関する講演——の準備ノートではないかと推定している。それが事実だとすれば、本ファイルは、パスカルの構想していた護教論の部分的な骨格を示していることになる。ただし、問題の講演については、「事前の計画なしに行われた」（「ポール・ロワイヤル版『パンセ』序文」）という証言があり、Ａ・Ｐ・Ｒの意味についても異論がないわけではない。とはいえ、本ファイルが、前章までの人間学的考察と次章から始まる宗教的考察の結節点として、護教論の基本的立場の表明となっているのは確かである。

一四九　（ラ一四九／ブ四三〇）

Ａ・Ｐ・Ｒ　始まり

不可解さを解きほぐした後で(1)

人間の偉大さとみじめさは明々白々なのだから、真の宗教があれば、それは必ずや、人間のうちに偉大さの大本《おおもと》とみじめさの大本がともにあることを、私たちに教えてくれるはずだ。

さらに真の宗教は、この驚くべき矛盾の理由を私たちに解き明かしてくれるはずだ。

人間を幸福にするために、宗教は、神があること、神を愛すべきであること、私たちの真の幸福は神のうちにあり、私たちの唯一の不幸は神からの離反にあることを示してくれなければならない。それと同時に、私たちが暗闇《くらやみ》に包まれて、神を知り愛することができなくなっていること、かくして、人の務めとしては神を愛さなければならないのに、欲心に邪魔されて不正に満ちあふれていることを認めなければならない。また私たちが、神にも私たち自身の善にも背いている理由を説明しなければならない。私たちが陥っているこのような無力に対する治療法とそれを入手する手段を教えてくれなければならない。それを踏まえて、世界中のあらゆる宗教を吟味するがよい。そしてキリスト教以外の宗教で、以上の条件を満たすことのできるものが一つでもあるかどうか、見るがよい。

私たちのうちなる善が善のすべてだと言う哲学者たちがそうだろうか。それは真の善だろうか。彼らは私たちの不幸の治療法を見出しただろうか。人間を神に等しい高みに置いたことで、人間の思い上がりを癒《いや》すことになっただろうか。② 私たちを獣と同一視した哲学者たち、③ そして地上の快楽が善のすべてであり、死後の永遠においてさえそうだと言うマホメットの仲間④は、私たちの欲心につける薬をもたらしただろうか。

一体、いかなる宗教が傲慢《ごうまん》と欲心を癒す術《すべ》を教えてくれるのか。要するに、いかなる宗教が、私たちの善、私たちの務め、私たちをそこから引き離す弱さ、弱さの原因、それを癒すことのできる治療法とそれを入手する手段を教えてくれるのか。他のいかなる宗教も、そんなことはできなかった。神の知恵⑤がどうするか見てみようではないか。

神の知恵は語る。「ああ、人間よ。人間から真理も慰めも期待してはならない。きみたちを形作ったのは私であり、きみたちが誰であるかを教えることができるのは私だけだ。

だがきみたちはもはや、私によって造られた状態にはいない。私は人間を清らかで無《む》垢《く》そして完全なものとして創造した。人間を光明と知性で満たした。私の栄光と驚異を伝えた。そのとき、人間は神の威容を目の当たりにしていた。盲目の闇に沈むことも、死の定めと悲惨の中であえぐこともなかった。しかし人間はこれほどの栄光を支えきれず、増上慢に陥った。自分で自分の中心となり、私の助力から独立しようとした。私の支配から逃れ、自分自身のうちに至福を見出したいとの欲望に駆られて、私と肩を並べようとした。だから勝手に振舞うがままに打ち捨てたのだ。そして人間に服従していた被造物に反旗を翻《ひるがえ》させ、人間の敵に仕立て上げた。それで今や人間は獣に等しいものとなり、私からはるかに遠ざかったあげく、自らの創造主についてさえ漠とした光明がかすかに残っているだけだ。それほど人間のすべての知識は、あるいは消え去り、あるいは混濁しているのだ。理性から独立した感覚は、しばしば理性を支配して、人間を快楽の追求に引きずり込んだ。あらゆる被造物は、あるいは苦しみの種《たね》あるいは誘惑の種として人間に君臨し、力ずくで人間を屈服させるか、さもなければ甘い見かけでたぶらかすが、このたぶらかしは、いっそう恐ろしくまた侮辱的な支配である。

これが今日の人間の状態だ。人間にはまだ最初の本性の幸福をしたう無力な本能がいくらか残っている。それなのに人間は盲目と欲心のもたらす悲惨の淵《ふち》に沈み、それが彼の第二の本性となった。

私がきみたちに開示するこの原理を知れば、きみたちもすべての人間を驚愕《きょうがく》させたあれほどの矛盾、人間たちをあれほど異なった意見に分裂させた矛盾の原因が何であるかが分かるだろう。どれほどの悲惨を体験しても、決して圧殺することのできない偉大と栄光の衝迫に耳を傾けよ。そしてその原因が、もう一つ別の本性のうちにあるのではないかどうかを見るがよい」

A・P・R　明日のために。

擬人法⑥

「ああ、人間たちよ。きみたちがおのれの悲惨の治療法を自分自身のうちに求めたところで、それはむなしい。きみたちの光明のすべてを集めても、君たち自身のうちには真理も善も見出せないという認識にしか到達できない。

哲学者たちは、きみたちに真理と善が見つかると約束したが、実現することはできなかった。彼らは、きみたちの真の善が何であり、きみたちの真の状態が何であるかを知らない。〔きみたちの真の善が何であり、きみたちの真の状態が何であるかを教えることができるのは、私をおいてほかにない。私に耳を傾ける者には、それを教える。そしてそれは、私が人間の手中に託した書物の中にはっきりと示されている。しかしながら私は、それがあまりにもあからさまに知られることは望まなかった。私は人間たちに、彼らを幸せにすることのできる秘訣を教える。それなのに、どうしてきみたちは私の言うことを聞こうとしないのか。〕

〔地上に安心立命を求めるな。人間から何も期待するな。きみたちの善は神のうちにしかない。至高の幸福は神を知り、今後永遠に神と一体になることにある。きみたちの務めは、心を尽くして神を愛することにある。神がきみたちを創造したのだから。〕だがどうして哲学者たちに、きみたちの不幸を癒《いや》すことができただろう。彼らはそれが何であるかさえ知らないのだ。きみたちを苦しめる病《やまい》のうちで主《おも》だったものは、きみたちを神から引き離す傲慢《ごうまん》、そしてきみたちを地上に縛りつける欲心だ。ところが哲学者たちのしたことといえば、この二つの病のうち、少なくともどちらかを温存することだけだった。神をきみたちの目標として掲げたとすれば、それはひたすらきみたちの傲慢を募らせるためだった⑦。きみたちは自らの本性によって神に似かよい、神に一致する。彼らはきみたちにこう思わせた。そしてこの主張のむなしさを見てとった哲学者たちは、きみたちの本性が獣の本性に異ならないことを見せつけて、きみたちをもう一つの深淵に投げ込み、禽獣《きんじゅう》の分け前である欲心のうちにきみたちの善を追求するように仕向けた。

これでは、きみたちをおのれの不正から解き放つ手立てにはならない。何しろこれらの知恵者の方々は不正が何であるか知らないのだから。きみたちが何ものであるかを分からせることができるのは、私だけなのだ⑧」

アダム。イエス・キリスト。[9]

きみたちが神と一体になるとすれば、それは恵みによる。本性によるのではない。

きみたちが貶《おと》しめられるとすれば、それは悔い改めによる。本性によるのではない。[10]

こうして、この二重の能力は……

きみたちは創造されたときの状態にいない。

これら二つの状態が顕《あら》わになれば、きみたちもそれを認めずにいることはできない。

自分の心の動きを追ってみるがよい。きみ自身を観察してみるがよい。そしてそこに、これら二つの本性の生きた刻印が押されていないかどうか見るがよい。

これほどの矛盾が、単一の主体のうちに見出されるものだろうか。

不可解。

すべての不可解なものは、それでも存在する。[11] 無限数、[12] 有限に等しい無限空間。

――――

神が私たちと一体になることなど信じられない。

このような考えは、ひたすら私たちの卑しさに目を注ぐことから生ずる。しかしながら、もしきみが正直にそう考えているのなら、それを私と同じだけ先に押し進めて、認めてほしい。私たちは真実あまりにも卑しいので、神が慈悲の力で私たちに神を受け入れる能力を与えることができないかどうか、知りえないのだ、と。じっさい、これほど弱さを自認しているこの生き物に、一体どこから、神の慈悲の度合いを推しはかり、自分勝手な思惑でその限界を設ける権利が生ずるのだろう。この生き物は、神の本質についてあまりにも無知だ。だから自分の本質についても無知なのだ。そして自らの現状にすっかり幻惑されて、神との交流を実現することは、神の力をもってしても無理だなどと言い張るのだ。しかし私は彼に訊《たず》ねたい。神は人間に、神を愛し神を知ることのほかに何か求めておられるのだろうか。また神には、ご自身を人間に知られ愛されるようにすることができないなどと、どうして思ったりするのか。人間には生まれつき愛と知の能力が与えられているではないか。人間が、少なくとも自分が存在していることを知り、何かを愛していることは間違いない。したがって、人間が周囲にたれ込める闇の中に何らかの姿を認め、地上の事物の中に何らかの愛の対象を見出すのが事実である以上、神がご自身の本質から発するいくばくかの光を人間に現わすようなことがあれば、どうして人間に神を知り、神を愛することができないわけがあろう。もちろん交流がどのように行われるかは、神の御意に委ねられているのだが。だから以上のような理屈は、謙遜《けんそん》に発するように見えて、じつは堪《た》えがたいほどの思い上がりの産物だ。もし誠実で理にかなった謙遜に発しているのなら、こう言うはずだ。私たちは、自分では自分が何であるか分からないので、神からそれを学ぶほかない、と。

「私は、きみたちの信仰を理由もなしに私に従わせるつもりはないし、有無を言わせずきみたちを従属させようとも思わない。逆に、すべての事柄の理由を解き明かすつもりもない。そしてこれらの矛盾を解消するために、納得のいく証拠を示して、私のうちにある神としてのしるしをはっきりと見せたいのだ。そのしるしによって、きみたちは私が何であるかを得心するだろう。また私は、きみたちが否定することのできない驚異と証拠を示して、私自身の権威を確立し、それを通じて、私が教える事柄をきみたちが信ずるように仕向けるつもりだ[13]。権威の重みを考えれば、それらの事柄が存在するか否《いな》

かをきみたち自身は確認できないからといって拒絶することはできないのだから」

神は人間の罪を贖《あがな》い、神を求める者たちに救いの道を開くことを望まれた。しかしながら人間たちはその資格を失った。だから神が、そうする義理はないのに、慈悲の心から人間たちに恵まれることを、彼らの心の頑《かたく》なさのゆえに、いくたりかの人々に拒まれるのは正当だ。

神は、それがご意志であれば、最も頑なな者にも残るくまなく姿を現わし、疑いようのないほど自らの真の本質を示して、彼らの強情さに打ち勝つことができたはずである。あたかも終末の日に、大いなる雷鳴と天変地異のうちに出現されるように。そのときには、蘇《よみがえ》った死者や盲人でさえその姿を見るだろう。

神はその柔和な到来⒁においては、そのような現れ方をしようとはなされなかった。なぜならあまりにも多くの人間が、寛大な裁きを受けるに値しないものに成り下がったので、彼ら自身、善を望まないのなら、善を奪われたままの状態に放置するのがよかろうと思われたからだ。だから明白に神の姿をとり、すべての人間にそのことを分からせるやり方で神が現れるのは、正当ではなかった。しかしまた、あまりに身を隠して到来し、神を誠実に探し求める人々にも見分けがつかないようでは、やはり正当とは言えない。後者には完全に知られるようにするのが、ご意志だったのだ。こうして、心を尽くして

探究する者には明らかな姿を現わすが、心を尽くして避ける者には隠れたままに留まることで、

〔A・P・R　明日のために

ご自分についての人間の認識を加減され、探し求める者にはご自分の明白なしるしを与えるが、探し求めない者には与えないように取り計らわれたのだ。

見ることだけを望む者には十分な光明があり、それとは反対の心構えの者には十分な闇がある。[15]〕

(1)　本断章のそれぞれの部分を、いかなる順序で並べたらよいのかは、必ずしも明らかでない。本訳書は、「両写本」の順序に従う。ルゲルン版は、「不可解さを解きほぐした後で」という指示に着目して、冒頭の「A・P・R　始まり」から、「A・P・R　明日のために」の直前の部分を、「不可解」の説明が行われている部分、「私たちは、自分では自分が何であるか分からないので、神からそれを学ぶほかない、と」で終わる節の後に移している。

(2)　標的となっているのは、ストア派の哲学者である。『サシ氏との対話』によれば、彼らは、人間が自らの力で「神の友人にして仲間」になれると考えたばかりでなく、「魂は神の実体の一部である」と主張した。断章四三〇も参照のこと。

(3)　エピクロス派のように快楽主義の立場を取る哲学者。

(4)　「マホメットが信者たちに、絨毯《じゅうたん》を敷きつめ、金銀宝石で飾り、絶世の美女を住まわせ、美酒と珍味に満ちあふれた天国を約束しているのを見ると、私には、彼らが生身の欲望にふ

さわしい思惑や希望でわれわれを籠絡《ろうらく》し誘惑するために、われわれの愚かさに調子を合わせて愚弄《ぐろう》しているのだということがよく分かる」(モンテーニュ『エセー』第二巻一二章)

(5)　ユダヤ教の知恵文学の伝統において、「知恵」は擬人化され、万物に先立って神のもとにあって、その創造のわざに参与する神的存在の地位を与えられた(旧約聖書「箴言《しんげん》」第八章二二―三六節)。キリスト教もこの伝統を受け継ぎ、とりわけ「ヨハネによる福音書」の序文に登場する受肉した言《ことば》すなわちイエス・キリストと知恵を同一視する見方があった。

(6)　原語の「プロゾポペ prosopopée」の訳語として通用している「擬人法」は日本語では、人間でないものを人間になぞらえて表現する修辞法を意味することが多いが、元来は、現前していない人間さらには人間でないものに語らせる表現法のことを言う。ここで展開される「神の知恵」の擬人法は、旧約聖書「箴言」(第一章二〇―三三節、第八章一―三六節、第九章三―六節)および旧約聖書続編「シラ書〔集会の書〕」(第二四章一―二二節)をモデルとしている。なお、ルゲルンによれば、この「擬人法」とそれに続くメモ(「不可解」と題された段落までのメモ)は、準備ノートであり、その前後の文章が最終稿であるという。

(7)　ファイルＡ一四に含まれる断章、とくに断章一九二参照。

(8)　左側の余白に、「私がきみたちに求めるのは、盲目的な信用ではない」という抹消されたメモが残されている。

(9)　断章二二六参照。断章五九〇に引用された「ローマの信徒への手紙」(第五章一四節)によれば、アダムは「来たるべき方」すなわちイエス・キリストの「表徴」であり、イエス・キリストは、最初の人間の過ちを贖う新しいアダムである。

(10)　断章三九八参照。

(11) 同じ文言は、ファイルＡ一八（断章二三〇）で再録されている。

(12) 「私たちは、無限が存在することは知っているが、その本性は知らない。数が有限だというのが誤りであることは知っているので、数における無限が存在することは真実である。しかしそれが何であるかは知らない」（断章四一八）

(13) ここで「権威」とは、直接に知ることのできない事柄についての伝聞をまじめに受け取らせる根拠となる信憑性《しんぴょうせい》のこと。その道の「権威」が、自らの専門について語ることは、信用できると考えられる。パスカルは、『真空論序言』で、直接的な認識と間接的な認識を区別し、前者の根拠として理性、後者の根拠として権威を挙げていた。

(14) 「受肉」によるイエス・キリストの到来のこと。

(15) カッコ内の部分は、パスカル自身によって内容的に関連の深いファイルＡ一八「宗教の基礎および反論への返答」に移されている。断章二四一の二参照。

〔ファイルＡ一二〕始まり

著作プランの途中に、「始まり」と題する章が登場するのは一見奇妙だが、これまでの部分が予備的考察つまり序論だとすれば、本来の「護教論」の「始まり」となる。また「目次」が、「護教論」の論理的な構成を示しているとすれば、人間の本性に関する考察(人間学的部分)が行われた後に、キリスト教が真の宗教であることの証明(神学的部分)が「始まる」とも考えられる。

一五〇　(ラ一五〇／ブ二二六)

不信の徒たちは、理性に従うと公言しているのだから、とてつもなく理性に強くなければならない。

それなら彼らはなんと言っているのか。

彼らは言う。「私たちは獣も人間も同じように、生まれては死んでいくのを目にする。イスラム教徒もキリスト教徒もしかり。彼らにも、私たち同様、自分たちの祭儀、預言者、学者、聖者、修道士がある」云々《うんぬん》。

それは聖書の教えに反しているのか。それだけのことなら、聖書にすべて記されているのではないか(1)。

もしも真理の発見がきみたちにとって緊急の問題でないのなら、きみたちは自分の言い分に満足して、知らぬ顔を決め込めばよい。だが心から真理を知りたいというのなら、それでは細部をきちんと見つめたことにはならない。哲学が問題になっているのなら、それで十分かもしれない。しかしここではすべてがかかっているのだ。

それにもかかわらず、人々は、こんな風にほんの少し考えると、その後は、暇つぶしに走る、云々。

この宗教自体が、この闇《やみ》の理由を解き明かしてくれないかどうか調べてほしい。もしかしたら教えてくれるかもしれないではないか。

（1）「人の子らに関しては、私はこうつぶやいた。神が人間を試されるのは、人間に、自分も獣にすぎないということを示すためだ、と。だからこそ人間も獣も死に、双方の境遇は等しい。人間が死ぬように獣も死ぬ。双方とも同じ息吹《いぶき》をもっているにすぎず、人間は家畜に何らまさるところはない。すべてはむなしさに服している」（旧約聖書「コヘレトの言葉」第三章一八―一九節。ウルガタによる）

一五一　（ラ一五一／ブ二一一）

私たちはおめでたい。自分と同じくみじめで、同じく無力な仲間たちとの交わりをあてにしているのだから。人に助けてもらうことはできない。死ぬときは独りなのだ。だからあたかも独りであるかのように振舞わなければならない。そうだとしたら豪壮な邸宅を建てるだろうか、云々《うんぬん》。迷うことなく、真理を求めるのではないか。もしそれを拒むのなら、それは、真理の探求より人の評判を大事にしている証拠だ。

一五二 (ラ一五二/ブ二一三)

私たちと地獄あるいは天国の間に横たわっているのは、私たちの人生だけだ。そして世の中にこれほどはかないものはない。

一五三 (ラ一五三/ブ二三八)

きみが分け前(1)——というのも十年は分け前なのだから——として約束してくれるのは、自己愛の十年、人の気に入られようと試みるが、成功はおぼつかなく苦労は確実な十年でなければ、結局は何なのだ。

(1) 賭ごとで問題になる賭金の正当な分配のこと。用語の詳しい意味については、断章四一八注(16)参照。そこでは、「賭金の計算」と訳した。神の存在をめぐる「賭」において、対話者の「きみ」が約束する十年は、天上の神のもとにおける「無限に幸福な無限の生」（断章四一八）と対比した、地上での平均余命である。

一五四　（ラ一五四／ブ一二三七）

配当の分配⑴

以下のそれぞれの想定に応じて、この世での生き方を変えなければならない。
一、そこにずっといられるとした場合。
五、そこに長くいられないのは確かであり、一時間でもいられるかどうか不確かな場合⑵。
この最後の想定が、私たちの場合である。

（1）「配当分配の規則」（断章五七七）は、不確実な状況における最適な行動の選択に合理的な指針を与える。それが典型的に適用されているのが、「賭」の断章四一八である。
（2）原稿では最初、五つの場合が想定されていたが、パスカルは見直しの段階で中間の三つを削除し、その上に「誤り」と書き込んだ。元の文言を以下に掲げる。〔　〕内が、削除された部分である。
一、〔そこにずっといられるのが確実な場合。〕そこにずっといられるとした場合。
〔二、そこにずっといられるかどうか不確実な場合。〕

〔三、そこにずっといられるかどうか確かではないが、長い間いられるのは保証されている場合。〕
〔四、そこにずっといられないのは確かであり、長い間いられるかどうか不確かな場合。〕
五、そこに長くいられないのは確かであり、一時間でもいられるかどうか不確かな場合。

一五五(1)　（ラ一五五／ブ二八一）

心
本能
原理

（1）このメモは、前の断章の左の余白に垂直方向に書き込まれている。セリエ版とルゲルン版は、合わせて一つの断章としている。

一五六　（ラ一五六／ブ一九〇）

探究を続ける無神論者に同情すること。じっさい彼らは十分に不幸ではないか。無神論者であることを自慢する者を論難し叱咤《しった》すること。

一五七　（ラ一五七／ブ二二五）

無神論は知性の力のしるし。しかしたんにある程度までのこと。

一五八　（ラ一五八／ブ二三六）

分け前から考えれば、(1) きみは真理の探求のために心を砕かなければならない。なぜなら真理の根源を崇拝せずに死ねば、破滅は必定なのだから。――「だがその根源が、私の崇拝を受けることを欲したのなら、そのしるしを私に残してくれたはずではないか」――だからしるしは残されている。だがきみはそれをなおざりにしている。だから探したまえ。その価値は十分にある。

（1）　断章一五三注(1)参照。

一五九　（ラ一五九／ブ二〇四）

もし人生の一週間を差し出さなければならないのなら、百年だって差し出さなければならないはずだ。

一六〇　（ラ一六〇／ブ二五七）

人間には三種類しかない。ある人々は、神を見出して神に仕える。別の人々は、神を見出せないので、神の探究に力を尽くす。また別の人々は、神を見出しも探しもせずに生きる。最初の者たちは、分別があり幸せだ。最後の者たちは、愚かで不幸だ。中間の者たちは、不幸だが分別がある。

一六一　（ラ一六一／ブ二二一）

無神論者の言うことは、完全に明白でなければならない。だが魂の物質性が完全に明白かといえば、そうは言えない。

一六二　（ラ一六二／ブ一八九）

不信の徒に同情することから始めること。彼らはその境遇だけで十分不幸なのだ。彼らを罵倒《ばとう》してはならない。それが彼らの役に立つのなら話は別だが。だがそれは彼らにとって有害だ。

一六三　(ラ一六三／ブ二〇〇)

一人の男が地下牢にいる。彼は自分の判決が下されたかどうか知らず、それを知るのにもはや一時間の猶予《ゆうよ》しかない。しかし下されたと知れば、それだけの時間で判決を取り消させるのに十分だ。彼がこの時間を使って、判決が下されたかどうかを調べるかわりに、トランプ遊びに興ずるとすれば、それは自然に反する。

こうしてそれは超自然的なことだ、人間が、云々《うんぬん》。(1) それは、神が手ずから加える重圧なのだ。(2)

こうして神を探究する者たちの熱意ばかりでなく、探究しない者たちの盲目もまた神の存在の証拠となる。

(1)　人間が人生の些事《さじ》には一喜一憂するのに、死後の運命には無頓着《むとんちゃく》であるのは、彼に「自然に」備わっている利害関心からは説明がつかないというのである。「云々」と書いて、文章が尻切《しりき》れとんぼになっているのは、これが心覚えのメモだからである。この考えは、ファイルB三の断章四二七で詳しく展開されている。

(2)　神が人間の心に圧力を加えて、頑《かたく》なにするという考えについては、たとえば「出エジプト記」第七―一〇章を参照。イスラエルの民をエジプトから解放するためにモーセとアロンは、エジプト王ファラオの前で数々の奇蹟を行うが、ファラオは耳を傾けない。それは、神自身が、「彼とその家臣の心を頑迷にした」(第一〇章一節)からだと言われている。断章四二七では、「人知を越えた魔法」「超自然的なまどろみ」という表現が用いられている。

一六四　（ラ一六四／ブ二一八）

始まり(1)

地下牢。

コペルニクスの見解なら、それを掘り下げて考えなくても結構だ(2)。だが、このことは……

魂が不滅かそうでないかについての知識は、人生の一大事だ。

(1)　このタイトルは、写本には筆写されているが、原稿には見当たらない。おそらく紙片を台紙に貼り付ける際に切り取られたものと思われる。

(2)　パスカルは、コペルニクス(一四七三―一五四三)の地動説を仮説と見なしていた。真空の問題をめぐるノエル神父宛の書簡の中に次のような一節が見られる。「こういうわけで、地球の運動あるいは静止について人間的に論ずる場合には、惑星の運動と逆行の現象はすべて、プトレマイオスの仮説からも、ティコ・ブラーエの仮説からも、コペルニクスの仮説からも、また考えられる他の多くの仮説からも完全に導き出せますが、それらすべての仮説のうちでただ一つが真実でありうるのです」(一六四七年十月二十九日付)

一六五　(ラ一六五／ブ二一〇)

芝居では、他のすべての場面がどれほど美しくても、最終幕は血なまぐさい。[1] ついに頭上に土くれが投げかけられ、それで永遠に一巻の終わりだ。

(1)「われわれの一生の幸福は〔……〕その芝居の最終幕、間違いなく最も困難な一幕が本人によって演じられるところを見ないうちは、その人に与えられるべきではない。それ以外のあらゆることでは、仮面をつけることができる。〔……〕だが、死とわれわれの間に演じられる最後の場面では、もはや見せかけに残された余地はない」(モンテーニュ『エセー』第一巻一八章「われわれの幸福は、死後でなければ判断してはならない」)

一六六　(ラ一六六／ブ一八三)

私たちは、目の前に何か目隠しを置いて、断崖が見えないようにしてから、平気でそこに駆け込んでいく。

〔ファイルA一三〕　理性の服従と使用、そこに真のキリスト教がある

「目次」では、「理性の服従と使用」となっていたが、完全な標題はこちらのほうである。原稿では、中央部に小孔の開いた長方形の紙片に記されている。「写本」では、ファイルの冒頭に、文字列を中央揃えにして、他の断章よりは大きな字体で記されている。大多数の版はこれを一つの断章として立てており、本訳書でもラフュマ版の番号と合わせるために、以下に断章一六七として再録したが、二通りの原稿が残されているわけではない。セリエ版は、これをファイルのタイトルとして掲げて、断章としては収録していない。

一六七　（ラ一六七／ブ二六九）

理性の服従と使用、そこに真のキリスト教がある。

一六八　(ラ一六八／ブ二二四)

「聖体の秘蹟など信じられない、云々《うんぬん》。」こんな愚かな言い草を、私はなんと憎むことだろう。

もし福音書が真実ならば、もしイエス・キリストが神であるならば、そこにいかなる障害があるだろう。

一六九　(ラ一六九／ブ八一二)

「奇蹟がなければ、私はキリスト教徒にならなかっただろう。」アウグスティヌスの言葉(1)。

(1) アウグスティヌスの著作には、文字通りの言葉は見出されない。しかし彼は、キリストの復活や昇天について『神の国』で次のように述べている。「これらの出来事は、〔……〕神の力である真理が、奇蹟という不思議なしるしをもって明らかに示したのでなければ、人間の心はそれを受け入れることができない(第二二巻七章)。また次の章では、「この世にキリストを信じさせるために行われた奇蹟」の数々が論じられている。

一七〇　(ラ一七〇／ブ二六八)

服従

しかるべきところで疑い、しかるべきところで断言し、しかるべきところで服従する術《すべ》を知らなければならない（1）。そうしないのは、理性の力が分かっていない証拠だ。この三つの原則に逆らって過《あやま》つ者がいるが、それは、証明が何であるかを弁《わきま》えずに、すべてが証明可能であるかのように断言するか、あるいはどこで服従すべきかを知らずに、すべてを疑うか、あるいはどこで判断を働かせるべきかを知らずに、すべてにおいて服従するからである。

（1）「写本」の欄外には、「懐疑主義者、幾何学者、キリスト教徒。懐疑、断言、服従」という文言が残されている。「原本」の初稿では冒頭の文章は次のように記されていた。「懐疑主義者、幾何学者、キリスト教徒、この三つの性質を兼ね備えなければならない。そしてそれらは矛盾せずに調和する。しかるべきところで疑い、しかるべきところで断言し、しかるべきところで服従することによって」

一七一　（ラ一七一／ブ六九六）

彼らは熱心に御言葉《みことば》を受け入れ、その通りかどうか、聖書を調べた（1）。

（1）「使徒言行録」第一七章一一節。「彼ら」とは、ベレアのユダヤ人で、パウロの宣教に耳を傾け、彼が救世主として宣《の》べ伝えるイエスが、果たして旧約聖書で予告されている救世主であるかどうか調べたというのである。

一七二　（ラ一七二／ブ一八五）

万事を慈しみ深く整えられる神は(1)、宗教を与えるに際しても、知性に対しては理由を、心情に対しては恵みを用いられる。しかし力と脅しをもって知性と心情に宗教を注ぎ込もうとすれば、それは宗教ではなく恐怖を吹き込むことになる、「宗教よりむしろ恐怖を(2)」。

（1）　旧約聖書続編「知恵の書」では、「神の力の息吹《いぶき》」である「知恵」が、「慈しみ深くすべてをつかさどる」と記されている(第七章二五節および第八章一節)。

（2）　この引用句は、断章五九一で言及されているアウグスティヌスの『書簡』九三の主張をパスカルなりに要約したものと思われる。アウグスティヌスは、当時北アフリカで勢力を保っていたキリスト教の分離グループ、ドナトゥス派を、最初は言論によって説得しようと努めたが、それが不調に終わると、教化と並行して強圧的手段に訴えることもやむなしとの立場を取った。パスカルは、アウグスティヌスを信仰の師表として尊敬していたが、この点については反対している。信仰の強制は真の宗教にふさわしくないばかりでなく、断章五八で論じられている意味での「圧政」である。なぜなら強制は身体の次元に属する事柄であり、知性と心情の次元に働きかけることはできないからである。

一七三　（ラ一七三／ブ二七三）

すべてを理性の支配下に置けば、私たちの宗教には、神秘的なところも超自然的なところも何もなくなる。

理性の原理と衝突すれば、私たちの宗教は不条理でばかげたものになる。

一七四　（ラ一七四／ブ二七〇）

聖アウグスティヌス。(1) 理性は、自ら服従しなければならない機会があると判断しないかぎり、決して服従しないだろう。

だから理性自身が服従しなければならないと判断するときに、服従するのは正しいことだ。

(1)「私たちの理解能力を越える深遠な真理のいくつかに接近するために、信仰が理性に先行することは理にかなっているが、そのことを納得する理性は、弱々しいものであるとはいえ、信仰に先行する。このことは明白だ」(『書簡』一二〇、第一章三節)。この箇所は、パスカルが関与した可能性のある『ポール・ロワイヤル論理学』第四巻一二章でも言及されている。「ある事柄の存在をわれわれに信じさせる二つの一般的な経路、すなわち理性と信とを一緒に比べてみると、信がつねに何らかの理性を想定しているのは確かである。なぜなら聖アウグスティヌスが『書簡』一二二およびその他の多数の箇所で述べているように、われわれの理性を越える事柄を信じるに際しても、いまだ理解はできなくとも信じたほうがよい事柄があることを、あらかじめ理性で納得していなければ、信ずるわけにいかないからである。」なお、問題の『書簡』は、正しくは「一二二」ではなく、「一二〇」(かつての番号付けによれば二二二)である。

一七五 (ラ一七五／ブ五六三)

地獄に落とされた者たちを狼狽《ろうばい》させることの一つは、自分自身の理性によって断罪されるはめに陥ることだろう。彼らにしてみれば、理性こそキリスト教を断罪する根拠だと思っていたのに。

一七六 (ラ一七六／ブ二六一)

真理を愛さない者は、その口実として、それに異議が唱えられ、それを否認する者が多数にのぼることを言い立てる。こうして彼らの誤りは、彼らが真理あるいは愛を大切にしないことだけに由来する。だから彼らの口実は言い訳にならない。

一七七 (ラ一七七／ブ三八四)

異論を真理の標識に持ち出すのは筋が悪い。
多くの確かな事柄に異論が差しはさまれる。
多くの虚偽が異論なしに通ってしまう。
異論は虚偽の標識ではないし、異論がないことは真理の標識ではない。

一七八　（ラ一七八／ブ七四七の二）

「永続性」の見出しに収められた二種類の人間を見よ。(1)

（1）　ファイルA二一「永続性」に収められた断章二八六参照。

一七九　（ラ一七九／ブ二五六）

本物のキリスト教徒は少ししかいない。信仰についてさえそうだ。信ずる者は多いが、迷信によってだ。信じない者も多いが、不身持ちのせいだ。両者の中間は少ない。

私はその中に、本当に信心深い生活を送っている人々、および心の直感によって信ずるすべての人々は含めない。

一八〇　（ラ一八〇／ブ八三八）

イエス・キリストは数々の奇蹟を行い、次いで使徒たち、そして多くの初期の聖者たちが奇蹟を行った。それは、預言がまだ成就《じょうじゅ》しておらず、彼らによって成就しつつあるところだったので、奇蹟以外の証拠がなかったからだ。メシアが諸国の民①を回心させることは予告されていた②。だがこの預言は、諸国の民の回心なしに、どうして成就しただろう。そして諸国の民は、メシアの証拠となる預言のこの最終的な実現③を目にすることなしに、どうして回心してメシアを信じただろう。メシアが死を遂げ、蘇《よみがえ》り、諸国の民を回心させないうちは、すべてが成就してはいなかった。こうして、この間ずっと、奇蹟が必要であった。今やユダヤ人と神に逆らう者たち④に対して奇蹟は必要ない⑤。なぜなら預言は成就すれば、永続的な奇蹟⑥となるのだから。

（１）　ユダヤ人から見て他の民族。「異邦人」という名称も用いられる。
（２）　ファイルＡ一七「宗教を愛すべきものにする」に収められた断章二二一およびそこに引用されている旧約聖書の章句を参照。
（３）　諸国の民が回心すること。
（４）　「神に逆らう者たち」の語は、原稿では欄外に加筆されたが、紙片を切り取る過程で失われた。写本によって保存されている。

（5）　キリスト教が確立した後に奇蹟が起こるとすれば、それは、キリスト教内部に生じた意見の対立に指針を与えるためである。この問題は、奇蹟に関する考察を収録したファイルB三二～三四で詳述されている。

（6）　断章三三六および五九四参照。

一八一　（ラ一八一／ブ二五五）

信心は迷信とは異なる。

———

信心を迷信にいたるまで固守するのは、信心を破壊することだ。

———

異端者たちは、私たちがこのような盲目的な服従に陥っていると非難する。それは、彼らが私たちに非難することを行うことになる。(1)

———

目に見えないからといって、聖体を信じようとしない不信心。(2)

———

いくつかの命題を信じ込むという迷信、云々《うんぬん》。(3)

信仰、云々。

（1）「第一写本」では次のように文章を補っている。「服従の理由にならない事柄において服従を要求するのは彼らが私たちに非難することを行うことになる。」なお、ここで「私たち」というのは、カトリック教会のこと、「異端者たち」は、それと袂《たもと》を分かった改革派のことである。

（2）「第一写本」における補足、「聖体にイエス・キリストが見えないからといって、聖体を信じようとしないのは不信心だ。なぜならそこにいるからといって、目にできるはずはないのだから」。聖体においてキリストが実在的に臨在しているという、カトリック教会の教義が問題になっている。

（3）「第一写本」における補足、「見当たりもしないのに、ある本にいくつかの命題が含まれていると信じ込むのは迷信だ。そこにあるのなら、目にできるはずなのだから」。いわゆる「五命題問題」が暗示されている。ジャンセニウスの著書『アウグスティヌス』から引き出されたとされる五つの命題が、出所を特定されることなしに、ローマ教皇から異端宣告を受けた。パスカルも含めて、ジャンセニウスの擁護者たちは、これらの命題が異端であることは認めたが、それらが『アウグスティヌス』に含まれているか否《いな》かについては、検証と確認を要求した。前者は信仰に関わる「権利問題」であり、教会に判定の権限があるが、後者は「事実問題」であり、感覚と理性に判定を委ねるべきだというのである。

一八二　（ラ一八二／ブ二七二）

理性をこのように否認することほど、理性にふさわしいことはない。①

（1）「第一写本」では本断章と次の断章に補足を加えて、以下のように両者を合体した。ポール・ロワイヤル版には、その形で収録されている。「信仰に属する事柄においては、理性を否認することほど、理性にふさわしいことはない。そして信仰に属さない事柄においては、理性を否認することほど、理性に反することはない。理性を排除することと理性しか認めないことは、同じように危険な二つの行き過ぎである」

一八三　（ラ一八三／ブ二五三）

二つの行き過ぎ

理性を排除すること、理性しか認めないこと。

一八四　（ラ一八四／ブ八一一）

奇蹟がなければ、イエス・キリストを信じなくても、罪にはならなかっただろう。①

「私が嘘《うそ》を言っているかどうか、見てほしい②」

（1） 「誰も行ったことのない業《わざ》を、私が彼らの間で行わなかったなら、彼らには罪はなかったであろう」(「ヨハネによる福音書」第一五章二四節)。イエス・キリストの行った「業」とは、奇蹟のことである。奇蹟に関するファイルB三三に収められた断章八四六(第五段落)参照。

（2） この一句は、写本によって保存されているが、「ヨブ記」(第六章二八節、ウルガタによる)の引用である。この章句は、信仰宣誓書の署名強制に対する抵抗運動の理論的基礎となった『アレトの司教殿によって与えられた見解に関するソルボンヌの博士の考察』(一六五七年)と題する文書――伝統的にアルノーの作とされてきたが、近年、ルゲルンがパスカル作者説を唱えている――の中で、聖グレゴリウスがそれに加えた解説とともに、署名強制反対の論拠として用いられている。「教会は、ある事柄について深刻な疑いがもたれている場合、疑いについての言い分に耳を傾け、十分に事情を説明して疑いを払拭《ふっしょく》することなしには、何人《なんびと》に対してもそれを無理やり信じさせるようなことは決してしなかった。〔……〕この点に関して、聖グレゴリウスが『ヨブ記の道徳律』第八書一章で述べていること以上に、明確な表現を望むことはできない。というのも、彼は、聖者ヨブの述べた『耳を傾けて、私が嘘を言っているかどうか、見てほしい』という言葉を教会に当てはめて、教会が信者を何らかの誤りから引き離そうとする際に、いかなる精神をもって、どのように振舞うべきかをわれわれに教えてくれるからである。彼によれば、聖なる教会は謙虚さの教えのうちに教育されたので、誤りのうちにある者に対して述べることを、権威によって強要するのではなく、理由を示して説得する。それこそ、『私が嘘を言っているかどうか、見てほしい』という言葉の示すところだ。それはあたかも教会がこう語っているかのようだ。『私があなた方にたしかにそうだと保証する事柄を、私の権威だけに寄りかかって信じてほしくない。それが本当かどうか、理性で吟味してほしい』」（第一五節）

一八五　（ラ一八五／ブ二六五）

信仰はたしかに感覚の語らないことを語る。しかし感覚が見ることと反対のことを語るのではない。信仰は感覚に反するのではなく、その上にある。[1]

（1）　断章一八一で言及された聖体が、とりわけ問題になっていると考えられる。セリエは、聖体を称《たた》える祈りの一つ「パンジェ・リングワ」（「いざ歌えわが舌よ」）への参照を促している。「人となり給える御言葉《みことば》はまことのパンを御肉《おんにく》となし、ぶどう酒はじつに御血《おんち》と変われり。五感はこれを測りえざれども、まことなる心は信仰のみによりて固く信ずるなり。〔……〕願わくは信仰の、わが五感の足らざるところを補えよかし」

一八六　（ラ一八六／ブ九四七）

あなたがたは、民衆が教会に寄せている信頼を悪用して、彼らをだましている。[1]

（1）　「第一写本」では次のように文章を補っている。「彼らは、教会への信頼にもとづいて、ある本にいくつかの命題が含まれていると信じなければならないと思い込んでいる。私は、彼らをそのような誤りから目覚めさせようとしているのだ。」断章一八一注（3）参照。本断章で「あなたがた」というのは、『プロヴァンシャル』第一一信以降の名宛人となるイエズス会士たちのことである。彼らは、五命題が文字通りジャンセニウスの著書の中に見出され、それを否定すれば異端となると主張していた。『プロヴァンシャル』第一七信には、その主張に対する次のような反駁《はんばく》が見出される。「あなたがたは無数の人々をだまして、あなたがたが大騒ぎをしている問題点が信仰の本質に関わると思い込ませている」

一八七　（ラ一八七／ブ二五四）

従順さが過ぎるといって世間を咎《とが》めなければならないのは、珍しいことではない。それは、不信と同様に自然で、同じように有害な悪徳だ。

盲信。

一八八　（ラ一八八／ブ二六七）

理性の最後の歩みは、自らを越えるものが無限にあることを認めることだ。それを知るところまでたどり着かなければ、理性は弱いものにすぎない。

自然の事物で理性を越えるものがあるとしたら、超自然の事柄については、なおさらそうではあるまいか。

〔ファイルＡ一四〕　この神の証明方法が優越していること

「写本」で、ファイルの冒頭に掲げられているタイトル。「目次」では、ただ「優越」とだけ記されている。自筆原稿は残されていないが、パスカル自身が付けたタイトルだと考えられる。

一八九　（ラ一八九／ブ五四七）

イエス・キリストによる神。

私たちは、ただイエス・キリストによってのみ神を知る。この仲保者なしには、神とのいっさいの交流は絶たれる。イエス・キリストによって私たちは神を知る。イエス・キリスト抜きに神を知り、神を証明すると主張した人々の挙げる証拠はすべて無力だった。しかしイエス・キリストを証明するのであれば、私たちには、預言という堅固《けんご》で確たる証拠がある。そしてこれらの預言は成就《じょうじゅ》し、結果がその真実を証明したのだから、それらが確実であること、要するに、イエス・キリストが神であることの証拠となる。イエス・キリストにおいて、イエス・キリストによって、私たちは神を知る。この点を除外しては、つまり聖書を措《お》いて、原罪を措いて、また約束され到来した仲保者――それは必要欠くべからざる存在だ――を措いては、私たちは完全には神を証明することができない。正しい教義とよい道徳も教えることができない。しかしイエス・キリストによって、イエス・キリストにおいて、神を証明することができ、道徳と教義を教えることができる。イエス・キリストこそ、人間にとってまことの神である。

しかし私たちは、同時に自らの悲惨を知る。なぜならこの神は、私たちの悲惨の修復者にほかならないからだ。こうして私たちは、自らの不正を知ることによってのみ、神を知ることができる。だから自らの悲惨を知らずに神を知った者は、神の栄光を称《たた》えずに、自らに栄光を帰したのだ。「知恵をもて、神を知らず。この故に、神は宣教の愚かをもて、救うを善しとしたまえり(1)」

(1)「コリントの信徒への手紙 一」第一章二一節(ウルガタ)の不完全な引用。新共同訳による全文を以下に掲げる。「世は自分の知恵で神を知ることができませんでした。それは神の知恵にかなっています。そこで神は、宣教という愚かな手段によって信じる者を救おうと、お考えになったのです」

一九〇　(ラ一九〇／ブ五四三)

序文⑴

神の形而上学的な証明は、あまりにも人間の推論からかけ離れており、あまりにも込み入っているので、訴求力が弱い。そしていくばくかの人々には役に立つとしても、それが役立つのは、彼らがその証明を目にしている間だけのことだ。一時間も経てば、間違えたのではないかと心配することになる。⑵

彼らは、好奇心によって知ったことを、傲慢《ごうまん》のせいで失った。⑶

それこそ、イエス・キリストを抜きにして神を知ろうとしたこと、つまり仲保者なしに知った神と仲保者なしに交わろうとしたことの結果だ。

それに対して、仲保者を通じて神を知った人々は自らのみじめさを知っている。

⑴　原稿では、左の余白に後から書き加えられている。

⑵　ここで問題になっているのは、神の存在論的証明の論理的な正しさではなく、心理的な有効性であるが、それにしても形而上学的な神の存在証明を退ける点で、パスカルの護教論は際立っている。デカルトによれば、神の存在は、魂すなわち精神の存在と並んで、神学よりはむしろ哲学の論拠によって証明されるべき事柄であるが、この主張は、彼の個人的信念であるばかりでなく、「すべての神学者」の共通見解でもあるという（『省察』「パリ大学神

学部の学部長並びに博士諸賢への献呈書簡」)。

(3) アウグスティヌス『説教』一四一第二章。断章一四二および一八九参照。

一九一 (ラ一九一／ブ五四九)

イエス・キリスト抜きに神を知ることは、不可能なばかりでなく無用だ。[1] 彼らは、そこから遠ざからずに、近寄った。[2] 彼らは身を屈《かが》めなかった。しかし、「どれほどよい人間になっても、その善さを自らの手柄にすれば、それだけ悪くなる」[3]。

(1) 「不可能」だというのは、「神には広がりも限界もない」ので、その存在も本性も知ることができない(断章四一八)からである。「無用」というのは、魂の救いの役に立たないからである。「数の比例関係が非物質的で永遠の真理群であり、それらが神と呼ばれる原初の真理に依存し、その中で存立していることを、ある人が確信したとしても、それで彼が救いの道において大いに前進したと私は思わないだろう」(断章四四九)

(2) 彼らは、神との隔たりを自覚せずに、直接神に近づこうとする傲慢《ごうまん》に陥ったというのである。

(3) ベルナール(クレルヴォーの)『雅歌講話』第八四講話。

一九二 (ラ一九二／ブ五二七)

おのれのみじめさを知らずに神を知るのは傲慢《ごうまん》の本《もと》だ。神を知らずにおのれのみじめさを知るのは絶望の本《もと》だ。イエス・キリストを知れば、中庸を保つことができる。私たちは、イエス・キリストのうちに、神と自分のみじめさをともに見出すのだから。

〔ファイルA一五〕　人間の認識から神への移行

「写本」で、ファイルの冒頭に掲げられているタイトル。「目次」では、ただ「移行」とだけ記されている。自筆原稿は残されていないが、パスカル自身が付けたタイトルだと考えられる。

一九三　（ラ一九三／ブ九八）

先入観は誤りに導く。

あらゆる人が手段のことばかり考えて、目標に目を向けようとしないのは、嘆かわしいことだ。誰でも自分の職分をどのように果たすかは考えるが、職業や祖国の選択については、運まかせだ。

あれほど多数のイスラム教徒、異端者、異教徒たちが、それぞれ先祖代々の生き方が最良だという先入観を植え付けられ、ただそれだけの理由で、その生き方を踏襲するのは、憐《あわ》れむべきことだ。そして各人が、錠前屋や兵士といった、それぞれの職業を選ぶのも同じことなのだ(1)。

だからこそ未開人たちには、プロヴァンスなど無用なのだ。(2)

(1) 断章六三四参照。
(2) 「各人が生まれた場所に満足しているのは、習慣が仲立ちしてくれるからだ。それで、スコットランドの未開人たちにはトゥーレーヌなど無用だし、スキタイ人にはテッサリアなど必要ないのだ」(モンテーニュ『エセー』第一巻二三章「習慣について」。容認されている法律を安易に変えないことについて」。一五九五年版で付加された一節)。

一九四 (ラ一九四/ブ二〇八)

どうして私の知識、私の背丈は限られているのか。どうして私の寿命は千年ではなくて百年なのか。自然にはいかなる理由があって、私の寿命をそう定め、無限の中で、他でもなくこの居場所を選んだのか。他の居場所より気を引くものは何もないのだから、あれよりもこれを選ぶ理由はないではないか。

一九五(1) (ラ一九五/ブ三七)

〔すべてについて少し。
すべてについて知りうることのすべてを知って、万能になるのはできない相談だから、すべてについて少しだけ知らなければならない。なぜならあることについてすべてを知るよりは、すべてについていくらかを知るほうがはるかに見事だからだ。こちらの普遍性のほうがもっと美しい(2)。両方をあわせもつことができれば、もっとよいだろう。しかし選ばなければならないとしたら、こちらのほうを選ばなければならない。そして世間はそう感じ、そのように実行する。なぜなら世間は往々にしてよい判断を下すものだから。」

（1）本断章および後続の二つの断章（一九六、一九七）は、直前の断章の裏面に記されていたが、取り消し線で消されている。パスカル自身が、分類に際して、本ファイルのテーマに無縁だとして消去したものと思われる。

（2）これは、自分の専門に閉じこもることを拒否する「オネットム（紳士、教養人）」の普遍性である。断章五八七および六四七参照。モンテーニュも自らの教養をそのように捉えている。「ここにお見せするのは、子供時代にいろいろな学問のほんの上面《うわつら》を味わっただけで、その大体の漠然とした顔立ちしか覚えていない人間の夢想にすぎないことは、誰よりも私がよく承知しています。つまり私は、フランス流に、何でも少しずつはかじっていますが、何一つ完全には知らないのです」（『エセー』第一巻二五章「子供たちの教育について」）

一九六　（ラ一九六／ブ八六）

〔私は、ぜいぜいあえぎながらしゃべったり、スープをふうふう吹きながら食べる人が我慢できないが、それは私の想像力のせいだ。

想像力は大きな作用を及ぼす。私たちはそこからいかなる利益を引き出すのか。それは自然な作用なのだから、身を任せればよいのか。いや、それに抗《あらが》うことだ。〕

一九七　（ラ一九七／ブ一六三の二）

〔人間のむなしさを示すには、恋愛の原因と結果がどんなものであるかを考察するのにまさるものはない。なぜなら恋愛によって全世界が変化するからだ。クレオパトラの鼻。〕(1)

(1)「クレオパトラの鼻」に関する文章は、ファイルA二一「むなしさ」(断章四六)、およびファイルB一(断章四一三)に収録されている。このメモは断章一九四の裏面に記されていたが、パスカル自身がファイルを作成して、それまで書きためてきた文章を配列した際に、用済みとして消去したと考えられる。メモは「写本」によって伝えられたが、原稿では、「考察する」という文字以外の部分は紙片が切り取られて失われている。

一九八　〔ラ一九八／ブ六九三〕

H五①

人間の盲目と悲惨を目にして、全宇宙が沈黙しているのを眺め、人間が光明も寄辺《よるべ》もなく、宇宙のこの片隅にあたかも迷い込んだかのように、誰によってここに置かれたのか、何をしにやってきたのか、死んだらどうなるのかを知らず、要するに何も知ることができないでいるのを眺めると、私は身の毛もよだつ思いに襲われる。まるで眠っているうちに恐ろしい孤島に運ばれ、目が醒《さ》めてみると、〔自分がどこにいるか〕②分からず、そこから脱出する手段を持ち合わせない人のように。私は、これほどみじめな状態に人々がどうして絶望しないでいられるのか、不思議でならない。私のかたわらに、同類の人々がいるのを見かけて、私より事情に通じているかどうか訊《たず》ねてみる。そんなことはないと、彼らは言う。そしてその上で、このみじめな迷子たちは、周囲を見回して何か面白いものが目につくと、それにとびついて執着した。私はといえば、そうしたものに執着することはできなかった。そして私が目にするものとは別のものがある可能性のほうがどれほど高いかに思いを致して、この神がご自身の何らかの痕跡を残さなかったかどうか探究した。

私は、多数の宗教を目にするが、それらは互いに対立しているので、一つを除いてすべて偽りだ。それぞれの宗教は、信じてもらうために自らの権威を持ち出し、不信者に脅しをかける。だから私はそのような宗教を信じない。そんなことは誰にでも言える。自分が預言者だと言うことなら誰でもできる。しかし私が目にするキリスト教には、預言が見出される。[3] そしてそれは、誰にでもできることではない。

(1) 「人間(Homme)論第五節」の符号ではないかと考えられている。断章一九九および二〇〇の冒頭にも、同様の符号が見出される。また断章七六も、「人間」についての論説の一環であった可能性がある。同断章注(1)参照。

(2) 原稿では、加筆された後、棒線で消されている。

(3) イエスがキリストすなわち救世主であるという預言は、イエスが自らの権威にもとづいて主張していることではなく、キリスト教の前身であるユダヤ教の聖典(旧約聖書)の中に見出されるということ。断章一参照。

一九九 (ラ一九九/ブ七二)

H 人間の不釣合い[1]

九——〔これこそ、私たちが自然の認識に導かれて行きつく先だ。この認識が真実でなければ、人間のうちに真理はない。そしてもし真実なら、それは人間にとって大いなる屈辱の種《たね》であり、いずれにせよ、人間は卑下しないわけにはいかない。

こうして人間は、この認識の正しさを信ずることなしには存続できないのだから、私は切に希《ねが》う。人間が、より大いなる自然の探究に乗り出す前に一度、自然を真剣に心ゆくまで凝視し、さらに自分自身をも熟視して、両者の比較を通じて、自分と自然の間に何らかの釣合いがあるかどうかを判断することを。」

だから人間よ、自然全体の崇高で完璧な威容に見入るがよい。自分を取り巻く低俗な対象から視線を遠ざけ、宇宙を照らす永久の灯火《ともしび》のように据えられたあの輝く光明を凝視するがよい。この天体の描く広大な公転軌道に比べれば、地球も人間の目には一点としか映らなくなるが、この巨大な軌道さえ、天空を経《へ》めぐる諸天体が運行する軌道に比べれば、微細な針の先にすぎないことに驚愕《きょうがく》するがよい②。しかしもし私たちの視線がそこに留まるなら、想像力がその先に進むがよい③。いくら想像を膨《ふく》らませても、自然の豊かさを汲《く》みつくす前に、想像力はくたびれ果ててしまうだろう。この目に見える世界全体は、自然の広大なふところの中では、目にもとまらぬ筆の跡にすぎない。いかなる観念も自然に近づくことはできない。想像可能な空間の彼方《かなた》で、私たちが知性を働かせ、いくら概念を膨らませても無駄だ。実在の万象と比べれば、私たちが生み出すのは、原子にすぎない。自然は、いたるところが中心であり、どこにも周囲のない無限の球体である。[4] 要するに、私たちの想像がこのような考えのうちに自分を見失うことこそ、神の全能の最も明らかなしるしだ。

人間よ、我に立ち返って、存在するものと対比した自分が何であるかを見つめるがよい。自らを自然の辺鄙《へんぴ》な片隅に迷い込んだものと見なして、自分が置かれたこのちっぽけな牢獄つまりは宇宙から、地球、王国、都市そして自分自身をその正当な価値において評価することを学ぶがよい。[5]

無限の中にあって、人間とは何か。

しかし、もう一つこれと同じぐらい不思議な驚異を目の当たりにするために、人間よ、自分の知っているものの中で最も微細な事物を探求するがよい。一匹のコナダニは、その小さな体のうちに、それよりはるかに小さな部分、脚とその継ぎ目、脚の中の血管、血管の中の血液、血液の中の溶液、溶液の中のしずく、しずくの中の蒸気を示すが、この最後のものをさらに分割して、より小さなものの概念を形作ることに力を尽くすがよい。このようにして到達できる最終の対象を、今や私たちの議論の対象とするがよい。これこそ自然における極小だと、考えられるかもしれない。

そのうちに新たな深淵が潜んでいることを、私はお見せしたい。この縮小した微塵《みじん》の内部に、目に見える宇宙ばかりでなく、概念の働きではじめて理解できる無量無辺の自然があることを描き出してみたい。そこに、無数の宇宙を見てほしい。その各々には、目に見える世界と同じ比率で、天空、惑星、地球が含まれており、その地球には動物たち、そしてついにはコナダニが、そしてその内部には、先ほどのコナダニに含まれていたものが見出されるのだが、さらに進んで、その中に含まれるコナダニのうちに同じものを限りなくまた絶え間なく見出して、この極小の驚異に茫然自失《ぼうぜんじしつ》してほしい。それは、広がりによって目を奪うもう一つの驚異に劣らぬ驚異だ。というのも、誰が驚嘆せずにいられよう。私たちの身体は、先ほどは、万象のふところの中ではそれ自体塵芥《ちりあくた》にすぎない宇宙の中で目にもとまらぬ微塵でしかなかったのに、今や、一個の巨人、一個の世界、あるいは到達不可能な虚無と対比すれば、一つの全体なのだ。

　自分をこのように凝視する者は、自分自身に怖気をふるうだろう。そして自分が、自然から与えられた肉塊のうちにあって、無限と虚無という二つの深淵の間に支えられているさまを見つめて、その驚異の光景に恐れおののくだろう。そして思うに、彼の好奇心は驚嘆に変わり、思い上がって驚異の探求に乗り出すよりは、沈黙のうちに驚異を観想することに向かうだろう。というのも、つまるところ、自然の中での人間とは何なのか。全体に対しては虚無、虚無に対しては全体、無と全体の間では中間で、⑥両極端を理解することから無限に隔てられている。事物の究極もその始原も人間には計り知れない秘密のうちに隠されて、それを見通すことはできない。

人間には、自分がそこから引き出されてきた虚無もそこに呑み込まれていく無限も、同じように見ることができないとしたら、ものごとの中間状態の上面《うわつら》を垣間《かいま》見《み》ること以外に何ができるのか。事物の始原と究極を知ることは永久にできないと、彼は絶望しているのだから。すべての事物は虚無から発して、無限にまで運ばれる。誰が、この驚くべき歩みについて行けるだろう。これらの驚異の作者にならば理解できるだろう。他の誰にもそんなことはできない。

これらの無限を見つめることができなかったので、人々は軽率に自然の探求に赴《おもむ》いた。まるで彼らと自然の間に何らかの釣合いがあるかのように。

彼らは事物の始原[7]を理解し、そこからすべての認識にいたろうと欲したが、それは彼らの目標と同じぐらい無限の思い上がりのなせる業《わざ》であり、およそ無理な相談だ。なぜなら、このような計画を立てるには、自然が無限であるように、無限の思い上がりあるいは能力が必要なのだから。

教えを授けられた者は、自然が万物のうちに、おのれの似姿とその作者の似姿を刻み込んだので、ほとんどすべての事物がその二重の無限性を分有していることを理解する。そういうわけで、すべての学問がその探求の広がりにおいて無限であることが分かる。

たとえば幾何学に展開すべき無限に無限の命題があることを、誰が疑うだろう。だが同様に学問は、その原理が多数で微細である点においても無限だ。じっさい、原理として提示されるものがそれ自体では存立できずに、他の原理に支えられており、後者の原理はまた別の原理に支えられ、いくらさかのぼっても最終原理に行き着かないことが分からない者がいるだろうか。

しかし私たちは、理性に最後に出現する原理に対して、物質界においてしているのと同じことをする。つまり物質は、その本性からすれば無限に分割可能なはずだが、分割を繰り返したあげく、それを越えると感覚では何も感知できなくなる点に達すると、それを不可分の点[8]と名づける。それと同じことだ。

学問におけるこの二つの無限のうち、大きいほうの無限ははるかに分かりやすい。だからこそ、万事を知ると豪語した者はほとんどいない。「私はすべてについて語るつもりだ」と、デモクリトスは述べたものだ[9]。〔しかし、すべてであろうと、それを認識も証明もせずにたんに語るのは大したことではない。それに、そもそも不可能事だ。無限の事物が私たちの目に隠されているので、私たちが言葉あるいは考えで表現できることの総体も、その微細な痕跡にすぎない。〕

〔算術一つとっても、無数の特性を備えていることは、一目で分かる。そして同じこ

とは、各々の学問についても言える。〕

しかしながら小さいほうの無限はずっと見えにくい。哲学者たちは、むしろこちらの無限なら到達できると豪語し、そこで全員がつまずいた。『事物の原理』や『哲学の原理[10]』、またそれに類する題名がごくありふれたものとして通用するのは、そのせいだ。これらの題名は、見かけはそれほどでもないが、その実、あの『すべての知りうるものについて[11]』という華々しい題名に劣らず仰々しい。

人間には、ものごとの周囲を見渡す能力より、その中心に達する能力を多く与えられていると、私たちは自然に思い込んでいる。目に見える世界の広がりが、大きさにおいて私たちにまさるのは明白だ。しかし小さなものに対しては、私たちのほうが大きいのだから、それを所有する能力はより大きいと、私たちは思っている。しかし虚無に達するには、全体に達するのに劣らない能力が必要だ。どちらに対しても、無限の能力が必要だ。そして事物の最終原理を理解することができれば、同じく無限の認識にも到達できると、私には思われる。一方は他方に依存し、一方は他方に通じている。この両極端は、はるかに遠ざかったあげく、相接し、結びつき、神のうち、ただひたすら神のうちで再会する。

だから私たちの能力の及ぶ範囲を見極めよう。私たちは何ものかであり、全体ではない。私たちにはいくばくかの存在があるが、それが私たちにとって、虚無から発する第一原理を認識する妨げとなる。そしてその存在がわずかばかりなので、無限の姿が私たちの目から隠されている。

私たちの知性が可知的事物の領域で占める位置は、私たちの身体が自然の広がりのうちで占める位置と等しい。

私たちはすべての分野において限られ、両極端の中間に位置しているが、この状態は、私たちのあらゆる能力において見出される。私たちの感覚は、極端なものは何も感知しない。あまりの轟音《ごうおん》は耳を聾《ろう》するし、あまりの光は目をくらませる。遠すぎても近すぎても、物は見えない。話は長すぎても短すぎても、訳が分からなくなる。あまりの自明の理には仰天させられる。私の知合いには、ゼロから四を引いてもゼロのままであることが理解できない人たちがいる⑫。第一原理は私たちの目にはあまりに明らかだ。快楽も過ぎれば、煩《わずら》わしい。和音も続き過ぎれば、音楽の楽しみを損ねる。恩恵も過ぎれば、いらだたしい。借りには利子をつけて返せるだけのものをもっていたいのだ。「恩恵は、借りを返せると思われるかぎりは喜んで受け取られる。しかしその限界を大きく越えると、感謝の代わりに憎しみが返ってくる⑬。」私たちは極度の暑さも、極度の寒さも感じない。過度の性質は私たちにとっては敵であり、感じられない。そのような性質を、私たちはもはや感じるのではなく、苦しむのだ。若すぎても、年を取り過ぎても、精神の働きは妨げられる。教育があり過ぎても、なさ過ぎても同じことだ(14)。要するに、極端なものごとは私たちにとっては、存在しないも同然だ。そしてそれらにとって私たちは存在しない。それらは私たちの手から逃れる。あるいは、私たちがそれらの手から逃れる。

以上が私たちの真実のあり方だ。私たちが確実な認識に達することも、絶対の無知に留まることもできないのはそのためだ。私たちは広漠とした中間状態を、つねに定めなく漂い、一方の端から他方の端へ押されながら漕《こ》ぎ進む(15)。いかなる標識に身を結び付け固定しようとしても、それはぐらついて、私たちから離れていく。そしてそれを追いかけ、捕まえようとしても逃げていく。それは私たちの手をすり抜け、永遠の逃走を続ける。私たちにとって留まるものは何もない。それが私たちの本来的なあり方なのだが、私たちの気持ちにこれほど反することもない。私たちの思いを焦がすのは、堅固《けんご》な台座、究極の不変の土台を見つけて、そこに無限の高みにそびえ立つ塔を建設しようという欲望だ。しかしその基礎全体がきしみ砕け、大地は裂けて底なしの口を開ける。

だから確実さと堅固さを追求することはあきらめよう。私たちの理性はつねに変転定めない外見に惑《まど》わされる。二つの無限の間にある有限を固定できるものは何もない。無限は有限を閉じ込めては、そこから逃れる。

このことがきちんと理解されれば、人はそれぞれ、自然によって自分が置かれた状態にあって、心の平安を保つことができると私は思う。

私たちに分け前として割り当てられたこの中間はつねに両極端とは隔たっているのだから、別の誰かがものごとの理解に関して少しばかり先に進んでいるからといって、どれほどのことはない。その人に理解力があり、より高所からものごとを把握しているとしても、端から無限に隔たっていることに変わりはないではないか。寿命についても、それが十年延びたからといって、永遠と比べれば同じく取るに足らないではないか。

これらの無限を前にすれば、すべての有限は等しい⑯。だから自分の想像をあれやこれやとたくましくして、そのどちらかを選ぶ理由が私には分からない。私たちはよく自分と有限なものを比較するが、それだけが私たちを苦しめるのだ。

人間がもし自分を研究することから始めれば⑰、彼にはその先に進む力が与えられていないことが分かるだろう。どうして一部分が全体を知ることができるだろうか。だが少なくとも自分と釣合いが取れている部分は、ぜひ知りたいと思うかもしれない。しかし世界の諸部分はすべてお互いにきわめて緊密な関係と連鎖のうちにあるので、ある一部分に限っても、他の部分そして全体を知ることなしに、それを知ることは不可能だと思う。

たとえば人間は、自分が知っていることのすべてと関係を結んでいる。彼には身を収めるための場所、持続するための時間、生きるための運動、体を組み立てるための要素、身を養うための熱と食料、呼吸するための空気が必要だ。彼は光を見、物体を感じる。要するにすべてと類縁関係にある。[18]だから人間を知るためには、どうして生存に空気が必要であり、また空気を知るためには、いかなる点でそれが人間にとって死活問題なのかを知らなければならない、等々。

炎は空気なしには維持できない。だから一方を知るためには他方を知らなければならない。

こうして万物は、直接間接に原因となり結果となり、助け助けられ、最も隔絶し最も異質な事物をも結ぶ、目に見えない自然の絆《きずな》によって互いに維持しあっているので、部分を個々別々に知らずに全体を知ることができないのと同様に、全体を知らずに部分を知ることは不可能だと私は思う。

〔事物はそれ自体であるいは神のうちにおいて永遠であるが、これは短期間しか生存しない私たちをさらに茫然自失させるに違いない。〕

〔固定して一貫した自然の不動性も、私たちのうちに生ずる絶え間ない変化と比べれば、同じ効果を生み出すはずだ。〕

そして事物の認識に関する私たちの無力に止《とど》めを刺すのは、事物はそれ自体として単純なのに、私たちは対立して類を異にする二つの本性、つまり魂と身体から構成されていることだ。じっさい私たちのうちにあって思考する部分が、精神的なものでないことはありえない。そして仮に、私たちが単純に物体的なものだと主張すれば、私たちはますます事物の認識から排除されることになる。物質がおのれ自身を知ると言うことほど、人知を絶することはないのだから。物質がどのようにしておのれを知るかを理解するのは、私たちには不可能だ。

こうして、もし私たちが単純に物質だとすれば、私たちはまったく何も知ることができない。そしてもし精神と物質から構成されているとすれば、精神的なものだろうと、物体的なものだろうと、単純な事物を完全に知ることはできない。〔じっさいどうして、私たちは物質を判明に知ることができるだろう。そのことを認識する私たちの実体は一部分において精神的だというのに。また、どうして精神的な実体を明確に知ることができるだろう。私たちに備わる身体が、私たちを鈍重にして、地上に引きずり下ろすというのに。⑲〕

こういうわけで、ほとんどすべての哲学者⑳が事物の観念を混同し、物体的な事物を精神的に、精神的な事物を物体的に語っている。じっさい彼らの大胆な語り口によれば、物体は下方を目指し、おのれの中心にあこがれ、破壊から逃れ、真空を恐れる。また好意、共感、反感を抱くというが、これらはすべて精神にしか所属しない事柄だ[21]。そして精神について語る段になると、彼らはそれがある場所を占めるかのように見なし、ある場所から他の場所への運動を付与する。しかしこれらは、物体にしか所属しない事柄だ。

私たちは、これら純粋な事物の観念を受け取る代わりに、それを私たちの性質で染めあげ、私たちが見つめる単純な事物に私たちの複合的な存在を刻印する。

私たちがあらゆる事物を精神と物体で構成するさまを見れば、両者の混合ならきちんと理解できると、誰しも思うだろう。しかしこれほど理解を絶することはない。人間にとって自分自身は、自然のうちで最も驚くべき対象だ。じっさい人間には、物体が何であるかを理解することも、いわんや精神が何であるかを理解することもできないが[22]、さらに何事にもまして理解を絶するのは、物体がどのようにして精神と結びつくことができるかである。これこそ人間にとって困難の極みだが、それが人間固有のあり方なのだ。「精神がどのように身体と結びついているかは、人間の理解を越えるが、それが人間なのだ[23]」

〔以上が、自然の認識について人間をこれほど無力にした原因の一部だ。自然は二重に無限だが、人間は有限で限定されている。自然は持続し、自らの存在のうちに永続的に留まる。人間は過ぎ去り、死滅する。個々の事物は変質し、時々刻々変化する。人間はそれを通りすがりにしか目にしない。ものごとにはそれぞれ原理と目的があるが、人間にはそのいずれも理解できない。ものごとは単純だが、人間は二つの異なる性質から構成されている。」

最後に、私たちの弱さの証拠を完全なものとするために、次の二点を考察して締めくくりとしよう。

(1) 初稿では、「人間の無能力」となっていた。

(2) 「広大な公転軌道」を描く「天体」は太陽を指しているから、ここではひとまず天動説(地球中心説)の視点が採用されているが、すこし後の「いたるところが中心であり、どこにも周囲のない無限の球体」の比喩が示すように、天動説/地動説(太陽中心説)の対立はすぐにその意味を失ってしまう。モンテーニュも自然について、似かよった描写を行っている。「しかしあたかも一幅《いっぷく》の絵の中でのように、われわれの母なる自然の偉大な姿をその完全な威容のうちに心に描く人、自然の相貌のうちにこれほど一般的で不断の変化を読み取る人、自然のうちにあっては自分のみならず王国全体も微細な針先の跡のようなものだと観ずる人、こういう人だけがものごとをその正しい大きさに従って評価する」(『エセー』第一巻二五章「子供たちの教育について」)

(3) 「われわれはまた、この世界、すなわち宇宙を構成する延長的物体に限界がないことを知る。なぜなら、そのような限界をどのような場所に想定しようと、われわれはさらにその

先に無際限に広がる空間を想像することができるのだから」(デカルト『哲学原理』第二部二一節)

(4)この喩《たと》えには長い伝統があり、古くは古代ギリシャの哲学者エンペドクレスにさかのぼり、十七世紀のフランスにおいても広く流布していたという。たとえばモンテーニュの愛弟子《まなでし》であったグルネー嬢が、一五九五年版の『エセー』に寄せた序文には次のような一文が見出される。「トリスメギストスは、中心がいたるところにあり、周囲がどこにもない円を神と呼んでいる。」ただしグルネー嬢ばかりでなく多くの著者は、この喩えを神に適用しているが、パスカルは自然に適用している。

(5)「この大きな世界は——ある人々はこれをある類に包摂される多くの種の一つだと考えている——、われわれが自分を正しい観点から知るために自分を映して見なければならない鏡である」(『エセー』第一巻二五章「子供たちの教育について」)。「ああ、人間よ、おまえがこの地上に神の御業《みわざ》の痕跡を認めたとしてみよう。〔……〕おまえが見ているのは、せいぜい、おまえの住んでいるこの小さな洞窟の秩序と組織だけだ。神の統治の領域はその向こうに限りなく広がっていて、この世界は全体に比べれば何ものでもない」(同第二巻一二章)

(6)デカルトも人間を中間者と見なしているが、それは神と無の中間であり、パスカルのように、「自然」の次元における「全体」と「無」の中間ではない。「私は、神と無との中間のようなもの、つまり最高存在と非存在との間に場所を占めるものであり、したがって私が最高存在によって創造されたかぎりでは、私のうちに自分を誤謬《ごびゅう》に誘うものは何もないが、他方、私がある仕方では、無すなわち非存在に与《あずか》っているかぎりでは、言いかえれば、私自身が最高存在ではなく、きわめて多くのものが私に欠けているかぎりでは、私が誤るのも何ら

驚くにはあたらない」（『省察』第四）

（7）　ここまで「始原」と訳した principe（ラテン語 principium）は、ものごとの「始め」でもあれば、「原理」でもある。「創世記」の冒頭句「初めに、神は天地を創造された」、および「ヨハネによる福音書」の冒頭句「初めに言《ことば》があった」の、「初めに」は、ラテン語訳聖書（ウルガタ）では、いずれも《in principio》となっている。

（8）「原子 atome」とは、「分割できないもの」を意味する。

（9）「同じように厚かましい例としては、デモクリトスが著書の中で、『私はあらゆる事柄について語るつもりだ』と約束したことがある」（『エセー』第二巻一二章）

（10）　デカルトが一六四四年に公刊した著書の題名。フランス語訳が一六四七年に出版された。

（11）　イタリア・ルネサンスの人文主義者、ピコ・デラ・ミランドラが、一四八六年、ローマで企てた討論会に提出した『九百の論題』の一つは、「すべての知りうるものについての探求と理解は、数を通じて達成される」と題されていた。

（12）　パスカルの死後に公刊された数学論文集『数三角形論ならびに同一主題に関する若干の小論文』に収録されている小論『数字の単なる加算によって倍数を識別する方法』の中に、「00から4を引けば、つねに0が残る」という一節がある。これは、ある自然数がある除数によって割り切れるかどうかを、それぞれの桁《けた》の数字に演算を施すことによって調べる方法を論じたものであり、負の数は問題にならない。また彼が発明した計算機では、引く数のほうが引かれる数より大きい引き算はうまく処理することができず、負数の領域に踏み込むことができない。「計算機による演算を肯定する限り、パスカルにとって負数の存在を認める道はとざされていた」（永瀬春男による）

(13) タキトゥス『年代記』第四巻一八節。モンテーニュ『エセー』第三巻八章に引用されている。

(14) 「判断するのが子供であれば、判断の対象が何であるかを知らないし、学者であれば、先入見に囚われることになる」(『エセー』第二巻一二章)。ファイルA二「むなしさ」に収められた断章二一、三八、四一も参照のこと。

(15) 「人間の理性はあらゆるところで迷子になっているが、とりわけ神の事柄にかかずらうときはそうである。〔……〕理性は、ほんのわずかでも普通の道からそれ、教会によって踏み固められた道から離れると、たちまち道に迷い、人間のもろもろの意見の逆巻き荒れ狂う広大な大海に巻き込まれて、手綱《たづな》も目的もなしに旋回しては漂う」(『エセー』第二巻一二章)

(16) いわゆる「賭」の断章四一八の冒頭近くに次の一節が見られる。「有限は無限の前では消滅し、まったくの虚無に帰す」

(17) 断章七二および六八七参照。

(18) モンテーニュがフランス語に翻訳したレモン・スボン『自然神学』第二章に次の一節が見られる。「人間は無感覚の事物と関係をもち、〔……〕それによって養われ、そのうちに住まい、それによって生命を保ち、一瞬でもそれなしにはすまされない。〔……〕人間は、他の被造物と深い類縁関係、適合関係、友情で結ばれている」

(19) 旧約聖書続編「知恵の書」(第九章一五節)を踏まえた表現。「朽ちるべき体は魂の重荷となり、この地上の住いが、悩む心を圧迫する」(ウルガタによる)

(20) 「ほとんど」という留保は、デカルトを除外するために付け加えられたと思われる。彼の二元論は、以下で批判される物体と精神の混同を徹底的に批判している。
(21)　アニミズム的な自然観を保持していたアリストテレス主義者たちが標的になっている。パスカルは、真空をめぐる論争においてすでにこのような考え方を繰り返し表明している。たとえば『流体の平衡に関する大実験談』（一六四八年）では次のように述べている。「この真空に対する想像上の嫌悪はわざわざ捏造《ねつぞう》された。〔……〕自然の物体にも共感と反感があって、それが多数の現象を引き起こす唯一の作用因だと言われるが、それはあたかも魂を欠いた物体が共感と反感を抱くことができるかのような言い草である。」断章＊四七参照。
(22)　ここでパスカルはデカルトと正反対の立場を取っている。デカルトの『省察』第二は、「人間精神の本性について。精神は物体〔＝身体〕よりも容易に知られること」と題されている。
(23)　アウグスティヌス『神の国』第二一巻一〇章。省略した形で、モンテーニュ『エセー』第二巻一二章に引かれているが、パスカルはさらにそれをはしょって引用している。

二〇〇　（ラ二〇〇／ブ三四七）

Ｈ三①

人間は一本の葦《あし》にすぎない。自然のうちで最もか弱いもの、しかしそれは考える葦だ。人間を押しつぶすのに宇宙全体が武装する必要はない。一吹きの蒸気、一滴の水だけで人間を殺すのには十分だ。②しかし宇宙に押しつぶされようとも、人間は自分を殺すものよりさらに貴い。人間は自分が死ぬこと、宇宙が自分より優位にあることを知っているのだから。宇宙はそんなことは何も知らない。

こうして私たちの尊厳の根拠はすべて考えることのうちにある。私たちの頼みの綱はそこにあり、空間と時間のうちにはない。空間も時間も、私たちが満たすことはできないのだから。

だからよく考えるように努めよう。ここに道徳の原理がある。(3)

（1）　略号の意味については、断章一九八注(1)参照。

（2）　人間の弱さについては、モンテーニュにも類似の考えが見出される。「力について言えば、この世に人間ほど傷つきやすい動物はない。鯨《くじら》や象〔……〕のように、一匹で多数の人間を殺すことのできる動物はもちろん、虱《しらみ》でさえもスラに独裁官の職を辞任させることができた。」「一陣の逆風や〔……〕朝霧だけで、人間を転倒させ、打ち倒すのに十分なのである」（『エセー』第二巻一二章）

（3）　最後の二段落は、原稿が失われ、写本によって伝えられている。

二〇一　（ラ二〇一／ブ二〇六）

永遠に沈黙するこの無限の空間、それを前にして私は戦慄《せんりつ》する。(1)

（1）　ここで恐怖を告白する「私」が、パスカル自身あるいは彼の代弁者であるのか、それともキリスト教に敵対する自由思想家であるのかについては、多くの議論がある。

二〇二　（ラ二〇二／ブ五一七）

心慰めるがよい。きみは自分を当てにして、それ(1)を待望すべきではない。かえって自分には何も期待しないことによって、それを待望すべきなのだ。

（1）「それ」が何であるかは明示されていないが、最高善である神だと考えられる。

〔ファイルＡ一五の二〕　自然は損なわれている

「写本」には、「目次」に掲げられている「自然は損なわれている」という標題に対応するファイルは見当たらない。しかし「目次」の注(2)に記したように、第一部Ｂ冒頭のファイルＢ一が、本ファイルに該当する可能性が高い。ただしセリエのように、本ファイルと次のファイルＡ一六をパスカル自身が統合したと考える研究者もいる。いずれにせよ、「自然は損なわれている」という主張は、それと補完的な関係にある「メシアによる贖《あがな》い」と並んで、パスカルの護教論の二本柱を構成する重要な論点である。この点については、とりわけ断章四四九を参照のこと。

〔ファイルA一六〕　他宗教の誤り

二〇三　（ラ二〇三／ブ五九五）

他宗教の誤り(1)

マホメットには権威がない(2)。

だから彼の論拠はよほど強力でなければならないはずだ。論拠それ自体の力しかないのだから。

その彼はなんと言っているのか。「この私を信じよ」と言うばかりだ。

（1）　このタイトルは、原稿に後から鉛筆で書き加えられている。本断章というより、むしろファイル全体のタイトルではないかと考えられる。

（2）「権威」とは、ある人の主張の信憑性《しんぴょうせい》を保証するお墨付きである。マホメットには、予告（断章二〇九）も、証人（断章一）も、奇蹟（断章三二一）もない、というのである。

二〇四 （ラ二〇四／ブ五九二）

他宗教の誤り

彼ら[1]には証人がいない。この者たち[2]には証人がいる。

神は他の宗教を挑発して言う、「できるものなら、そのような証拠を示してみよ」。「イザヤ書」第四三章九節〜第四四章八節[3]。

（1）他宗教の信徒。
（2）キリスト教徒。
（3）パスカル自身、この部分を断章四八九で抄訳している。

二〇五 （ラ二〇五／ブ四八九）

すべてに唯一の根源があり、すべてに唯一の終極――すべてはそれによって、すべてはそれのために――があるのだから、真の宗教たるもの、それだけをあがめ、それだけを愛することを私たちに教えなければならない。しかし私たちには、知らないものをあがめることも、自分以外のものを愛することもできないのだから、宗教はこれらの義務を教えると同時に、それを履行する能力が私たちに欠けていること、そしてまた、それを癒《いや》す手立てを教えてくれなければならない。じっさい、宗教は私たちにこう教えてくれる。一人の人間①によって、すべてが失われ、神と私たちを結ぶ絆《きずな》が断ち切られたが、一人の人間②によって、その絆が修復された。

私たちは、この神の愛に、生まれながらに背いているけれど、同時に、この愛は必要不可欠だ。そうだとすれば、私たちは生まれながらに有罪だ。さもなければ、神が不正だということになるではないか。

（1）アダム。

（2）イエス・キリスト。

二〇六　（ラ二〇六／ブ二三五）

彼らは、事実は見たけれど、原因は見なかった①。

（1）アウグスティヌス『ユリアヌス反駁《はんばく》』第四巻一二章六〇節。ただしそこで批判の対象となっているのは、複数の「彼ら」ではなく、キケロである。キケロは、『国家論』第三巻で、人間のみじめさを描き出したが、その由来となる原因、すなわち原罪を知らなかった、というのである。同様の指摘は、パスカルの友人であったミトンに対しても行われている。断章六四二参照。

二〇七　（ラ二〇七／ブ五九七）

マホメット反駁《はんばく》

コーランがマホメットの作であるとすれば、福音書もそれに劣らず聖マタイの作である。なぜなら多数の著者が代々マタイの名を引いてきたのだから。(1)ケルソスやポルピュリオス(2)のような彼の敵でさえ、彼が著者であることは決して否認しなかった。

コーランは、聖マタイが立派な人であったと述べている。したがってマホメットは贋《にせ》預言者であった。悪人たちを立派な人と呼んだのだから。あるいは彼らがイエス・キリストについて述べたことに同意しないのだから。

（1）　国際法の祖と称されるグロティウスの著作『キリスト教の真理について』（初版一六二七年）に同様の考え方が見られる。「すべてのキリスト教徒によってあまねく受け入れられ、そのタイトルに著者の名前が冠せられている書物は、じっさいにそれらの著者の作である。なぜなら、ユスティヌス、イレナエウス、クレメンスのような初代の学者たちと、それに引き続く学者たちが、今日受け入れられているのと同じ著者の名前で、それらの書物を引用しているのだから」（第三書二章）

（2）　ケルソスは二世紀頃に、ポルピュリオスは三世紀に活動した哲学者。新プラトン主義の立場からキリスト教に反対する著作を執筆したが散逸してしまい、断片が伝えられるだけである。彼らがマタイを福音書の著者として認めていたという証言は伝えられていないようである。

二〇八　（ラ二〇八／ブ四三五）

この神聖な認識がなければ、人々は過去の偉大さの名残《なごり》を心中に感じて驕《おご》り高ぶるか、それとも現在の弱さを目にして打ちひしがれるかのいずれか以外に、何ができただろう。じっさい彼らは、真理の全容を見渡せないので、完全な美徳に到達することができなかった。ある者たちは、自然本性は変質していないと思いなし、他の者たちは修復不可能だと思いなしたが、それでは、傲慢《ごうまん》と怠惰のいずれかを逃れることはできなかった。この両者はすべての悪徳の根源であり、人々には無気力によって悪徳に身を任せるか、傲慢によって悪徳から脱するか、いずれかの道しか残されていない。じっさい彼らは、人間が卓越していることを知ると、その腐敗が分からなくなる。その結果として、怠惰は避けることができたが、傲慢に陥った。そして自然本性の弱さに気がつくと、その尊厳が分からなくなる。その結果として、虚栄は避けることができたが、それは絶望の淵《ふち》に身を沈めるためであった。

そこから、ストア派とエピクロス派、独断論者と懐疑論者等のように、相反する学派が生ずることになった。

ひとりキリスト教だけが、この二つの悪徳を癒《いや》すことができた。地上の知恵に従って、一方の悪徳によって他方を追い払うことを通じてではない。福音書の単純さによって、双方を追い払うことを通じてだ。じっさいキリスト教は、神の本性に与《あずか》るところまで高められた義人(1)に対しては、このような崇高な状態にあってなお彼らのうちには腐敗の根源があり、そのために生きている間は、誤り、悲惨、死、罪に従属していることを教える。そして最も強情に神に楯突く者たちに対しては、彼らもまた贖《あがな》い主《ぬし》の恵みに与ることができると呼びかける。こうして、義とする者たちにはおののきの種《たね》を与え、罰する者たちには慰めをもたらし、恵みと罪の双方に与る能力が万人に共通して備わっていることを示して、キリスト教はこの上なく適切に、恐れを希望によって和らげる。その結果、理性だけの仕業では及びもつかないほど人を貶《おとし》めるが、絶望させることはなく、自然本性の仕業では及びもつかないほど人を高めるが、増長させることはなく、それによって、ただキリスト教のみが誤りと悪徳を免れており、人間を教え矯正《きょうせい》する唯一の宗教であることを明らかに示している。

この天来の光明を前にして、いったい誰が、それを信じ崇拝することを拒否できるだろう。私たちが、自らのうちに消し去ることのできない卓越のしるしを感じていることは、火を見るより明らかではないか。また私たちが、自らの嘆かわしいあり方の結果をいつも感じていることも同様に真実ではないか。

この怪物めいた混沌と混乱が、抗《あらが》いようがないほどの力強い声音で私たちに呼びかけているのは、これら二つの状態の真実性でなくて何だろう。②

(1)「ペトロの手紙二」によれば、イエス・キリストは、自らのもつ神の力によって、信者が「神の本性に与る」ことを望まれた(第一章四節)。

(2) 本断章は、『サシ氏との対話』で展開される人間観の要約となっている。

二〇九　(ラ二〇九／ブ五九九)

イエス・キリストとマホメットの相違①

マホメット、予告されない。イエス・キリスト、予告された。②

マホメット、殺すことによって。③ イエス・キリスト、自らの信徒を殺させることによって。④

マホメット、読むことを禁ずることによって。⑤ 使徒たち、読むことを命ずることによって。⑥

要するに、両者はあまりにも正反対なので、マホメットが人間的な成功の道を選んだとすれば、イエス・キリストは人間的な破滅の道を選んだことになる。そして、マホメットが成功したのだから、イエス・キリストも成功したのだと結論するのではなく、マホメットが成功したのだから、イエス・キリストは滅びて当然のはずだったと結論すべきである。

（1）両者の比較は、グロティウス『キリスト教の真理について』第六書に由来する。

（2）「マホメット自身、イエス・キリストが律法と預言書において約束された救世主であると告白している」（同第六書四章）

（3）「マホメットは、自らの使命の証拠として、奇蹟を行う力ではなく、彼の軍勢の成功を挙げている」（同第六書五章）

（4）信仰の証人として、迫害の犠牲となった殉教者《じゅんきょうしゃ》のこと。

（5）「彼の書物は、神聖なものだと称されているが、民衆にはその読書が禁じられている」（『キリスト教の真理について』第六書二章）

（6）たとえば、パウロは「テモテへの手紙一」でこう述べている。「私が行くときまで、聖書の朗読と勧めと教えに専念しなさい」（第四章一三節）

二一〇（ラ二一〇／ブ四五一）

人間はすべて、生まれつき互いに憎みあっている。人々は、可能な限り、人間の欲心を利用して公共の利益に役立たせようとした。しかしそれは作り事であり、愛の偽りの姿にすぎない。(1) 実のところ、それは憎しみにすぎないのだ。

(1) 断章七四、一〇六、一一八参照。

二一一　(ラ二一一／ブ四五三)

人々は欲心を基礎として、そこから統治と道徳と正義の素晴らしい規則を引き出した。しかし結局のところ、人間のこの邪悪な核心、この「悪《あ》しきありさま(1)」はただ覆われているだけで、取り除かれてはいない。

(1) 原語 figmentum malum はラテン語であり、パスカルはこれを、「人間の邪悪な核心」と並置して、「欲心」の意味で用いている。典拠は「創世記」、大洪水の後、神がノアの捧げるいけにえを受け入れ、人類の再生を自らに誓った際に述べた言葉、「人が心に思うことは、幼いときから悪いのだ」(第八章二一節)である。ただしウルガタでは、問題の表現は用いられていない。しかしパスカルは、『プギオ・フィデイ』(断章二七七注(1)参照)の読書ノートから構成される断章二七八で、この章句を、「人の心の成立ちは、子供のときから悪い」と訳しており、『プギオ・フィデイ』では、«figmentum cordis hominis malum» という表現が用いられている(第三部の二第六章)。さらに、「悪しき成立ち」つまり「欲心」が「統治の素晴らしい規則」の起源にあるという考えは、同書同章の第六節「政治社会は悪しきありさまに由来する」のタイトルと内容に呼応している。パスカルの用語法と発想の源には、『プギオ・フィデイ』がある。

二一二 （ラ二一二／ブ五二八）

イエス・キリストは、近づいても傲慢《ごうまん》に陥らず、またその下で身を屈《かが》めても絶望に陥ることがない、そのような神である。

二一三 （ラ二一三／ブ五五一）

この身は、口づけよりも折檻《せっかん》を受けるにふさわしい、それでも私は恐れない、なぜなら私は愛しているのだから。(1)

（1） ベルナール（クレルヴォーの）『雅歌講話』第八四講話からの引用。

二一四 （ラ二一四／ブ四九一）

真の宗教なら、そのしるしとして、神を愛するように命ずるはずだ。それはたしかに正当だ。それなのに、いかなる宗教もそんな命令はしなかった。私たちの宗教はそうした。

真の宗教なら、さらに欲心と無力を理解しているはずだ。私たちの宗教は理解している。

真の宗教なら、それに癒《いや》しの手立てをもたらしたはずだ。その一つは、祈りだ。いかなる宗教も、神を愛し神に従うことができるようにと、神に求めはしなかった。

二一五　（ラ二一五／ブ四三三）

人間本性の全容を理解した上で。(1)ある宗教が本物であるためには、私たちの本性を知っていなければならない。偉大さと卑小さ、そして双方の理由を知っていなければならない。キリスト教以外のどの宗教が、それを知っているのか。

（1）原稿ではこの後に、「その理由を見つけなければならない」と書きはじめられたが、抹消された。

二一六　（ラ二一六／ブ四九三）

真の宗教は、私たちの義務、私たちの無力、すなわち傲慢《ごうまん》と欲心、そして治療法、すなわちへりくだりと苦行を教えてくれる。

二一七　（ラ二一七／ブ六五〇）

表徴の中には、明瞭で説得的なものもあるが、他方、いささかこじつけたように思われるもの、別の道筋ですでに確信している人々にとってしか証拠とならないものもある。(1)それらは、黙示主義者の表徴に似ている。(2)しかしそこには相違がある。それは、黙示主義者には確実な表徴がないことだ。だから、彼らが自分たちの表徴について、私たちのいくつかの表徴と同等の根拠があることを示したところで、これほど不当なことはない。(3)なぜなら、私たちにはいくつか説得的な表徴があるが、彼らのほうには、それに匹敵する説得的な表徴はないのだから。だから勝負は対等ではない。それらのものを同列に置いて、混同してはならない。一方の端から見れば類似しているようでも、他方の端から見ればまったく異なっているのだから。明瞭さがあり、しかもそれが神聖であってはじめて、晦渋《かいじゅう》さをあがめる価値があるのだ。

〔それはあたかも晦渋な言い回しを言葉の中に混ぜる人々のようなものだ。それが分からない者たちには、そこに愚かな意味しか理解できないだろう。(4)〕

（1）表徴については、ファイルA一九「律法は表徴的であった」の冒頭の解題を参照のこと。
（2）ポール・ロワイヤル版『パンセ』によれば、「黙示主義者」とは、「預言の根拠を黙示に置き、それを勝手気ままに説明する人々」のことである(第一二章一節)。「黙示主義者」は、断章五七五でも言及されている。
（3）いささかはしょった言い方であるが、「同等の根拠があることを示し」て、だから両者の間に「相違」がないとする黙示主義者の主張が「不当」だというのである。

（4）左の余白に書き加えられたのちに棒線で消去されたメモ。その内容は、ファイルA一九「律法は表徴的であった」、とりわけ断章二五七で敷衍《ふえん》されている。

二一八　（ラ二一八／ブ五九八）

マホメットには晦渋《かいじゅう》で神秘的な意味に解釈できるところがあるが、それによって彼を判断してもらいたくない。判断するのなら、明瞭な部分、彼の言う天国(1)やその他のことによって判断してもらいたい。彼が滑稽なのは、その点においてなのだ。だからこそ彼の晦渋さを神秘と解釈するのは正しくない。明瞭な主張が滑稽なのだから。聖書については事情が異なる。なるほどそこには、マホメットの晦渋さと同じくらい奇妙な晦渋さがある。しかし同時に、感嘆すべき明瞭さ、および明白で成就《じょうじゅ》した預言がある。だから勝負は対等ではない。明瞭さではなく、晦渋さの点だけで類似している事柄を混同し同列に置いてはならない。晦渋さがあがめられるに値するのは、明瞭さのためである。

（1）断章一四九注(4)参照。

二一九　（ラ二一九／ブ二五一）

他の宗教、たとえば諸国民の奉ずる多神教は、もっと民衆的だ。じっさい、それは外面から成っているが、知識人向けではない。純粋に知的な宗教があるとすれば、それは知識人にもっとよく釣り合うだろうが、民衆の役には立たないだろう。キリスト教だけが、外面と内面を兼ね備えているので、万人に釣り合う。[1]それは民衆を内面のほうへと高め、尊大なエリートを外面に屈服させる。この両面がなければ、キリスト教は完全ではない。なぜなら民衆は、文字の精神を理解し、知識人は彼らの精神を文字に服従させる必要があるのだから。[2]

（１）　シャロンは『知恵について』で次のように述べている。キリスト教は、内面的な宗教と外面的な宗教の「あたかも中間に位置して、すべてを見事に調和させ、感覚的で外面的なものと、非感覚的で内面的なものを結び付け、霊と体の双方で神に仕え、エリートにも庶民にも適合する」（第二書五章）。

（２）　「文字」と「精神」あるいは「霊」の対比は、パウロの「コリントの信徒への手紙二」にさかのぼる。ただしそこでパウロは、「文字は殺しますが、霊は生かします」（第三章六節）という言葉に見られるように、文字に対する霊の優位を説いている。

二二〇　（ラ二二〇／ブ四六八）

他のいかなる宗教も自分を憎むことを勧めはしなかった。[1]だから、他のいかなる宗教も、自らを憎み、真に愛すべき存在を探求する人々の気に入ることはできない。そのような人々は、辱《はずかし》められた神をあがめる宗教のことを耳にしたことがなくても、すぐさまそれを受け入れるだろう。

(1)「自分を憎む」とは、自分のうちにある欲心、不正、悪を憎むことである。断章五六四、五九七、六一八参照。

〔ファイルA一七〕　宗教を愛すべきものにする

「目次」では、「愛すべき宗教」と略記されている。このタイトルに対応する原稿は残されていないが、第一部Aの他のファイルと同様に、パスカル自身が付けたタイトルと考えられる。同じ表現は、断章一二(ファイルA一「順序」)にも登場するが、そこでは、「真の善を約束する」ことが「愛すべき宗教」の根拠として挙げられている。それに対して、本ファイルでは、キリスト教の「普遍性」に焦点が絞られる。

二二一　(ラ二二二／ブ七七四)

イエス・キリストは万人のため。

モーセは一民族のため。

ユダヤ人たちは、アブラハムにおいて祝福される。「私はおまえを祝福する者を祝福しよう(1)」、しかしすべての国民は彼の子孫によって祝福を得る(2)。

「そんなことは、小さなことだ、云々《うんぬん》」、イザヤ(3)。

「異邦人を照らす啓示の光(4)」

「どの国に対してもこのように計らわれたことはない(5)」、ダビデは、律法を語るに際して、こう述べていた。しかしイエス・キリストのことを語るのなら、次のように述べなければならない。「あらゆる国に対してこのように計らわれた。そんなことは、小さなことだ、云々。」イザヤ。

だから普遍性は、イエス・キリストの領分だ。教会でさえ、信者のためにしか犠牲(6)を捧げない。イエス・キリストは十字架の犠牲を万人のために捧げた。

（1）「創世記」第一二章三節。神がアブラハムを召し出したときに、彼に告げた言葉。

（2）「創世記」第二二章一八節。神がアブラハムの信仰を試すために独り子イサクを犠牲に捧げるように命じ、危機一髪のところで救った後で、天使が彼に伝えた神の言葉。

（3）「イザヤ書」第四九章六節。パスカル自身、この箇所を断章四八三で次のように訳出している。「おまえがヤコブの諸部族を回心させるのは、小さなことだ。私がおまえを立てたのは、異邦人の光となし、私の救いを地の果てにまでもたらせるためだ。」したがってメシアは、ひとりユダヤ民族のためにではなく、異邦人すなわち諸国の民、要するに全世界のために遣わされるというのである。パスカルはこの章句を、断章三二三および三四五でも引用している。

（4）「ルカによる福音書」第二章三二節。メシアを待ち望んでいたシメオンが、神殿で聖別されるイエスに会った際に歌った賛歌の一節。前注の「イザヤ書」の章句を踏まえている。

（5）「詩編」第一四七編一九―二〇節。「主はヤコブに御言葉《みことば》を、イスラエルに掟《おきて》と裁きを告げられる。どの国に対してもこのように計らわれたことはない。彼らは主の裁きを知りえない。」ダビデは「詩編」の著者であると考えられていた。

（6）聖体の秘蹟のこと。それは、カトリック教会の見解では、キリストの十字架上での犠牲の記念かつ再現である。

二二二　（ラ二二二／ブ七四七）

肉的なユダヤ人と異教徒は悲惨な状況にある。そしてキリスト教徒も同様だ。異教徒には贖《あがな》い主《ぬし》はいない。彼らは贖い主を求めてさえいないのだから。ユダヤ人にも贖い主はいない。彼らはむなしく待ちわびている。贖い主はキリスト教徒にしかいない。

「永続性」を見よ。(1)

（1）「永続性」と題されたファイルＡ二一には、「肉的なユダヤ人」についての説明が見られる。断章二八六、二八七、二八九参照。

〔ファイルＡ一八〕　宗教の基礎および反論への返答

「目次」では、「基礎」と略記されている。

二二三　（ラ二二三／ブ五七〇）

「表徴」の章に収められているが、表徴の原因に関することは、「基礎」の章に入れなければならない。どうしてイエス・キリストの最初の到来は預言されたのか、どうしてその到来の仕方について晦渋《かいじゅう》な預言がなされたのか。(1)

（1）ファイルＡ一九「律法は表徴的であった」に含まれる断章二五五にその理由が示されている。本断章の指示に従えば、断章二五五は本ファイルに分類したほうがよいことになる。

二二四　（ラ二二四／ブ八一六）

軽信この上ない不信の輩《やから》。彼らは、ウェスパシアヌスの奇蹟を信じて、モーセの奇蹟を信じない。(1)

（1）ローマ皇帝ウェスパシアヌスは、「アレクサンドリアにおいて、セラピス神の恵みによって、ある盲《めしい》の女の目に自分の唾《つば》を塗って開眼させ、また他にも奇蹟を行った」という（モンテーニュ『エセー』第三巻八章。タキトゥス『同時代史』第四巻八一節による）。ただしモンテーニュは、それに続く箇所で、「優れた歴史家は重大な事件を記録するが、その公の事件の中には民間の噂《うわさ》や意見なども入れる。彼らの役目は一般に信じられていることを記録するところにあって、整理するところにはない」と述べており、タキトゥスが奇蹟を信じていたと主張しているわけではない。

二二五(1)　（ラ二二五／ブ七八九）

イエス・キリストは人々の間に知られずにとどまっていた。同様に、真理(2)も、外面は世間一般の考えと変わりなしに、その間に埋もれている。聖餐《せいさん》のパンが普通のパンと見分けがつかないのと同様だ。

（1）本断章と次の断章は、原稿では同一紙片に書き込まれている。セリエ版、ルゲルン版は同一の断章として扱っている。
（2）「彼の真理」、すなわちキリストの真理あるいはキリストという真理と読む版もある（セリエ版、ルゲルン版）。

二二六　（ラ二二六／ブ五二三）

信仰全体はイエス・キリストとアダムにおいて成立する。そして道徳全体は欲心と恵みにおいて。

二二七　（ラ二二七／ブ二二三）

彼らは、復活と処女の出産に反対して、何を言うことがあるのか。一人の人間あるいは一匹の動物を生み出すのと、それを再生するのと、どちらがより難しいというのか。もしも彼らが、ある種の動物を決して見たことがなかったとすれば、それらが互いにつがうことなしに生まれるかどうか推量できるだろうか(1)。

（1）　奇蹟に対する拒否反応は、理性ではなく、習慣に由来する先入見にもとづいていると言うのである。奇蹟に関するファイルＢ三四に含まれる断章八八二参照。

二二八　（ラ二二八／ブ七五一）

預言者たちはイエス・キリストについて何と言っているか。明らかに神だとでも。いや、そうではなくて、真に隠れた神(1)、認められず、まさか神だとは思われず、つまずき

の石で、多くの人がそれにぶつかる云々《うんぬん》と、言われているのだ。(2)

だから私たちが明瞭さを欠いているからといって、もはや非難しないでもらいたい。その通りだと公言しているのだから。しかし晦渋《かいじゅう》さがあるではないか、と言う人々がいる。だがそれなしには、イエス・キリストに押しとどめられることはあるまい。(3)そしてそれこそ、預言者たちが明白に意図したことの一つだ。「盲目にせよ」(4)

(1)「まことにあなたは御自分を隠される神、イスラエルの神にして、救い主」(「イザヤ書」第四五章一五節。ウルガタによる)

(2)「イザヤ書」第五三章三節および第八章一四節。パスカルは、旧約聖書中のキリストに関する預言を抜粋して、引用集(断章四八七)を作っている。

(3)「押しとどめられる」と訳した原語 aheurté には、「固執する、執着する」および「押しとどめられる、妨げられる」という二様の意味があり、解釈が難しい。いずれにせよ、キリストがいわゆる頑迷預言(次注(4)参照)によって予告される「隠れた神」であるとすれば、預言に含まれる「晦渋さ」は、キリストへの信仰の障害であると同時に、彼を信じて寄りすがる根拠にもなる。

(4)「この民の心を盲目にし、耳を鈍く、目を暗くせよ。目で見ることなく、耳で聞くことなく、その心で理解することなく、回心して癒《いや》されることのないために」(「イザヤ書」第六章一〇節。ウルガタによる)。イザヤが神の召命を受けたときに聞いた言葉であり、頑迷預言——預言が受け入れられないことを予見する預言——の代表的なものである。パスカルにとって、この預言はきわめて重要な意味をもっており、断章二六〇および八三四でも言及されている。

二二九　（ラ二二九／ブ四四四）

成熟した人間がその偉大な知識の限りを尽くして知りえたことを、この宗教は自分の子供たちに教える。(1)

（1）断章三三八参照。そこでは「偉大な知識」の持ち主の代表として、プラトンが挙げられている。

二三〇　（ラ二三〇／ブ四三〇の二）

すべての不可解なものは、それでも存在する。(1)

（1）断章一四九にも、同じ文言が見られる。

二三一　（ラ二三一／ブ五一一）

〔人間はあまりにも卑小なので神と交流する値打ちがないと、言い張りたいのか。そうだとすれば、その判断を下すには、よほど偉大でなければなるまい。(1)〕

（1）　断章一四九（一九八―一九九頁）参照。

二三二　（ラ二三二／ブ五六六）

神は、ある人々の目をくらませ、他の人々には光を与えることを望まれた。このことを原理として受け入れなければ、神の業《わざ》はいっさい理解できない。

二三三　（ラ二三三／ブ七九六）

イエス・キリストは、自分がナザレの出身ではないとは言わない。それは、悪人の目をくらませたままにしておくためだ。ヨセフの息子でないと言わないのも同様だ。(1)

（1）「ヨハネによる福音書」第七章四一―四二節、五二節、および「マタイによる福音書」第一三章五五―五七節参照。イエスは、ユダヤのベツレヘムで生まれたが、ガリラヤのナザレで成長し、またマリアの夫ヨセフの子として育てられたが、マリアは「聖霊によって身ごもった」というのである（「マタイによる福音書」第二章一節、第一章一八―二五節）。

二三四　（ラ二三四／ブ五八一）

神は知性よりむしろ意志を整えることを望まれる。完全な明白さは知性の役には立っても、意志の邪魔となるだろう。
傲慢《ごうまん》さをおとしめること。

二三五　（ラ二三五／ブ七七一）

イエス・キリストが到来したのは、目明きの目をくらませ、盲《めしい》に視力を与え、病人を癒《いや》し、健常者は死ぬに任せ、罪びとを悔い改めに呼び寄せて義人となし、義人をその罪のうちに放置し、貧者を満たし、富者を手ぶらのままにするためであった①。

（1）「ルカによる福音書」（第一章四六―五五節）にもとづくマリアの賛歌（マニフィカト）の一節、「主は〔……〕飢えた人を良い物で満たし、富める者を空腹のまま追い返されます」の想起。

二三六　（ラ二三六／ブ五七八）

目をくらませる、明らかにする①

聖アウグスティヌス、モンテーニュ、スボンド②。

選ばれた人々を照らすのに十分な明るさ、彼らをへりくだらせるのに十分な暗さがある。見捨てられた人々の目をくらませるのに十分な暗さ、彼らに有罪の宣告を下し、申し開きができないようにさせるのに十分な明るさがある。

旧約聖書のイエス・キリストの系図は、他のあれほど多くの無用な系図の中に紛れ込んでいるので、見分けることができない。もしもモーセ③が、イエス・キリストの先祖しか記録しなかったとすれば、それはあまりにも明白だっただろう。逆に、イエス・キリストの系図を記さなかったとすれば、十分に明白ではなかっただろう。しかし結局、注意深く眺めてみれば、タマル、ルツ等によってきちんと識別されたイエス・キリストの系図が見えてくる④。

これらの供犠《くぎ》⑤を命じた人々は、それが無用なことを知っていた。そしてその無用さを公言した人々は、それでも供犠を実践した。

もしも神がたった一つの宗教しか許容しなかったとすれば、それを見分けるのはあまりに容易だっただろう。しかし注意深く眺めてみるがいい。この混乱の中に真の宗教がはっきりと見分けられる。

出発点となる原理――モーセは有能な男だった。したがって彼が自らの知性で自分を統御したとすれば、彼は知性に直接反するようなことは何も書き記さなかったはずだ。こうしてあまりにも顕《あら》わな弱点は、すべて有力な論拠だ。たとえば、聖マタイと聖ルカの二つの系図⑥。それが示し合わせて作られたわけではないことを、これ以上明瞭に示すものがあるだろうか。

（1）このタイトルは、「写本」には筆写されているが、原稿には見当たらない。おそらく紙片を台紙に貼り付ける際に切り取られたものと思われる。

（2）原稿では、左の余白に後から書き込まれており、「写本」もその体裁にならっている。モンテーニュは、『エセー』第二巻一二章「レモン・スボンの弁護」――一五九五年版『エセー』では「レモン・ド・スボンド」と表記されている――の中で、霊魂不滅が人間の知性では論証できないという議論を補強するために、「真理が隠されていることで、謙遜《けんそん》が鍛えられ、傲慢《ごうまん》がうちくだかれる」というアウグスティヌスの文章を引用している（『神の国』第一一巻二二章）。ただしこの文言は、パスカルが参照した一六五二年版『エセー』によるものだという。一五九五年版でもヴィレー＝ソーニエ版でも、「真理 veritatis」は「効用 utilitatis」となっており、『神の国』の原文でもそうなっている。

（3）モーセは伝統的に、旧約聖書の最初の五つの書「モーセ五書」の作者と見なされていた。十七世紀になると、スピノザやリシャール・シモンのように、文献批判の立場からこの考えに異議を唱える者が出現しはじめたが、大勢は依然として、モーセ作者説であった。

(4) タマルについては、「創世記」第三八章、ルツについては、「ルツ記」参照。「ルツ記」の末尾(第四章一八―二二節)には、「タマルがユダのために産んだペレツ」(同章一二節)からダビデにいたる系図が掲げられている。タマルとルツの名は、「マタイによる福音書」の冒頭に記されているイエス・キリストの系図の中に登場する。
(5) モーセの律法の規定する動物の犠牲のこと。それが、「表徴的な」性格をもっていることについては、ファイルA一九「律法は表徴的であった」に収められた断章二五七、二五九、二六〇等を参照。
(6) 「マタイによる福音書」第一章と「ルカによる福音書」第三章に掲げられている系図には食い違いがある。

二三七 (ラ二三七/ブ七九五)

もしもイエス・キリストがひたすら聖化のために到来したのなら、聖書全体と万物はその目的に向かっただろうし、異教徒を論破するのもたやすいことだっただろう。もしもイエス・キリストがひたすら目をくらませるために到来したのなら、その行いのすべては混乱し、私たちには異教徒を論破するいかなる手立てもなかっただろう。しかしイザヤも言うように、彼は「聖化とつまずきのために(1)」到来したので、私たちは異教徒を論破できないが、彼らも私たちを論破できない。しかしまさにそのことを通じて、私たちは彼らを論破する。なぜならイエス・キリストの行いすべてのうちには、どちらの側も相手を論破するだけのしるしがないと、私たちは主張しているのだから。

（1）「あなた方は、万軍の主を聖として、これを畏怖《いふ》しこれを恐れよ。そうすれば主は、あなた方には聖化となる。しかしイスラエルの二つの家には、つまずきの石となり、妨《スキャンダル》げの岩となる」（「イザヤ書」第八章一三―一四節。ウルガタによる）。パスカルは、ウルガタの解釈に依拠して、神そしてイエスは人間の聖化――聖なるものとすること――を目指しているが、同時に、それが人間にとってつまずきの機会になると考えている。イエスが「つまずきの石、妨げの岩」であることについては、「ローマの信徒への手紙」（第九章三二―三三節）参照。

二三八　表徴　（ラ二三八／ブ六四五）

神は自らの民[1]から滅ぶべき富を奪われようとされたが、それが無力のせいでないことを示すために、ユダヤの民を作られた[2]。

（1）キリスト教徒のこと。

（2）神は、ユダヤの民には、地上の滅ぶべき富を与えたというのである。断章二七〇および二七五参照。

二三九　（ラ二三九／ブ五一〇）

人間は神にふさわしくない。しかし神にふさわしいものとされる能力がないわけではない。

神にとって、みじめな人間に合体することはふさわしくない。しかし人間をそのみじめさから引き出すことは、神にふさわしくないわけではない。

二四〇　（ラ二四〇／ブ七〇五）

証拠

預言とその成就《じょうじゅ》。

イエス・キリストに先立つ事柄と引き続く事柄。

二四一　（ラ二四一／ブ七六五）

矛盾の源。辱《はずかし》められ、十字架の死に至る神[1]。イエス・キリストにおける二つの本性。二度の来臨[2]。人間本性の二つの状態。自ら死ぬことによって死に勝利するメシア。

（1）キリストは、「へりくだって、死に至るまで、それも十字架の死に至るまで従順でした」（「フィリピの信徒への手紙」第二章八節）

（2）イエス・キリストが、最初は、人の子として世に知られず誕生し、二度目は、終末時に栄光と光輝のうちに再臨すること。

二四一の二　（ラ一四九／ブ四三〇）

Ａ・Ｐ・Ｒ　明日のために①

ご自分についての人間の認識を加減され、探し求める者にはご自分の明白なしるしを与えるが、探し求めない者には与えないように取り計らわれたのだ。

見ることだけを望む者には十分な光明があり、それとは反対の心構えの者には十分な闇《やみ》がある。

（1）本断章は、ファイルＡ一一「Ａ・Ｐ・Ｒ」の断章一四九の末尾と重複する。パスカルはファイルの作成と分類にあたって、テーマとの適合性を考慮して、この部分を切り取って、本ファイルに移したと考えられる。

二四二　（ラ二四二／ブ五八五）

神が自らを隠そうとされたこと。

宗教が一つしかなければ、神はそこにあまりにも明白に現れるだろう。

殉教者《じゅんきょうしゃ》が私たちの宗教にしかいないとしても、同様だ。

神はこうして隠れているので、神が隠れていることを説かない宗教はすべて真実ではない。そしてその理由を説明しない宗教の教えはすべて不十分だ。私たちの宗教は、そのすべてを行う。「まことに汝《なんじ》は隠れています神なり(1)」

(1)「イザヤ書」第四五章一五節。パスカルは、親友ロアネーズ公の妹シャルロットに書き送った信仰指導の手紙「ロアネーズ嬢への手紙」四（一六五六年十月二十九日頃）でも、同じ章句を引いて、「隠れた神」の思想を展開している。それによれば、神は四種類の覆い、すなわち、自然、受肉したイエス・キリストの人性、聖体のパンとぶどう酒の外観、そして聖書の字義的意味のうちに「自らを隠そうとされた」という。

二四三　（ラ二四三／ブ六〇一）

〔私たちの信仰の基礎〕

異教(1)には〔今日では〕基礎がない。〔かつては異教にも、神託の言葉という基礎があったと言われる②。しかしそのことを私たちに保証する書物はいかなるものか。それらの書物は、著者たちが有徳だから、それほど信用に値するとでもいうのか。きわめて入念に保存されてきたので、改竄《かいざん》されたことが決してないとでも保証できるのか。」

マホメット教の基礎には、コーランとマホメットがある。しかし世界の最後の希望であるはずのこの預言者は、はたして予告されていたのか。そして彼は、預言者を自称しようとする人間なら誰でも持ち合わせているしるし以外の、どんなしるしをもっているのか。彼自身、どんな奇蹟を行ったと言っているのか。彼の教えとして伝承されていることに即して、どんな神秘を教えたというのか。どんな道徳とどんな幸福を③。

ユダヤ教は、聖者の伝承と民衆の伝承とでは、別様に眺めなければならない④。それが説く道徳とそれが目指す幸福は、民衆の伝承においては滑稽だが、聖者の伝承においては驚嘆すべきものだ。その基礎は驚嘆に値する。それは世界最古で最も真正な書物だ⑤。そしてマホメットは、自ら書物を存続させるために、それを読むことを禁じたが、モーセは反対に、自らの書物を存続させるために、万人にそれを読むことを命じた⑥。そしてあらゆる宗教は同様だ。なぜならキリスト教も、聖書と決疑論者⑦とでは、大きく異なるのだから。

私たちの宗教は、この上なく神聖だ。それと比べれば、もう一つの神聖な宗教⑧でさえ、その基礎しか持ち合わせていない。

（1） ここで異教というのは、多神教、とりわけ古代ギリシャ・ローマの多神教であり、以下に問題となる一神教、つまりユダヤ教、キリスト教、イスラム教とは区別される。
（2） 断章四三六では、古代ローマの巫女《みこ》シビュラの神託への言及がある。
（3） 断章二一八参照。
（4） 断章二八六は、ユダヤ人を「霊的な」人々と「肉的な」人々の二種類に分類しているが、「聖者」と「民衆」の区別はそれに対応する。「肉的なユダヤ人」は、地上の富しか愛さないと見なされているので、彼らの道徳と幸福観は滑稽だというのである。
（5） この主張は、断章四五一で展開されている。
（6） 「モーセは彼らに命じて言った。『〔……〕主の選ばれる場所にあなたの神、主の御顔《みかお》を拝するために全イスラエルが集まるとき、あなたはこの律法を全イスラエルの前で読み聞かせねばならない』」（「申命記」第三一章一〇―一一節）
（7） 決疑論は、信者の良心に生じた疑義を個々の事例に即して解決することを目標とする道徳神学の一分野。パスカルは、『プロヴァンシャル』において、イエズス会系の決疑論者たちを放任主義のかどで厳しく告発した。パスカルに言わせれば、彼らは、「肉的なキリスト教徒」（断章二八七）をはびこらせる元凶なのである。
（8） ユダヤ教のこと。

二四四 （ラ二四四／ブ二二八）

無神論者の反論

「しかし私たちにはいかなる光明もない」

〔ファイルＡ一九〕　律法は表徴的であった

「目次」では、「表徴としての律法」と略記されている。「表徴」(figure)とは、ある別のもの、とりわけより高次な現実を指し示すしるし、すなわち記号である。古代・中世の聖書解釈においては、霊的な現実を指示する可感的な形象であり、旧約聖書の伝える人物、行為、出来事、制度などは、キリストの到来によってやがて開示ないし実現される現実を予告していると考えられていた。神学用語としては、「予型」「予表」などと訳される。一方、「律法」は、ユダヤ教で、神から与えられた教えと戒めのことで、道徳律の他に、祭儀規定、社会法規、種々の勧告なども含む。広義には、旧約聖書の「創世記」、「出エジプト記」、「レビ記」、「民数記」、「申命記」の五書、いわゆる「モーセ五書」を指す。

二四五　（ラ二四五／ブ六四七）

律法は表徴的であった。(1)

（1）　原稿が残されているので、多くの版は独立した断章として扱っているが、写本ではタイトルとして掲げられている。ファイルＡ一三の解題参照。

二四六　（ラ二四六／ブ六五七）

表徴

ユダヤ民族とエジプト民族は、モーセが出会った二人の個人によって明らかに予告されている。エジプト人がユダヤ人を打ちすえるので、モーセはその仇《かたき》を討《う》ってエジプト人を殺すが、ユダヤ人は恩知らずである。(1)

（1）「出エジプト記」第二章一一―一五節。アウグスティヌスは、この挿話に次のような解釈を加えていた。「モーセは、神から命じられることなしにエジプト人を打ち殺したが、それは神から許容されたことだった。人物は、何か未来のことをあらかじめ意味するための、表徴だったのだから」（『ファウストゥス駁論《ばくろん》』第二二章七〇節）。パスカルにとって、問題の表徴があらかじめ意味しているのは、イスラエルのエジプトからの脱出ばかりでなく、それに引き続くイスラエルの神に対する忘恩、金の子牛の礼拝（「出エジプト記」第三二章）からイエス・キリストの断罪にいたる忘恩である。モーセがユダヤ人の忘恩を預言していたことについては、断章四五二参照。

二四七　（ラ二四七／ブ六七四）

表徴的なもの

山で示された型どおりに、すべてのものを作れ。①ユダヤ人たちは、それにもとづいて天上の事物を描いたと、聖パウロは述べている。②

（1）「出エジプト記」第二五章四〇節。シナイ山上で、神はモーセに、礼拝のための幕屋の建設を命じ、そのモデル（型）を示した。

（2）伝統的にパウロの作とされてきた「ヘブライ人への手紙」によれば、イエス・キリストは天において、「人間ではなく主がお建てになった聖所また真の幕屋で、仕えて」（第八章二節）いるが、ユダヤの祭司たちは地上で、「天にあるものの写しであり影であるものに仕えており、そのことは、モーセが幕屋を建てようとしたときに、お告げを受けた通りである。神は、『見よ、山で示された型どおりに、すべてのものを作れ』と言われた」（第八章五節）という。ここで「写し」ないし「影」と言われているものが、「表徴」に対応する。断章八二七参照。

二四八　（ラ二四八／ブ六五三）

表徴

預言者たちは、帯、焼けたひげと髪の毛などの表徴で預言していた。①

（1）「帯」については、「エレミヤ書」第一三章一―一一節、「焼けたひげと髪の毛」については、「エゼキエル書」第五章一―一七節を参照。

二四九　（ラ二四九／ブ六八一）

表徴的なもの

暗号の鍵[1]

まことの礼拝者たち[2]。見よ、世の罪を取り除く神の小羊だ[3]。

（1）「旧約聖書は暗号」（断章二七六）、すなわち暗号化されたテクストであり、新約聖書が解読の鍵となる。

（2）「まことの礼拝をする者たちが、霊と真理をもって父を礼拝する時が来る。今がその時である」（「ヨハネによる福音書」第四章二三節）

（3）洗礼者ヨハネは、「自分のほうへイエスが来られるのを見て言った。『見よ、世の罪を取り除く小羊だ』」（「ヨハネによる福音書」第一章二九節）。

二五〇　（ラ二五〇／ブ六六七）

表徴的なもの

剣、楯、「勇士よ」といったこれらの用語[1]。

（1）旧約聖書が、救世主に関して用いる言葉。「勇士よ、腰に剣《つるぎ》を帯びよ」（「詩編」第四四〔四五〕編四節）。この章句は、断章五九四で引用されている。

二五一　（ラ二五一／ブ九〇〇）

聖書の意味を解釈しようとして、それを聖書から取り出さない者は、聖書の敵である。アウグスティヌス『キリスト教の教え』(1)。

（1）この主張は、『キリスト教の教え』第三巻二七―二八章で展開されているが、表現は少し異なる。パスカルは、十七世紀前半の護教論者ジャン・ブシェが、その著書『キリスト教の勝利』（一六二八年）のある欄外注で、アウグスティヌスのテクストとして引用したラテン語の文をそのまま翻訳している（ミシェル・ルゲルンによる）。

二五二　（ラ二五二／ブ六四八）

二つの誤り。一、すべてを字義どおりに解すること。二、すべてを霊的に解すること。

二五三　（ラ二五三／ブ六七九）

表徴

イエス・キリストは彼らの精神の目を開いて、聖書の意味が理解できるようにされた(1)。

二つの主要な入口は以下の通り。一、すべてのものごとは表徴として彼らに到来した(2)。まことのイスラエル人(3)、まことの自由人(4)、天からのまことのパン(5)。

二、十字架に架けられるまでへりくだった神。⑥ キリストは栄光に入るために苦難を経《へ》なければならなかった。⑦ キリストは自らの死によって死に打ち勝つだろう。⑧ 二度の来臨。⑨

(1) 復活したイエスはエマオで二人の弟子に現れ、「モーセとすべての預言者から始めて、聖書全体にわたり、御自分について書かれていることを説明された」(「ルカによる福音書」第二四章二七節)。イエス・キリスト自身が、表徴的な聖書解釈の師だというのである。

(2) 「コリントの信徒への手紙 一」第一〇章一一節。ただし、新共同訳は、「表徴として」(tupikôs〔ギリシャ語原文〕、in figura〔ウルガタ〕)のところを、「前例として」と訳している。「彼ら」というのは、旧約時代のイスラエル人のこと。

(3) 「イエスは、ナタナエルが御自分のほうへ来るのを見て、彼のことをこう言われた。『見なさい。まことのイスラエル人だ。この人には偽りがない』」(「ヨハネによる福音書」第一章四七節)。「まことの」というのは、本当のこと(真理)とその表徴にすぎないものを区別するために用いられていると、パスカルは考えている。

(4) 「もし子があなたたちを自由にすれば、あなたたちは本当に自由になる」(「ヨハネによる福音書」第八章三六節)

(5) 「モーセが天からのパンをあなたがたに与えたのではなく、私の父が天からのまことのパンをお与えになる」(「ヨハネによる福音書」第六章三二節)

(6) 「フィリピの信徒への手紙」第二章八節。

(7) 「ルカによる福音書」第二四章二六節。

(8) ミサ通常文「御復活の序誦《じょしょう》」参照。

（9）　ファイル一八の断章二四一注（2）参照。

二五四　（ラ二五四／ブ六四九）

あまりに表徴的な解釈を施す著者たちに反駁《はんばく》すること。(1)

（1）　断章二一七参照。

二五五　（ラ二五五／ブ七五八）

神は、メシアを善人には知られ、悪人には知られないようにするために、次のような仕方でメシアを予告させた。もしもメシアのありさまが明瞭に予告されていたとすれば、悪人にとってさえ晦渋《かいじゅう》さはなかっただろう。もしも時が不分明に予告されていたとすれば、善人にとってさえ晦渋さがあっただろう。〔なぜなら彼らの心が善良だからといって〕たとえば閉じたメム(1)が六百年を意味することを理解することはできなかっただろう。しかし時は明瞭に、そしてありさまは表徴によって予告された。

この方法で、悪人は約束された幸福(2)を物質的なものと取り違えて、時が明瞭に予告されてもだまされるが、善人はだまされない。

なぜなら約束された幸福をどう理解するかは心次第であり、心は自分が愛するものを幸福と呼ぶが、約束された時の理解は心次第にはいかない。こうして時は明瞭に、幸福は晦渋に予告されるので、だまされるのは悪人だけだ。

（１）ヘブライ文字の字母の一つ。原稿では、ヘブライ文字で記されている。断章二七二参照。
（２）「幸福 biens」は、それを実現する条件と考えられる善、よいものでもある。

二五六　（ラ二五六／ブ六六二）

肉的なユダヤ人たちは、彼らの預言書で予告されているメシアの偉大さもへりくだりもともに分かっていなかった。彼らが、予告されたメシアの偉大さの姿を見そこなったのは、たとえば次のようなときだ。メシアはダビデの子であるにもかかわらずダビデの主であると彼が述べたとき。(1) また、自分はアブラハムが生まれる前から存在し、アブラハムを見たと述べたときなどだ。(2) 彼らは、彼の偉大さが永遠の存在の域に達するものだとは思いもしなかった。そして彼らはまた、彼のへりくだりと死においても彼を見そこなった。彼らはこう言っていた。メシアは永遠にとどまるというのに、この男は死ぬと言っている。(3) つまり彼らは、メシアを死すべきものとも、永遠のものとも思っていなかった。彼らが、メシアのうちに探していたのは、ただ肉的な偉大さだけだったのだ。

（1）「彼」は、イエスを指す。イエスは、ダビデの子についての問答をファリサイ人たちと交わしている。「マタイによる福音書」第二二章四一―四六節。
（2）「ヨハネによる福音書」第八章五六―五八節。
（3）「ヨハネによる福音書」第一二章三四節。

二五七　（ラ二五七／ブ六八四）

矛盾

よい顔立ちを作り出すためには、私たちのうちにあって対立する要素のすべてを調和させなければならない。相反する性質を一致させずに、一連の一致する性質だけを選び取るのでは不十分だ。ある著者の意味することを理解するためには、相反する章句のすべてを調和させなければならない。

こうして聖書を理解するにも、相反するすべての章句を調和させる一つの意味を見つけなければならない。多数の一致する章句に適合する意味では不十分だが、相反する章句をも調和させる意味があればよい。

あらゆる著者には一つの意味があり、それがすべての相反する章句を調和させる。さもなければまったく意味をなさないことになる。聖書と預言者たちについて、そんなことは言えない。そうであるには、あまりにも良識があるのだから。だからすべての対立点を調和させる一つの意味を探さなければならない。

したがって真実の意味は、ユダヤ人たちの理解していた意味ではない。しかしイエス・キリストにおいては、すべての矛盾が解消する。

ユダヤ人たちには、ホセアによって予告された王国と公国の支配権の断絶とヤコブの預言を調和させることはできないだろう。(1)

もしも律法、供犠《くぎ》そして王国を実在と解釈すれば、すべての章句を調和させることはできない。だからそれらは必然的に表徴だということになる。ある一人の著者の章句、ある一冊の書物の章句、さらに時にはある一章の章句さえ調和させられない場合があるだろう。それこそ、著者が意味していたことが何であったかを十二分に示している。それはたとえば、エゼキエルが、第二〇章で、人々が掟《おきて》によって生きると言いながら、他方、それによっては生きないと言っている場合である。(2)

(1)「イスラエルの人々は長い間、王も高官もなく、いけにえも聖なる柱もなく、エフォドもテラフィムもなく過ごす」(「ホセア書」第三章四節)。断章二五八参照。それに対して、ヤコブは、「創世記」で、「王笏《おうしゃく》はユダから離れず、統治の杖は足の間から離れない。ついにシロが来て、諸国の民は彼に従う」(第四九章一〇節)と預言している。断章二六三参照。

（2）「私は、彼らをエジプトの地から連れ出し、荒れ野に導いた。そして、彼らに私の掟を与え、私の裁きを示した。人がそれを行えば、それによって生きることができる」（「エゼキエル書」第二〇章一〇―一一節）。「私もまた、良くない掟と、それによって生きることができない裁きを彼らに与えた」（同章二五節）。断章二六三参照。

二五八　（ラ二五八／ブ七二八）

主なる神が選ばれた場所であるエルサレムの外で犠牲を捧げることは許されていなかった。よそで収穫の十分の一[1]を食べることさえ許されていなかった。「申命記」第一二章五節等。「申命記」第一四章二三節等、第一五章二〇節、第一六章二節、七節、一一節、一五節[2]。

ホセアは、イスラエルには、王も君主もなく、犠牲も偶像もないだろうと予告している[3]。それは今日成就《じょうじゅ》している。エルサレムの外で、掟《おきて》にかなった犠牲を捧げることはできないのだから。

（1）律法の規定によれば、ヘブライ人たちは、毎年、畑に種《たね》を蒔《ま》いて得る収穫物の中から十分の一を神のために取り分け、それを神の前、すなわち神が選んだ場所で食べることになっ

ていた。

（２）指示されている箇所では、いずれも「主なる神が選ばれた場所」での祭儀が問題になっている。

（３）「ホセア書」第三章四節。ここでパスカルが、「偶像」と記しているのは、「エフォドとテラフィム」と呼ばれているもの。それが正確に何を指すかについては諸説あるが、パスカルは神像と解している。

二五九（１）（ラ二五九／ブ六八五）

表徴

もしも律法と供犠《くぎ》が真理だとすれば、それは神に喜ばれこそすれ、疎《うと》まれるはずはない。だが表徴であるならば、喜ばれるとともに疎まれるはずだ。

ところが聖書の全体にわたって、律法と供犠は喜ばれるとともに疎まれている。聖書の言うところに従えば、律法は変更されるだろうし、供犠も変更されるだろう。彼らは、王も諸公も供犠も失い、新しい契約が結ばれ、律法は更新されるだろう。彼らが受け取った掟《おきて》はよいものではなく、彼らの供犠はおぞましく、神はそんなものは求めなかった。

しかし反対にこうも言われている。律法は永遠に存続するだろう。この契約は永遠で、供犠も永遠。王権が彼らのもとから去ることはない。なぜなら永遠の王が到来することなしに、去るはずはないのだから。

以上の章句すべて(2)が示しているのは、実在なのか。否《いな》。それでは表徴なのか。否。しかし実在か表徴かのいずれかである。しかし前段の章句によれば、実在性が排除されるので、表徴にすぎないことが示される。

以上の章句を合わせたすべてが実在を表現していることはありえない。しかしすべてが表徴の表現にはなりうる。したがってそれらは実在ではなく、表徴の表現だ。

「小羊は天地創造の時から屠《ほふ》られた」(3)。「常供《じょうく》の燔祭《はんさい》」(4)

(1) 前断章と同じ紙片に記されており、セリエ版とルゲルン版は同一の断章として扱っている。最後の二段落以外は、口述原稿であり、パスカルの筆跡ではない。

(2) それぞれの章句とその典拠については、断章二六三および四五三参照。供犠については、本断章の末尾にも引用がある。

(3) 「ヨハネの黙示録」第一三章八節。新共同訳は次のように訳している。「地上に住む者で、天地創造の時から、屠られた小羊の命の書にその名が記されていない者たちは皆、この獣を拝むであろう。」パスカルはウルガタに依拠して、小羊すなわちキリストの犠牲が「天地創造の時」にさかのぼると解釈している。

(4) 預言者ダニエルは、預言者エゼキエルの語る「日ごとの焼き尽くす献げ物」(「エゼキエル書」第四六章一三節)、すなわち「常供の燔祭」が廃止されることを預言している(「ダニエル書」第一二章一一節。同第八章一一節、第一一章三一節も参照)。

二六〇　（ラ二六〇／ブ六七八）

表徴

律法と供犠《くぎ》が実在であるか表徴であるかを知るためには、預言者たちがこれらの事柄を語るときに、はたして彼らの視線と思いをそこにとどめて、ただそこに、この古い契約を見ていただけなのか、それとも何か他のもの、それに比べれば、古い契約がその写し絵にすぎないような何ものかを見ていたのではないかについて、検討してみなければならない。なぜなら肖像画の中に私たちが見ているのは、写し出された像のもととなる実物なのだから。そのためには預言者たちが語っていることを吟味しさえすればよい。

彼らが、律法は永遠だと言うとき、彼らが語ろうとしているのは、律法の変更が云々《うんぬん》されるときに問題となる契約なのだろうか。供犠についても同様である、云々。

肖像画には、不在と現存、快と不快が同居している。実在は不在と不快を取り除く。(1)

暗号には二つの意味がある。一通の重要な手紙を横取りしたとする。そこには明らかな意味が読みとれる。それなのに、その意味は覆われて不分明になっている、それは隠されていて、文面を見ても読めない、聞いても分からないようにされていると言われた(2)

ら、それは二重の意味をもった暗号だとしか考えようがないではないか。いわんや字義どおりの意味に解すると、明白な矛盾が生ずるとすればなおさらだ。預言者たちは明白な言い方で、イスラエルはいつまでも神に愛され、律法は永遠に続くと述べている。それなのに、彼らは、自分たちの真意は理解してもらえない、それは覆いを掛けられていると述べているのだ。

だからこの暗号を解き明かし、隠れた意味を知る術《すべ》を教えてくれる人々は、どれほど尊敬に値することか。とりわけ解読の原理がいかにも自然で明白な場合はなおさらだ。それこそ、イエス・キリストと使徒たちが行ったことだ。彼らは封印を解いた。覆いを破って、真意をあらわにした。そのために彼らは私たちにこう教えた。人間の敵は自分自身の情念であり、贖《あがな》い主《ぬし》は霊的な存在であり、その支配も霊的な支配だ。二度の来臨があり、最初は思い上がった人間をへりくだらせるためのみじめな来臨であり、次は、へりくだった人間を高めるための栄光の来臨だ、そしてイエス・キリストは神であり人である、と。

（1）紙片の上部の余白に後から記されたメモ。
（2）イザヤの頑迷預言（「イザヤ書」第六章一〇節）を踏まえた主張。断章二二八注（4）参照。

二六一　（ラ二六一／ブ七五七）

最初の来臨の時機は意図して予告されたが、二度目の来臨の時機は予告されていない。それは、最初の来臨は隠されていなければならなかったが、二度目の来臨は光り輝き、敵でさえもそうと認めざるをえないほど明白であるに違いないからだ。しかし、彼は隠れた姿で、聖書をくまなく探る人々にしか知られないように到来しなければならなかったので……⑴

（1）断章はここで途切れている。「彼」はイエス・キリストを指す。

二六二　（ラ二六二／ブ七六二）

彼の敵であるユダヤ人たちは、どうすることができたのか。

もし彼を受け入れれば、そのことによって、彼がメシアであることを証明する。なぜならメシアを待ち望む伝承を託された人々が彼を受け入れたのだから。そしてもしも拒絶するのなら、そのことによって、やはり彼がメシアであることを証明する。⑴

（1）なぜなら、一方では、ユダヤ人たちがイエスを拒絶することは預言されていたし、他方では、メシアを拒絶してキリスト教徒と敵対しながら、預言そのものは信じつづけることで、預言の信憑性《しんぴょうせい》を裏付けることになるから。この意味で、ユダヤ人は、「非の打ちどころのない証人」（断章四八八）である。断章五〇二、五九三、五九四、七九三参照。

二六三　（ラ二六三／ブ六八六）

矛盾

王笏《おうしゃく》はメシアにいたるまで。王も君主もなく。①

永遠の律法、変更される。②

永遠の契約、新しい契約。③

よい律法、悪い掟《おきて》。「エゼキエル書」第二〇章。④

（1）「王笏はユダから奪われず、統治者もその子孫から奪われることはない。ついに遣わされるはずの者が到来するまでは。彼こそは諸国の民が待ち望む者」（「創世記」第四九章一〇節）。ヤコブが死の床《とこ》で述べた預言の一節。ウルガタによる。パスカル自身、この章句を断章四八三で翻訳している。しかし「ホセア書」の章句「イスラエルには、王も君主もなく、犠牲その他、偶像もないだろう」（第三章四節）は、それと一見矛盾している、というのである。断章二五八参照。

（2）律法が、「代々《よよ》にわたって守るべき」（「レビ記」第七章三六節）永続的な定めだという教えは、「モーセ五書」とりわけ「レビ記」にしばしば見られる（たとえば、第六章一五節、第七章三四節、第一〇章一五節等）。それに対して、断章四五三が引用する聖書の章句の多くは、律法がメシアの到来によって変化することを予告している。

（3）「私は、あなたとの間に、また後に続く子孫との間に契約を立て、それを永遠の契約とする」（「創世記」第一七章七節。神がアブラハムに述べた言葉。ウルガタによるラテン語訳が断章七九九で引用されている）。これに対して、エレミヤは一見反対の預言を行う。「見よ、私がイスラエルの家、ユダの家と新しい契約を結ぶ日が来る、と主は言われる」（「エレミヤ書」第三一章三一節）

（4）律法は、神からモーセに与えられたものであるから、よいものであることに間違いはない。しかしその同じ神が、「エゼキエル書」でこう述べている。「私もまた、良くない掟と、それによって生きることができない裁きを彼ら〔イスラエル人〕に与えた」（第二〇章二五節）。以上のさまざまな「矛盾」は、聖書の中に水準の異なる二つの意味――肉的な意味と霊的な意味――が共存していることに由来し、矛盾の解消は、聖書の「表徴的な」読解によって果たされると、パスカルは考えている。

二六四　（ラ二六四／ブ七四六）

ユダヤ人たちは壮大で華々しい奇蹟に慣れ親しんでいた。こうして彼らは、紅海やカナンの地での大変事（1）を、自分たちのメシアがなす偉業の縮図だと考えていたので、メシアからはもっと華々しい奇蹟を期待していた。それに比べれば、モーセの奇蹟は見本にすぎないというのである。

（1）　モーセがユダヤの民を率いて紅海を渡ったこと（「出エジプト記」第一四―一五章）、および神によってアブラハムに約束された（「創世記」第一七章八節）カナンの土地を、モーセの後継者のヨシュアが征服したこと。「ヨシュア記」には、ヨシュアの行ったさまざまの奇蹟が伝えられている。

二六五　（ラ二六五／ブ六七七）

表徴には、不在と現存、快と不快が同居している。

暗号には二重の意味がある。[1] 明瞭な意味と、そこでは意味が隠されていると言われる意味。

（1）「二重の意味をもった暗号」と読むこともできる。

二六六　（ラ二六六／ブ七一九）

もしかしたらこんな風に考えることも可能かもしれない。預言者たちが、王笏《おうしゃく》は永遠の王の到来までユダから去ることはないと予告した[1]のは、民衆のご機嫌を取るためであり、彼らの預言はヘロデの到来によって偽りであることが判明したのだ、と。(2) しかしそれが彼らの真意ではなく、反対に彼らが、この地上の王国が断絶することを知っていたことを示すために、彼らはこう述べるのだ。「彼らは、王も君主もなく過ごすだろう。それも長い間。」「ホセア書」(3)

（1）　断章二六三注（1）参照。

（2）　ヘロデ大王（在位前三七―後四年）は、外国人としてはじめてユダヤの王となった（アウグスティヌス『神の国』第一八巻四五章参照）。しかし彼はメシアではないので、預言は間違っているというのである。

（3）　第三章四節。断章二五八および二六三参照。

二六七　（ラ二六七／ブ六八〇）

表徴

この秘密がいったん明らかにされれば、それを見ないわけにはいかない。このまなざしで旧約聖書を読み、見てみるがよい。はたして、供犠《くぎ》は真実であったのか、アブラハムの子孫であることは神の愛を受ける真の原因であったのか、約束の土地は真の休息の場所であったのか。否《いな》。だからそれらは表徴だったのだ。

同様に、命じられた祭儀のすべて、愛を目指さないすべての掟《おきて》を吟味してみるがよい。

それらも表徴であるのが分かるだろう[1]。

したがって、これらの供犠と祭儀のすべては、表徴か愚行である。ところが愚行と見なすには、あまりにも高尚でしかも明瞭な事柄がある。

預言者たちは、その視線を旧約聖書に限っていたのか、それともそこに他のものを見ていたのか。

（1）「愛にいたらないものは、すべて表徴である」（断章二七〇）。個々の事例については、断章四五三参照。

二六八　（ラ二六八／ブ六八三）

表徴

「文字は殺す[1]」

「すべては表徴として到来した[2]」

「イエス・キリストは苦しみを受けなければならなかった[3]」

へりくだる神。以上が、聖パウロが私たちに与える暗証だ。

心の割礼、真の断食、真の供犠《くぎ》、真の神殿。預言者たちの指示するところでは、これらすべては霊的でなければならない[4]。

「朽ちる食べ物ではなく、朽ちることのない食べ物[5]」

――――

あなたがたは本当に自由になるだろう[6]。だからもう一つの自由は、自由の表徴にすぎない。

――――

「私は、天からのまことのパンである[7]」

（1）「文字は殺しますが、霊は生かします」（「コリントの信徒への手紙 二」第三章六節）

（2）「コリントの信徒への手紙 一」第一〇章一一節。断章二五三注（2）参照。

（3）「ルカによる福音書」第二四章二六節、「使徒言行録」第一七章三節。断章二五三参照。

（4）断章四五三参照。

（5）「朽ちる食べ物のためではなく、いつまでもなくならないで、永遠の命に至る食べ物のために働きなさい。これこそ、人の子があなたがたに与える食べ物である」（「ヨハネによる福音書」第六章二七節）。パスカルにとって、「朽ちることのない食べ物」とは、聖体拝領で信者が与《あずか》るイエス・キリストの肉である。

（6）「ヨハネによる福音書」第八章三六節。

（7）「ヨハネによる福音書」第六章三二、五一節。

二六九　（ラ二六九／ブ六九二）

ダビデが、メシアはおのれの民をその敵から解放すると予告したとき、肉的な見方からすれば、それはエジプト人からの解放だと、考えることができる。そうだとすれば、預言が成就《じょうじゅ》したことを示すことはできない。しかしまた、それは罪からの解放だと考えることもできる。なぜなら真実に即して言えば、エジプト人は敵ではないが、罪はそうなのだから。

だから、この敵という語は曖昧《あいまい》だ。しかし彼が他の場所で、(1)イザヤをはじめとする預言者たち(2)と一致して述べているように、メシアはおのれの民をその罪から解放するというのなら、曖昧さは取り除かれ、敵に含まれる二重の意味は、罪という単純な意味に引き戻される。じっさい、彼が罪のことを考えていたのなら、それを敵という語で表示することができるが、敵のことを考えていたのなら、罪という語でそれを指示することはできなかったはずだ。

しかるにモーセとダビデとイザヤは、同じ用語を用いていた。そうだとすれば、彼らが同じことを意味していないと言えるだろうか。また、敵の語がダビデにおいては明らかに罪を意味していたのに、それと同じことが、モーセには当てはまらないなどと言えるだろうか。

ダニエルは、第九章で、捕囚の民がその敵から解放されるように祈っている。しかし彼が考えていたのは罪のことだった。そしてそのことを示すために、ガブリエルが彼のところにやってきて、おまえの願いは聞き届けられた、あと七十週待つだけだと告げたと、述べている。その後、民は不義から解放され、罪は終わりを告げ、聖の聖なるものである解放者がとこしえ[3]の正義、律法の正義ではなくとこしえの正義をもたらすだろう[4]。

人間の唯一の敵は、自分たちを神から遠ざける欲心であって、〔……〕[5]ではなく、唯一の善は神であって、豊かな土地ではないことが、よく分かっている人々がいる。人間の善は肉体のうちにあり、悪は官能の快楽から人間を遠ざけるもののうちにあると信ずる者たちは、快楽に酔いしれ、そのさなかで死ぬがよい。しかし心を尽くして神を求め、神を見られないことだけを悲しみ、神を所有することだけを望み、神から遠ざけるものだけを敵と見なし、そのような敵に取り囲まれ支配されていることを嘆く者たちは、慰められるがよい。私は彼らに喜ばしい知らせを告げる。彼らには一人の解放者がいる。

その姿を見せてあげよう。彼らに一人の神がいることを示してあげよう。他の者たちには見せてやらない。私が見せようとするのは、敵からの解放のために一人のメシアが約束されたこと、一人のメシアが到来したが、それは敵からではなく、不義からの解放のためだということだ。(6)

（1）「主は、イスラエルをすべての罪から贖《あがな》ってくださる」(「詩編」第一二九〔一三〇〕編八節)。「彼」はダビデを指す。
（2）「イザヤ書」における神のイスラエルに向けた言葉。「私、この私は、私自身のために、あなたの背きの罪をぬぐい、あなたの罪を思い出さないことにする」(第四三章二五節)。他の預言者としては、たとえばダニエルを挙げることができる。「ダニエル書」第九章二〇―二四節参照。
（3）原稿では下線が引かれている。
（4）ここで言及されている「ダニエル記」のテクストを、パスカルは自分自身で翻訳し、注釈を加えている(断章四八五)。
（5）この部分は判読困難。「軍隊」「敵軍」という読みが提案されている。
（6）この段落は、原稿では、最初に記されており、写本をはじめとして断章の冒頭に置く版が多数である。ただしトゥルヌール版とセリエ版は、左の余白に順序の変更を示すとおぼしい記号が付されていることに注目して、末尾に送っている。

二七〇　（ラ二七〇／ブ六七〇）

表徴

ユダヤ人たちは次のような考えを抱いたまま年老いていった。神は、彼らの父祖アブラハムとその肉、[1]そしてそこから生まれた子孫を愛し、そのために彼らの数を増し加え、他のすべての民族から分離し、混ざり合うことをお許しにならなかった。彼らがエジプトで苦しんでいたときには、彼らのために大いなるしるしを現わして、そこから救い出し、荒野にあっては食べ物としてマナを与え、やがて豊かな土地に導きいれて、彼らに王と荘厳な神殿を与え、彼らが神殿で獣をいけにえとして捧げ、獣が流す血によって清められるように取り計らわれた。そして最後に神は、彼らを全世界の支配者にすべく、メシアを派遣されるはずであり、その到来の時機を予告された。

世界がこのような誤りのうちに年老いたとき、イエス・キリストが予告どおりの時機に到来したが、そこに期待された輝きはなかった。こうして彼らは、それが彼だと思わなかった。[2]彼の死後、聖パウロが到来して、人々に教えた。これらすべてのことは表徴として起こったのであり、[3]神の国は肉のうちにではなく、霊のうちにある。[4]人間の敵はバビロン人ではなく、自分自身の情念であり、神のお気に召すのは、人の手になる神殿ではなく[5]、清らかで謙遜《けんそん》な心だ。肉体の割礼は無用であり、心の割礼が必要だ[6]。モーセが彼らに与えたのは天からのパンではない[7]、等々。

しかし神は、これらの事柄をこの民に開示されようとはしなかった。彼らがそれに値しなかったからだ。それでも、それらを信じる手掛かりを与えるために予告しておこう[8]とされた。そこで、その時機を明瞭に予告し、ときには事柄自体も明瞭に、しかし表徴を豊かに用いて表現された。それは、表徴するものを愛する人々は表徴にとどまり、表徴される実物を愛する人々は、表徴のうちに実物を見るようにするためだった。

愛にいたらないものは、すべて表徴である[9]。

聖書の唯一の目標は、愛である[10]。

唯一の善にいたらないものは、すべてその表徴である。じっさい、目的は一つしかないのだから、文字どおりの言葉遣いでそこにいたらないものは、すべて表徴である。

神はこうして唯一の掟《おきて》である愛に多様な姿を与え、私たちの好奇心を満足させられる。好奇心は多様性を求めるので、私たちを唯一の必要なものにつねに導くこの多様性を利用されるのだ。なぜなら、必要なものはただ一つだが⑪、私たちは多様性を好むからだ。そして神は、この唯一必要なものに導いてくれる多様性によって双方を満足させられる。

ユダヤ人たちは、表徴するものをあまりにも愛し、それをあまりにも強く待ち望んだので、実在が予告どおりの時機と様態で到来したときに、それを見そこなってしまった。

ラビたちは、花嫁の乳房⑫を表徴と解し、また彼らの唯一の目的である現世の幸福を現わさないものを、すべて表徴と解する。

そしてキリスト教徒は、聖体拝領でさえ、彼らが目指す栄光⑬の表徴と解する。

(1) 旧約聖書において、「肉」は、夫婦や親子のような近親関係にある者を指すことがある。「創世記」第二章二三節、「サムエル記下」第五章一節等。

(2) 「彼は軽蔑すべきものに思われ、私たちには彼が誰だか分からなかった」(「イザヤ書」第五三章三節、「サシ訳」〔ポール・ロワイヤルの隠士で、パスカルとも対話を交わしたルメー

トル・ド・サシの手になる仏訳聖書」による)

(3)「コリントの信徒への手紙 一」第一〇章一一節。断章二五三および二六八参照。

(4)「ローマの信徒への手紙」第八章、とくに八―九節。「肉の支配下にある者は、神に喜ばれるはずがありません。神の霊があなたがたの内に宿っているかぎり、あなたがたは、肉ではなく霊の支配下にいます」

(5)「イエス・キリストは、まことのものの表徴にすぎない、人間の手で造られた聖所にではなく、天そのものに入った」(「ヘブライ人への手紙」第九章二四節、「サシ訳」による)。新共同訳では、「表徴」のところは、「写し」となっている。

(6)「外見上のユダヤ人がユダヤ人ではなく、また、肉に施された外見上の割礼が割礼ではありません。内面がユダヤ人である者こそユダヤ人であり、文字ではなく、〝霊〟によって心に施された割礼こそ割礼なのです」(「ローマの信徒への手紙」第二章二八―二九節)

(7)「モーセが天からのパンをあなたがたに与えたのではなく、私の父が天からのまことのパンをお与えになる」(「ヨハネによる福音書」第六章三二節)

(8)「予告する prédire」のところは判読困難で、「作り出す produire」と読む版もある。

(9)「洗礼志願者が聖書正典の中から読み聞かせてもらうことのうち、永遠と真理と聖性への愛、および隣人への愛に関連づけられないことがあれば、それは表徴として語られるか行われるかしていると信ずるがよい」(アウグスティヌス『入門者の指導』第二六章五〇節)

(10)「聖書は愛以外の何も命じていない」(アウグスティヌス『キリスト教の教えについて』第三巻一〇章)

(11)「ルカによる福音書」第一〇章四二節。

(12) 旧約聖書の「雅歌」の中で、「花婿」が「花嫁」に捧げる歌の一節。「乳房は二匹の小鹿。ゆりに囲まれ草をはむ双子のかもしか」(第四章五節)

(13) 天上で永遠のうちに神と結ばれた者が味わう至福のこと。

二七一　(ラ二七一／ブ五四五)

イエス・キリストがなしたことは、ほかでもない、人々にこう教え諭すことだった。人間は自分自身を愛して、隷属、盲目、病《やまい》、不幸、罪に陥っている。そういう彼らを解放し、開眼させ、幸せにし、癒《いや》さなければならないが、その実現は自分自身を憎み(1)、苦難と十字架の死の道を、イエス・キリストに随《したが》って歩むことによってなされる。

(1) 断章二二〇参照。

二七二　(ラ二七二／ブ六八七)

表徴

神の言葉は真実である。字義どおりに取ると偽りなら、それは霊的に真実なのである(1)。「私の右に座せ(2)」というのは、字義どおりには偽りだ。だから霊的に真実だ。

このような表現においては、神について、あたかも人間であるかのように語られる。

それが意味しているのは、ほかでもない、人々が自分の右手に誰かを座らせようとする際に抱いている意図を、神も抱くだろうということである。それはだから、神の意図の表明であって、その実行の仕方の表明ではない。

同様のことは、次の言葉にも当てはまる。「神はあなたの香《こう》のかおりを受け入れられ、その報いに豊かな土地を与えられる。③」すなわち、ある人間があなたの香を喜んで受け入れ、報いとして豊かな土地をあなたに与えるのと同じ意図がある。ある人が香を捧げる相手に抱いているのと同じ意図を、あなたが神に抱いたので、神もあなたに対して同じ意図を抱くだろうというのだ。

「激しく怒った④」、「妬《ねた》む神⑤」なども同様だ。なぜなら神の事柄は表現できないので、他のやり方では言い表わせないからだ。そして教会は今日でもそういう言葉遣いをしている。「主はあなたの城門のかんぬきを堅固《けんご》にした⑥」云々《うんぬん》。

聖書にはこんな意味があると、聖書自体が啓示していない意味を、聖書に付与してはならない。たとえば、イザヤの「メム」が六百を意味しているということは、啓示されていない⑦。「ツァデ」と欠落した「へ」が神秘を意味しているとも言われていない⑧。だからそのように言うことは許されない。いわんや、哲学者の石⑨になぞらえるなど論外だ。

しかし私たちは、字義的意味が真の意味ではないと主張する。それは、預言者たちが自らそう言っているからだ。

（1）『プギオ・フィデイ』（断章二七七参照）を公刊したジョゼフ・ド・ヴォワザンは、序文で次のように述べている。「聖アウグスティヌス『嘘《うそ》について』の第一〇章の指摘によれば、聖書の中で字義的には偽りのことは、玄義の表徴としては真実である」

（2）「わが主に賜《たまわ》った主の御言葉《みことば》。『私の右の座に就くがよい』」（「詩編」第一〇九〔一一〇〕編一節）

（3）聖書にその通りの章句はないが、類似の表現としては、「創世記」第八章二一節が挙げられる。

（4）「主は御自分の民に向かって激しく怒り、御手《みて》を伸ばして、彼らを撃たれた」（「イザヤ書」第五章二五節）

（5）「私は主、あなたの神、強くまた妬む神である」（「出エジプト記」第二〇章五節）。新共同訳は、「熱情の神」としている。

（6）「エルサレムよ、主をほめたたえよ。シオンよ、あなたの神を賛美せよ。主はあなたの城門のかんぬきを堅固にし、あなたの中に住む子らを祝福してくださる」（「詩編」第一四七編一二―一三節）

（7）ヘブライ文字の「メム」は、語末では特別な字体（閉じたメム）を取る。また各字母は数字としても用いられたが、「閉じたメム」は六百を表わした。ところで「イザヤ書」第九章六―七節（新共同訳では、第九章五―六節）は、伝統的にメシアに関する預言と解されてきたが、その章句「ひとりのみどりごが私たちのために生まれた。ひとりの男の子が私たちに与えられた。権威が彼の肩にある。〔……〕権威は増し、平和は絶えることがない」において、慣例に反して、ある語の語中に「閉じたメム」が出現する。それを根拠にして、『プギオ・フィデイ』は、メシアが処女から生まれ、その誕生は、預言の時から数えて六百年後であるという解釈を打ち出していた。パスカルは、このような解釈に反対している。なお原稿では、「メム」はヘブライ文字で記されている。

（8）「ツァデ」も「へ」もヘブライ文字であるが、前者は「メム」と同じく語末で特別な形を取る。後者は語末において記されないことがある。そこから、これらの文字にさまざまな秘教的な解釈が加えられることになった。ここでも、原稿ではヘブライ文字が使われている。

（9）卑金属を金に変える力をもつとされ、錬金術師が探し求めた石。ヘブライ文字の錬金術的な解釈は、十七世紀においては、たとえばイギリスの医師・思想家であるロバート・フラッドに見られるという。

二七三　（ラ二七三／ブ七四五）

信心がもてない人たちは、その理由を、ユダヤ人たちが信じていないことに求める。「もしそれがそんなに明らかだというのなら、どうして彼らは信じないのだ」などと、まるでユダヤ人に信じてほしいと言わんばかりの口ぶりだ。そうすれば、彼らが拒絶しているという前例に妨げられることもないというのだ。しかし彼らの拒絶こそ、私たちの信仰の基礎なのだ⑴。もしも彼らが私たちの仲間であれば、私たちの信ずる気持ちはずっと弱まり、信じない口実ははるかに増えるだろう。

驚嘆すべきは、ユダヤ人を予告された事柄の大いなる愛好者とするとともに、その成《じょう》就《じゅ》の大敵としたことだ。

⑴ 断章二六二参照。

二七四 （ラ二七四／ブ六四二）

旧約と新約を同時に証明する

両者を一挙に証明するには、一方の預言が他方において成就《じょうじゅ》しているかどうかを見てみるだけで十分だ。

預言を検討するためには、それを理解しなければならない。

じっさい、それに一つしか意味がなければ、メシアが到来していないのは確かだ。しかし二つの意味があるのなら、イエス・キリストにおいてメシアが到来したのは確かだ。

だからすべては、預言に二つの意味があるかどうかにかかっている。

聖書には、イエス・キリストと使徒たちが与えた二つの意味がある。

その証拠は以下の通り。

一、聖書自体による証拠。
二、ラビによる証拠。モーセ・マイモニデスによれば、聖書には二つの証明された顔があり、預言者の預言はただイエス・キリストに関わる。①
三、カバラ②による証拠。
四、ラビたち自身が聖書に与える神秘的解釈による証拠。
五、ラビたちが採用する原理による証拠。すなわち二つの意味があること、メシアの来臨には、彼らの功徳《くどく》に応じて、栄光の来臨と汚辱《おじょく》の来臨の二つがあること、預言者の預言はただイエス・キリストに関わること、律法は永遠ではなく、メシアの到来時に変更されるであろうこと、その暁には、紅海の故事はもはや思い出されないであろうこと、③ユダヤ人と異邦人は入り混じるであろうこと。
〔六、イエス・キリストと使徒たちが私たちに与えてくれた鍵による証拠。〕

（1）『プギオ・フィディ』（断章二七七参照）には、マイモニデスの次の一節が引かれている。「預言者たちについては、証明の必要はない。なぜなら彼らの書物はすべて、このこと〔＝メシア〕について語っているのだから。」マイモニデス（一一三五―一二〇四）は、中世ユダヤ教の賢者、哲学者、医者。哲学的主著は、『迷える人々の導き』。ユダヤ教法規〈ハラハー〉を整理統合して『ミシュナー注解』『ミシュネー・トーラー』を著した。
（2）ユダヤ教の神秘主義的な潮流。「トーラー」（モーセ五書に集約される「律法」）の神秘的な解釈を展開した。

（3）断章二七五参照。

二七五（ラ二七五／ブ六四三）

Ａ　表徴[1]

「イザヤ書」第五一章[2]、贖《あがな》いの映像としての紅海。

「人の子の罪を赦《ゆる》す権威ある事を、知らせんために、汝《なんじ》に告ぐ、起きよ[3]」

神は、目に見えない神聖さを備えた聖なる民を形づくり、とこしえの光栄で満たせることを示そうとして、目に見える事物を作った。自然は恩恵を象《かたど》っているので、神は恩恵の領域で行うはずの善を、自然の領域で行った[4]。それは、目に見えることを成しとげたのだから、神には、目に見えないこともできるはずだと、人々に分からせるためだった。

こうして神は、みずからの民を洪水から救い、アブラハムから生まれさせ、敵の手から買い戻し、安息の地を与えた。

神の目標は、人を洪水から救い、ある民族をアブラハムから生まれさせて、たんに豊かな土地に導きいれることではなかった。

――

そして恩恵でさえ、栄光の表徴にすぎない。⑤ 恩恵は最終目標ではないのだから。それは、律法によって表徴され、それ自体は〔栄光〕⑥を表徴する。しかし恩恵は栄光の表徴であり、そしてその原理ないし原因でもある。⑦

――

普通の人々の生き方は、聖者の生き方と変わらない。どちらも等しく自らの満足を求める。⑧ 異なるのは、満足をどこに置くか、その目標だ。人々は、目標の妨げとなるものを敵と呼ぶ。だからこそ神は、目に見える善を支配していることを示して、目に見えない善を支配していることを示したのだ。

（1）原稿が記された紙片の裏面に、パスカルの筆跡で、おそらくタイトルとして書き込まれたメモ。

（2）イザヤは、ユダヤの民がバビロン捕囚から解放されて祖国シオンに帰還することを、その祖先がモーセに率いられてエジプトを脱出した故事、とりわけ紅海渡渉の奇蹟に重ね合わせて、こう歌っている。「海を、大いなる淵《ふち》の水を干上がらせ、深い海の底に道を開いて、贖われた人々を通らせたのは、あなたではなかったか。主に贖われた人々は帰って来て、喜びの歌をうたいながらシオンに入る。頭《こうべ》にとこしえの喜びをいただき、喜びと楽しみを得、嘆きと悲しみは消え去る」(一〇―一一節)。なお使徒パウロは、紅海渡渉にさらに表徴的な解釈を施している。「私たちの先祖は皆、雲の下におり、皆、海を通り抜け、皆、雲の中、海の中で、モーセにおいて洗礼を授けられました。〔……〕しかし、彼らの大部分は神の御心《みこころ》にかなわず、荒れ野で滅ぼされてしまいました。これらの出来事は、私たちに関わる表徴として起こったのです。彼らが悪をむさぼったように、私たちが悪をむさぼることがないように」(「コリントの信徒への手紙 一」第一〇章一―六節。ウルガタによる。新共同訳では、「私たちに関わる表徴」は、「私たちを戒める前例」となっている)

(3)「マルコによる福音書」第二章一〇―一一節。中風患者の癒《いや》しの逸話。

(4) パスカルの世界観の根幹をなす考え方で、パウロに由来する。「世界が造られたときから、目に見えない神の性質、つまり神の永遠の力と神性は被造物に現れており、これを通して神を知ることができます」(「ローマの信徒への手紙」第一章二〇節)。パスカル自身、青年時代の手紙の中で、類似の思想を記している。「物体的な事物は、霊的な事物を象っているにすぎず、神は目に見える事物のうちに、見えない事物を表象されたのです」(一六四八年四月一日付)

(5)「栄光」については、断章二七〇注(13)参照。

(6) 原稿には、「恩恵」と記されているが、明らかに書き違いであり、各版とも、「栄光」と改めている。

(7) 律法、恩恵、栄光は、前者が後者の表徴の関係にあるが、恩恵にはさらに栄光を実現する効力がある。なぜならモーセの律法はキリストの恩恵を表徴しても、それを生み出す力はないのに対して、恩恵は信者に栄光に与《あずか》ることを可能にするからである。

（8）パスカルの人間観を構成する基本原則の一つ。『プロヴァンシャル』第一八信は、アウグスティヌスを引用して、こう述べている。「意志は、自分の最も気に入るものにしか向かわない」

二七六　（ラ二七六／ブ六九一）

愚かしいおとぎ話をする人が二人いて、一方はカバラで説明される二重の意味を心得ているが、他方はこの一つの意味しか考えていない。もしも誰かが、真相を知らずに、二人がそのように話しているのを耳にすれば、彼は二人に同じ判断を下すだろう。しかしさらに進んで、話の残りの部分で、一方が天使的な事柄を語り、他方が相変わらず平板で卑俗な事柄を語りつづけるとすれば、一方の語りは神秘的だが、他方はそうでないと判断するだろう。一方は、そんなばか話はできないけれど神秘は語れるのに対して、他方は、神秘は語れないけれどばか話ならできることを、十分に示したのだから。

旧約聖書は暗号である。

〔ファイルＡ二〇〕　ラビの教え

ラビはユダヤ教の教師、「ラビの教え」は、ラビたちによって編纂《へんさん》されたユダヤ教の口伝律法《くでんりっぽう》の集大成。モーセがシナイで神から授かったトーラー（教え、律法）には、〈成文律法〉と口頭で伝達された〈口伝律法〉があり、前者は、旧約聖書の最初の五つの書、いわゆる「モーセ五書」によって伝えられ、ユダヤ教のみならずキリスト教の教えとなったが、後者は、ユダヤ教に独自の教えである。パスカルは、キリスト教と対立するはずのラビの教えのうちに、キリスト教の真理性を裏付ける主張を見出そうとする。

二七七　（ラ二七七／ブ六三五）

ラビの教えの年代

引用頁は、『プギオ[1]』の書による。

二七頁、

ラビ・ハカドシュ。
『ミシュナー』[2]または「口伝律法」、
または「第二の律法」の著者(二〇〇年)。

『ミシュナー』の注解
一つは、『シフラ』
(『ミシュナー』の一つの注解)
『バライェトート』
『エルサレム・タルムード』[3]
『トシフトート』
三四〇年

『ベレシト・ラバ』ラビ・オサイア・ラバ著、『ミシュナー』の注解、
『ベレシト・ラバ』『バル・メコニ』は、緻密《ちみつ》で、読むに心地よく、歴史的かつ神学的な論考である。この同じ著者が、『ラボ』と呼ばれる書物を作った[4]。

『エルサレム・タルムード』より百年後に、『バビロニア・タルムード』がラビ・アセによって作られた。これは、全ユダヤ人の全員一致によって作られたもので、ユダヤ人

はそこに含まれる内容をすべて遵守《じゅんしゅ》しなければならない。四四〇年。
ラビ・アセの増補は、『ゲマラ』すなわち『ミシュナー』の注解と呼ばれる。
そして『タルムード』は、『ミシュナー』と『ゲマラ』の双方を含んでいる⑤。

(1)『イスラム教徒とユダヤ教徒に向けた信仰の懐剣《プギオ・フィディ》』と題する異教徒反駁《はんばく》の書。カタロニアのドメニコ会士レモン・マルタンによって十三世紀に書かれた。印刷本としては、ジョゼフ・ド・ヴォワザンの注解を付した版が、一六五一年にパリで出版された。本断章は、ヴォワザンの序文の第一三章と第一七章の抜書きである。

(2)ユダヤ教の口頭伝承の集成。二〇〇年頃に編纂《へんさん》された。主として、ユダヤ人の宗教生活、社会生活、国家との関係などユダヤ教の遵守に関わる法規いわゆる「ハラハー」から成る。

(3)ミシュナーを核として、その後の学習と討論を合わせて編纂した法規集の集成。五世紀前半にパレスチナで編纂された「エルサレム・タルムード」と、六〜八世紀にかけてバビロニアで編纂された「バビロニア・タルムード」の二つがあるが、ここでは、その前者。

(4)「オサイアによって編纂された『ベレシト・ラバ』は、『ミシュナー』の注解である。〔……〕『ベレシト・ラバ』は、ラバ・バル・ナクモニによる聖書に関する論考であり、緻密で、読むに心地よく、あるいは歴史的あるいは神学的な論考の集成である。〔……〕ラバ・バル・ナクモニは、また『ラボ』と呼び慣わされている他の書物の著者である」(『プギオ・フィディ』五六頁)

(5)「ラビ・ヨカナンが『エルサレム・タルムード』を完成してからおよそ百年後に、ラビ・アセが『バビロニア・タルムード』を編纂した。〔……〕『バビロニア・タルムード』に含まれる内容はすべて必ず遵守すべきものとしてイスラエル人に提示された。〔……〕ラビ・アセのこの著作は、ゲマラすなわち補足と呼ばれる。〔……〕『タルムード』は、『ミシュナー』と『ゲマラ』の双方を含んでいる（『プギオ・フィデイ』五八頁）

二七八 （ラ二七八／ブ四四六）

原罪について

ユダヤ人は原罪のことを詳細に伝承してきた[1]。

「創世記」第八章の言葉、「人の心の成立ちは、子供のときから悪い[2]」について。ラビ・モーセ・ハダルシャン。この悪いパン種《だね》は、人が形作られたときから、その中に置かれている。

『マセシェト・スッカ』この悪いパン種は、聖書の中で七つの名前をもっている。それは、悪、包皮、けがれ、敵、つまずき、石の心、北から来るものと呼ばれている。それらはすべて、人の心のうちに密《ひそ》かに刻印されている邪悪さを意味している。『ミドラシュ・ティリム』も同じことを述べ、神は人間の善の本性を悪の本性から解放すると言っている。

この邪悪さは、毎日、人間に対して新たな力を振るう。それは、「詩編」第三七編[3]に書かれている通りだ。「神に逆らう者は義人を待ち構えて殺そうとするが、神は義人を見捨てられることはない」

この邪悪さは、人の心を、現世で誘惑し、来世で告発するだろう。

以上はみな、『タルムード』に見出される。

『ミドラシュ・ティリム』は、「詩編」第四編「震えおののけ、そうすれば罪を犯さないだろう[4]」についてこう解釈している。「震えおののいて、あなたの欲心を恐れさせよ。そうすれば欲心があなたを罪に導くことはないだろう。」そして、「詩編」第三六編「神に逆らう者は心のうちで言う。私の前に神の恐れがありませんように[5]」については、「人間に生まれながらの邪悪さが、神に逆らう者に対してこう言うのだ」と解釈している。

『ミドラシュ・コヘレト』。「貧しくても賢い少年のほうが、老いて愚かで、未来を予見できない王にまさる。[6]」少年は美徳であり、王は人間の邪悪さである。それが王と呼ばれるのは、すべての肢体がそれに従うから。老いているというのは、それが少年期から老年期にいたるまで、人の心の中にあるから。愚かというのは、予想もしない滅びの道に人を導くからである。

同じことは、『ミドラシュ・ティリム』の中にもある。

『ベレシト・ラバ』は、「詩編」第三五編「主よ、私の骨はことごとく、あなたを称《たた》えるでしょう。あなたは貧しい者を暴君から解放されるのですから」⑦についてこう解釈する。「悪いパン種よりもひどい暴君はあるだろうか」

また、「箴言《しんげん》」第二五章「あなたの敵が飢えているなら、食べ物を与えよ」⑧について。それはすなわち、悪いパン種が飢えているなら、「箴言」第九章⑨の語る、知恵のパンを与えよということだ。そして渇いているのなら、「イザヤ書」第五五章⑩の語る水を与えよ。

『ミドラシュ・ティリム』は同じことを述べ、聖書がこの箇所で、私たちの敵について語っているのは、悪いパン種のことであり、また彼にこのパンと水を「与えることによって」、その頭に炭火を積むだろうと述べている。⑪

『ミドラシュ・コヘレト』は、「コヘレトの言葉」第九章「ある強大な王が、小さな町を包囲した」⑫について、「この強大な王は悪いパン種であり、町を取り囲む大きな攻城兵器は誘惑である。ところが一人の貧しい賢人がいて、町を救ったというのは、美徳のことである」と述べている。

また「詩編」第四一編「幸いだ、貧者に思いやりのある者は」⑬について。

また「詩編」第七八編「霊は去って再び帰らない」⑭について。「これを根拠として、ある人々は誤って、霊魂の不滅に反対した。しかしその意味するところ、この霊は、悪いパン種で、死に至るまで人間とともにさまようが、復活の際には戻ってこないということだ」

また「詩編」第一〇三編[15]についても、同様。

また「詩編」第一六編[16]についても。

ラビたちの原理。二人のメシア[17]。

(1) 本断章で列挙される例は、『プギオ・フィデイ』第三部の二第六章、「原罪、その多数の呼称、その結果について」からの借用である。

(2) 二一節。断章二一一注(1)参照。

(3) 三二節。パスカルは、「詩編」の引用箇所の指示に際して、通常はウルガタの章立てによっているが、本断章はヘブライ語聖書の章立て、つまり新共同訳と同じ章立てに従っている。本引用は、ウルガタでは、第三六編三二節となる。以後、ウルガタによる箇所をカッコ内に示す。なお、聖書の章句は、パスカルの掲げる文章に即して翻訳する。

(4) 五節。

(5) 二節(第三五編二節)。

(6) 「コヘレトの言葉」第四章一三節。「コヘレトの言葉」は、旧約聖書を構成する知恵文学の一つ。ダビデの子、イスラエル第三代の王で、比類ない知者とうたわれたソロモンの語録という体裁を取っている。

（7）一〇節（第三四章一〇節）。

（8）二一節。

（9）知恵が「意志の弱い者」に呼びかけて言う言葉、「私のパンを食べ、私が調合した酒を飲むがよい」（五節）を指している。

（10）「渇きを覚えている者は皆、水のところに来るがよい」（一節）

（11）旧約聖書「箴言」第二五章二一―二二節。

（12）「コヘレトの言葉」第九章一四―一五節。

（13）二節（第四〇編二節）

（14）三九節（第七七編三九節）

（15）「主は私たちをどのように造るべきか知っておられた。私たちが塵《ちり》にすぎないことを御心《みこころ》に留めておられる。人の生涯は草のよう。野の花のように咲く。風がその上に吹けば、消えうせ、生えていた所を知る者もなくなる」（一四―一六節。ウルガタでは第一〇二編一四―一六節）

（16）ブランシュヴィック版によれば第二節、セリエ版によれば第一〇節への言及だという。

（17）この一句は、原稿には見当たらず、ただ写本によって伝えられている。

〔ファイルＡ二一〕永続性

二七九　（ラ二七九／ブ六九〇）

ダビデあるいはモーセの一言《ひとこと》、たとえば「神は彼らの心を割礼するだろう」[1]という言葉で、彼らの真意が判定できる。彼らの他の話がみな曖昧《あいまい》で、哲学の側にあるのか、キリスト教の側にあるのか、疑わしいとしても、この種の言葉は他の言葉全体の意味を決定する。ちょうどエピクテトスの一言が、残りすべての部分の意味を反対方向に定めるように。それまでは曖昧さが続くが、その後はそうではない。

（1）「申命記」第三〇章六節。断章二七〇、二八八、四五三参照。

二八〇　（ラ二八〇／ブ六一四）

国家というものは、必要に応じて法律をしばしば曲げなければ、滅びてしまうだろう。[1]しかし宗教は決してそんなことは許容しなかったし、そんな手段に訴えたこともなかった。だからそういう妥協、さもなければ奇蹟が必要だ。[2]

身を屈して自己を保存するのは、珍しくない。しかしそれは、本来の意味で、自らを維持することではない。そしてそれにもかかわらず、国家はついには完全に滅びてしまう。千年の間、続いた国家はない。しかしこの宗教が、つねにしかも動じることなく維持されてきたこと、それは神業《かみわざ》だ。

（1）「しかしそれでも運命の女神は、われわれの思慮の及ばない権威を相変わらず保持して、ときとして緊急な必要を押しつけてくるので、法律もいくらかそれに譲歩する必要が出てくる」（モンテーニュ『エセー』第一巻二二章「習慣について。容認されている法律を安易に変えないことについて」）

（2）教会が破滅の瀬戸際に立ったとき、神が奇蹟を起こして、窮地を救ったということ。次の断章二八一参照。

二八一　（ラ二八一／ブ六一三）

永続性

この宗教の本質は、人間が栄光のうちに神と交流する状態から堕落して神と離れ、悲しみと悔い改めの状態に陥っているけれど、今生《こんじょう》の後には、来たるべきメシアによって元の状態に復帰できると信じるところにあるが、この宗教はつねに地上に存在した。万物は過ぎ去ったが、この宗教は存続し、それによって万物は存在する。

世界の第一時代の人間たちは、あらゆる種類の悪徳に引きずり込まれたが、それにもかかわらず、エノク、①レメク、②またその他の聖者がいて、辛抱強く、世界の始まりから約束されたメシアを待ち望んでいた。③ノア④は人々の邪悪さが頂点に達するのを見たが、メシアを期待することによって、わが身において世界を救う功徳《くどく》を得た。そして彼自身、メシアの表徴であった。アブラハム⑤は偶像崇拝者たちに囲まれていたが、神は彼にメシアの神秘を知らせ、彼は遠くからメシアに挨拶《あいさつ》を送った。イサクとヤコブの時代には、不敬が地上全体にはびこったが、彼らは聖者として信仰に生きた。そしてヤコブは、死に臨んで子供たちを祝福し、霊感に満たされて自らの話を中断し、こう叫んだ。「おお、神よ。あなたが約束された救い主を私は待ち望みます。主よ、私はあなたの救いを待ち望む⑥」

エジプト人たちは偶像礼拝と魔術に毒されており、神の民さえもその手本に引きずられていた。しかしながらモーセとその他の人々は、目に見えない存在を見、彼らのために備えられた永遠の賜物《たまもの》に目を凝らしつつ、その存在に礼拝を捧げていた。⑦

次いで、ギリシャ人たちとローマ人たちが贋《にせ》の神々を横行させ、詩人たちは多種多様の神話を作り、哲学者たちは無数の違った流派に分裂した。それにもかかわらず、ユダヤの中心部に、一団の選ばれた人々がつねにいて、彼らにしか知られていないこのメシアの到来を予告していた。ついに時が満ちると、メシアが到来した。それ以来、あれほど多数の教会分裂と異端が生まれ、あれほど多数の国家が転覆し、すべてにおいてあれほど多数の変化が生じたが、この教会、つねに礼拝されてきた存在を礼拝する教会は、途切れることなく存続した。そして、それが驚異的で比類なく、また神聖なのは、つねに存続してきたこの宗教が、つねに攻撃にさらされてきたからである。何千回となく、それは全面的な破滅の瀬戸際に立った。そしてそのような状態に陥るたびに、神はその力を特別に発揮して、それを助け起こされた。ここで驚くべきは、それが暴君の意志の強制に屈したり曲がったりすることなく、自らを維持したことである。なぜなら、必要に迫られてときどき法律を変えることによって国家が存続するのは、不思議ではないのだから。しかし……。モンテーニュの中の丸を見よ。[8]

(1) アダムの子、カインの息子で、ノア以前の族長の一人。「創世記」によれば、彼は「神と共に歩み、神が取られたのでいなくなった」(第五章二四節)という。
(2) やはり族長の一人で、ノアの父。七百七十七年生きたという(「創世記」第五章三一節)。
(3) 「おまえと女、おまえの子孫と女の子孫の間に、私は敵意を置く。彼はおまえの頭を砕き、おまえは彼のかかとを砕く」(「創世記」第三章一五節)。エデンの園で、アダムとエバが罪を犯したとき、神が誘惑者である蛇に語った言葉であるが、多くの教会教父は、この章句を、マリアから生まれたキリストの悪魔に対する勝利の予告と解釈し、パスカルもそれに従っている。

（4）旧約聖書の洪水物語の主人公。「創世記」第六―九章参照。

（5）アブラハムは旧約の族長で、イスラエルの民の祖。彼の事跡は、「創世記」第一二―二五章に記されている。パスカルは、福音書のイエス・キリストの言葉に依拠して、アブラハムがメシアを待望していたと考えている。「あなたたちの父アブラハムは、私の日を見るのを楽しみにしていた。そして、それを見て、喜んだのである」（「ヨハネによる福音書」第八章五六節）。「遠くからメシアに挨拶を送った」という表現は、「ヘブライ人への手紙」に由来すると考えられる。「彼らはみな信仰を抱いて死んだ。約束されたものを手に入れなかったが、遠くからそれを望み見て、挨拶を送った」（第一一章一三節、ウルガタによる）

（6）ヤコブ――彼はアブラハムの子イサクの息子である――が息子たちに与えた祝福の言葉の一節（「創世記」第四九章一八節）。パスカルは、まず自らの翻訳を記し、次にウルガタのラテン語文を引用している。

（7）「ヘブライ人への手紙」は、モーセを来たるべきメシアつまりキリストの預言者と捉え、こう述べている。「モーセは、〔……〕はかない罪の楽しみにふけるよりは、神の民と共に虐待されるほうを選び、キリストのゆえに受けるあざけりをエジプトの財宝よりまさる富と考えました。与えられる報いに目を向けていたからです。信仰によって、モーセは王の怒りを恐れず、エジプトを立ち去りました。目に見えない方《かた》を見ているようにして、耐え忍んでいたからです」（第一一章二五―二七節）

（8）「丸」というのは、パスカルが、自分の所持していた『エセー』の版本に付けたしるしだと思われる。ここでは、前断章二八〇注（1）で言及されている箇所が問題になっている。

二八二　（ラ二八二／ブ六一六）

永続性

メシアはつねに信じられてきた。アダムの言い伝えは、ノアとモーセにおいてはまだ最近のことだった。それから預言者たちがメシアを予告したが、その際いつも他の事柄を一緒に予告した。それは、そうした事柄が折に触れて人々の眼前で実現することによって、彼らの使命が真実であること、ひいてはメシアに関する彼らの約束が真実であることを示すためだった。イエス・キリストは奇蹟を行い、使徒たちも同様にして、すべての異教徒たちを回心させた。こうして預言がすべて成就《じょうじゅ》したので、メシアの到来は未来永劫《みらいえいごう》にわたって証明された。(1)

（1）　断章三九〇参照。

二八三　（ラ二八三／ブ六五五）

六つの時代、六つの時代の六人の父、六つの時代の開幕を告げる六つの驚異、六つの時代の開幕を告げる六つの日の出。(1)

(1) アウグスティヌス『創世記についてマニ教徒を駁《ばく》す』第一巻二三章の要約。アウグスティヌスは、六日間にわたる天地の創造にならって、歴史を六つの時代に区別し、その各々に代表的人物(「父」、ただし第五の時代には欠けている)と先駆けとなる出来事(「日の出」)を配した。第一の時代は、アダムからノア、第二は、ノアからアブラハム、第三は、アブラハムからダビデ、第四は、ダビデからバビロニア捕囚、第五は、捕囚からイエス・キリストの誕生、第六は、イエス・キリストの最初の来臨から再臨までである。第七の時代は、歴史の彼方《かなた》にあって、救われた者が永遠の至福を享受する安息の時代。断章五九〇参照。

二八四　(ラ二八四/ブ六〇五)

自然本性に反し、(1) 常識に反し、快楽に反する唯一の宗教が、唯一つねに存在してきた。

(1) ここで問題になる「自然本性」は、堕落した状態における自然本性、断章六一六で、「第二の本性」と呼ばれているものであろう。

二八五　(ラ二八五/ブ八六七)

もしも古代教会が誤りのうちにあったとすれば、教会は倒れていたはずだ。もし今日、教会が誤りのうちにあるとしても、事情は異なる。なぜならそこには、古代教会の信仰から伝承された上位の原則があるのだから。こうして古代教会への服従と一致が優先し、すべてを矯正《きょうせい》する。しかし古代教会は、未来の教会を前提としてそれを見つめることはなかった。私たちのほうは、古代教会を前提としてそれを見つめているのだが。

二八六　（ラ二八六／ブ六〇九）

それぞれの宗教に二種類の人間がいる

異教徒たちの間では、獣の崇拝者たちと、自然宗教における唯一神の崇拝者たち。

ユダヤ人たちの間では、肉的なユダヤ人と霊的なユダヤ人。後者は、古い律法下でのキリスト教徒であった。

キリスト教徒の間では、卑俗なキリスト教徒。彼らは、新しい律法下でのユダヤ人だ。

肉的なユダヤ人は肉的なメシアを待ち望み、卑俗なキリスト教徒は、メシアのおかげで神を愛さなくてもすむようになったと信じている。(1) 真のユダヤ人と真のキリスト教徒は、自分たちに神を愛させるように仕向けるメシアをあがめる。

（1）『プロヴァンシャル』第一〇信の終わり近くで、パスカルは、イエズス会の決疑論者たちの「神の愛」に関する見解を厳しく非難していた。それによれば、彼らは、「神を現実に愛するという辛い義務を免除」し、そのような免除こそ「ユダヤの律法の上にある福音の律法の特権」にほかならないと主張していた。

二八七　(ラ二八七／ブ六〇七)

卑俗なユダヤ人のあり方を見て、ユダヤ人の宗教を判断すれば、誤解することになる。ユダヤ教の姿は、聖書と預言者の伝統のうちに明らかに認められるが、聖書も預言者も律法を文字どおりに理解しているわけではないことを、十分に分からせる言い方をしている。同様に、私たちの宗教も、福音書、使徒たちおよび伝承のうちでは神聖だが、それを誤って論ずる者たちにあってはばかげたものになる。

メシアは、肉的なユダヤ人たちの考えでは、現世の強大な君主であるはずだ。イエス・キリストは、肉的なキリスト教徒の考えでは、神を愛する務めを免除するために到来し、私たちなしにすべてを行う秘蹟を授けてくださった。(1) しかしどちらとも、キリスト教でもユダヤ教でもない。

真のユダヤ人と真のキリスト教徒は、つねにメシアを待ち望んでいたが、それは、メシアによって神を愛し、その愛によって自らの敵(2)に打ち勝つためであった。

(1)　とくに改悛《かいしゅん》の秘蹟──現行の用語では、赦《ゆる》しの秘蹟──が問題になっている。「私たちなしに」というのは、犯した罪を後悔し生き方を改める決意なしに、要するに、人間の側の主体的契機なしにということ。パスカルは、『プロヴァンシャル』第一〇信で、秘蹟に実効的効力が備わるという教義を押し進めて、秘蹟には自動的に恵みを与える力が宿っているとする考え方を厳しく批判している。

（２）自らの罪のこと。断章二六九参照。

二八八　（ラ二八八／ブ六八九）

モーセ（「申命記」第三〇章）[1]は、神が彼らの心に割礼を施し、神を愛することができるようにしてくださると、約束している。

（１）六節。断章二七九参照。

二八九　（ラ二八九／ブ六〇八）

肉的なユダヤ人はキリスト教徒と異教徒の中間を占めている。異教徒は神を知らず、現世しか愛さない。ユダヤ人は真の神を知っているが、現世しか愛さない。キリスト教徒は真の神を知っており、現世を愛さない。ユダヤ人と異教徒は同じ幸福を愛し、ユダヤ人とキリスト教徒は同じ神を知っている。

ユダヤ人にも、二種類あった。一方は、異教徒と同じ愛しか抱いておらず、他方は、キリスト教徒と同じ愛を抱いていた。

〔ファイルＡ二二〕　モーセの証拠

二九〇　（ラ二九〇／ブ六二六）

もう一つの丸[1]

族長たちはきわめて長寿であったが[2]、それで過去の事跡が失われるどころか、逆に、それを保存するのに役立った。というのも、人々が父祖の歴史をよく知らないことがときに生ずるのは、それは彼らが父祖と一緒に暮らしたことがほとんどなく、しばしば物心がつく前に父祖が亡くなっているからだ。ところで、人間があれほど長生きした時代には、子供たちは父親と長い間、一緒に暮らしていた。父親は長い間、子供相手に話をした。ところで話といっても、自分の先祖の歴史の他に、何を話すことがあっただろう。あらゆる歴史は先祖の歴史に帰着するのだし、勉学も学問も技芸も持ち合わせていなかった彼らには、世間の会話の大部分を占めるそれらの話題は無縁だったのだから。こうしてこの時代には、人々が先祖の系図をとりわけ入念に保存していたことが見てとれる。

（1）「丸」については、断章二八一の末尾を参照。ここでの「丸」は、モンテーニュ『エセー』の次の文章を指していると思われる。「もしも誰かが、このように私の先祖について、彼らの生き方、顔つき、態度、日常の言葉遣いや運勢などを語って聞かせてくれたら、どんなにうれしいことだろう。どんなに注意深く耳を傾けることだろう」（第二巻一八章）

（2）「族長」とは、アブラハムからモーセにいたるイスラエルの部族の統率者を指すが、ここでは、それ以前の人間、つまり最初の人間であるアダムからアブラハムにいたる人々も含まれている。彼らの寿命については、「創世記」第五章および第一一章参照。

二九一 （ラ二九一／ブ五八七）

奇蹟において――また聖者、清浄な者、非の打ちどころのない者、学者と偉大な証人、殉教者《じゅんきょうしゃ》、王者の即位（ダビデ）、王族のイザヤにおいて（1）――これほど偉大、そして学問においてもこれほど偉大な宗教は、そのすべての奇蹟とすべての知恵を繰り広げたあげく、それらすべてを排斥《はいせき》し、自分には知恵もしるしもなく、十字架と狂愚があるだけだと述べる。（2）

じっさい、これらのしるしと知恵によって、あなた方の信用に値することを示し、自らの身元を証明した者たちは、あなた方にこう宣言する。それらがすべて一緒になっても、きみたちをいささかも変えることはできないし、神を知り、神を愛するようにすることもできない。それができるのは、知恵もなければしるしもない十字架の狂愚の力だけで、その力を欠いたしるしでは無理だ。こうして私たちの宗教は、結果を生み出す原因に着目すれば愚かだが、そこに導く準備をさせる知恵に着目すれば賢い。(3)

（1）ダッシュ（――）ではさまれた部分はパスカル自身の加筆であるが、判読困難でテクストを確定しがたい。写本の読みに従う。

（2）「十字架の言葉は、滅んでいく者にとっては愚かなものですが、私たち救われる者には神の力です。〔……〕世は自分の知恵で神を知ることができませんでした。それは神の知恵にかなっています。そこで神は、宣教という愚かな手段によって信じる者を救おうと、お考えになったのです。ユダヤ人はしるしを求め、ギリシャ人は知恵を探しますが、私たちは、十字架につけられたキリストを宣《の》べ伝えています。すなわち、ユダヤ人にはつまずかせるもの、異邦人には愚かなものですが、ユダヤ人であろうがギリシャ人であろうが、召された者には、神の力、神の知恵であるキリストを宣べ伝えているのです」（「コリントの信徒への手紙 一」第一章一八節、二一―二四節）。「しるし」は、聖書においては、しばしば奇蹟の意味で用いられる。

（3）奇蹟に関するファイルＢ三三に収められた断章八四二も同じ考えを主張している。

二九二　（ラ二九二／ブ六二四）

モーセの証拠

どうしてモーセは、人々の寿命をあれほど長く、世代の数をあれほど少なくしようとするのか。(1)

なぜならものごとの記憶があやふやになるのは、長い年月が経つからではなく、多数の世代が過ぎ去るからだ。

なぜなら真理が変質するのは、ただ人々が交代することによるのだから。

しかしながらモーセは、考えられるかぎり最も忘れがたい二つの出来事、すなわち天地創造と大洪水をすぐ近くのところに置いたので、それに触れることができるほどだ。(2)

(1) モーセは、「創世記」を含む「モーセ五書」の著者と考えられていた。原初の人類が長寿であったことについては、断章二九〇参照。

(2) 断章二九六参照。

二九三　(ラ二九三／ブ二〇四の二)

もし一週間を差し出さなければならないのなら、全生涯だって差し出さなければならないはずだ。(1)

(1) 前の断章と同じ紙片に書き込まれたメモ。ファイルA一二「始まり」に分類されるはずだったと思われる。断章一五九参照。

二九四　（ラ二九四／ブ七〇三）

預言者たちが律法を保持するために活動していたときには、民衆は怠慢だった。しかし預言者がいなくなってからは、熱意が取って代った。(1)

（1）そのために、現在にいたるまで、ユダヤ人たちは「律法」を含む彼らの聖典、すなわち旧約聖書を保持しつづけているというのである。

二九五　（ラ二九五／ブ六二九）

ヨセフス(1)は自分の民族の恥を隠す。

モーセは自らの恥も……(2)も隠さない。

「すべての者が預言者になることこそ願わしい(3)」

モーセは民にうんざりしていた。(4)

（1）ユダヤの歴史家(三七頃―一〇〇頃)。著書に、『ユダヤ戦記』『ユダヤ古代誌』『アピオン駁論《ばくろん》』等がある。

（2）「自分の民族の恥」と補う。モーセが「モーセ五書」の中で、自分自身とユダヤ人にとって恥になるようなことを伝えているのは、彼の記述が真実であることの証拠だとパスカルは考えている。

(3) 二人のユダヤ人が預言するのを、ヨシュアがモーセにやめさせようと願ったときに、モーセが答えて述べた言葉。「民数記」第一一章二九節。

(4) 「私ひとりでは、とてもこの民すべてを負うことはできません。私には重すぎます」(「民数記」第一一章一四節)

二九六 (ラ二九六/ブ六二五)

セムはレメクを見たことがあり、レメクはアダムを見たことがあるのだが、そのセムはまた、ヤコブを見たことがあり、ヤコブはモーセを見たことがある人々を見たことがある。(1) したがって大洪水と天地創造は真実だ。これが分かる人々にとって、この結論は確かである。(2)

(1) セムはノアの息子であり、大洪水の後で再生した人類のいわば始祖である。「創世記」の記述に従えば、アダムが亡くなったとき、レメクは一五六歳、レメクが亡くなったとき、セムは九五歳、セムが亡くなったとき、ヤコブは五〇歳であり、いずれも存命していたことになる。

(2) 「第一写本」では本ファイルと次のファイルの間に一枚の紙片が綴《と》じ込まれ、本断章を敷衍《ふえん》した文章が記されている。ジャン・メナールによって、その筆跡がパスカルのものであることが確認され、『パンセ』のテクストの仲間入りをすることになった。本訳書では、第二部「『写本』に収録されていない〈パンセ〉」に、断章＊五九として収録した。

二九七　（ラ二九七／ブ七〇二）

自分たちの律法に対するユダヤ民族の熱意。それは、とりわけ預言者がいなくなってから著しい。

〔ファイルA二三〕　イエス・キリストの証拠

二九八　（ラ二九八／ブ二八三）

秩序。聖書に秩序がないという反論に対して。

心には心の秩序があり、知性には知性の秩序がある。知性の秩序は、原理と証明から成る。①心には別の秩序がある。愛の原因を理路整然と並べ立てて、だから私が愛されるべきだと言ったところで、証明にはならない。そんなことをしても滑稽なだけだ。

イエス・キリストと聖パウロには、愛の秩序がある。知性の秩序ではない。なぜなら彼らは教えるのではなく、暖めようとしたからだ。

聖アウグスティヌスも同様だ。この秩序の要点は脱線にある。つねに目標を示しつつ、目標に関わる各論点についての脱線だ。

（1）知性の秩序の具体的なあり方は、パスカルの小品『幾何学的精神』の第二部「説得術」で詳述されているが、それはユークリッド幾何学の論証法をモデルとして、まず原理的諸前提（定義と公理）を確認し、それを出発点として論理的手順で定理や問題の解の正しさを証明しようとするものである。

二九九　（ラ二九九／ブ七四二）

福音書が聖母の処女性を語るのは、イエス・キリストの誕生までに限られる。すべてはイエス・キリストとの関連で。

三〇〇　（ラ三〇〇／ブ七八六）

イエス・キリストの無名性――といっても、この世で無名と呼ぶ意味においてのことだが――、その闇《やみ》はあまりにも深かったので、国家の大事しか記録しない歴史家たちには、彼の姿はほとんど見えなかった。

三〇一　（ラ三〇一／ブ七七二）

聖性

「私はわが霊を注ぐだろう。[1]」すべて民が、不信仰と欲心のうちにあったとき、地上全体が愛で燃え立った。王公たちはその権勢を捨て、娘たちは殉教《じゅんきょう》を耐え忍ぶ。この力はどこからやってきたのか。メシアが到来したからだ。これこそメシアの到来の結果としるしである。

（1）「その後《のち》、私はすべての人にわが霊を注ぐ。あなたたちの息子や娘は預言し、老人は夢を見、若者は幻を見る」（旧約聖書預言書の一つ「ヨエル書」第三章一節。ウルガタでは第二章二八節）。「使徒言行録」の伝える聖霊降臨の際に、ペトロがこの章句を引用している（第二章一七節）。この章句は、ファイルＡ二四「預言」（断章三二八）、ファイルＡ二七「結論」（断章三八二）でも言及され、重要な役割を果たしている。

三〇二　（ラ三〇二／ブ八〇九）

奇蹟の組合せ。

三〇三　（ラ三〇三／ブ七九九）

富について語る職人、戦争や王権について語る代言人、云々《うんぬん》。しかし金持ちは富について上手に語るし、国王は今しがた下賜《かし》したばかりの莫大《ばくだい》な贈り物について素っ気ない語り方をする。そして神は神のことを上手に語る。[1]

（1）断章三〇九参照。福音書の文体が、イエス・キリストの神聖を証拠立てるというのである。『パンセ』初版――いわゆるポール・ロワイヤル版――は、この断章を収録しなかったが、「序文」で引用し、その意味を解説している（「序文」の翻訳は本訳書の下巻に収める）。

三〇四　（ラ三〇四／ブ七四三）

イエス・キリストの証拠

なぜ「ルツ記」は保存されたのか。

なぜタマルの物語も。(1)

（1）断章二三六注（3）参照。

三〇五　（ラ三〇五／ブ六三八）

イエス・キリストの証拠

捕囚の身にあっても、七十年後には解放されるという確信があるのならそれは捕囚とは言えない。しかし今や彼らの捕囚にはいっさいの希望がない。(1)

神は彼らに約束して、たとえ彼らが世界の隅々に追い散らされようとも、神の律法に忠実に従うなら、再び寄せ集めようと言われた。(2) 彼らは律法を忠実に遵守《じゅんしゅ》するが、抑圧されつづけている。

（1）断章三一四参照。預言者エレミヤは、ユダヤ人のバビロニア捕囚が七十年間続くことを預言していた（「エレミヤ書」第二五章一一―一二節）。

（2）「申命記」第三〇章一―五節。

三〇六　（ラ三〇六／ブ七六三）

ユダヤ人たちは、彼[1]が神であるかどうか試して、彼が人間であることを示した。

（1）イエス・キリスト。次の断章三〇七参照。

三〇七　（ラ三〇七／ブ七六四）

教会は、イエス・キリストの人性を否定する人々に対して、彼が人間であることを示すのに苦心したが、それと同じぐらい、彼が神であることを示すのにも苦心した。どちらも同じように、本当らしかったのだ[1]。

（1）イエス・キリストにおいて神性と人性がいかなる関係にあるかという問題は、キリスト教信仰の要であり、キリスト論と呼ばれるが、その中心的な問題点に言及したメモ。

三〇八 （ラ三〇八／ブ七九三）

身体は精神から無限に隔たっているが、その隔たりは、それをさらに無限に越える精神と愛との無限の隔たりを象徴している。なぜなら愛は超自然的なものなのだから。(1)

あらゆる栄耀栄華《えいようえいが》は、精神の探究(2)に携わる人にとっては色あせて見える。

精神の人の偉大さは、王公、富者、将軍、これら肉界の大立者《おおだてもの》の目には見えない。

知恵の偉大さは、神に由来しないかぎり無に等しいが、肉的な人の目にも、精神の人の目にも見えない。それらは、三つの次元であり、類を異にしている。

偉大な天才たちには、おのれ固有の支配圏、栄光、偉大、勝利、光輝があり、肉的な偉大さは少しも必要としない。ここでは、そのような偉大さは無縁だ。彼らを見るのは、目ではなく精神だ。それで十分だ。

聖人たちにも、おのれ固有の支配圏、栄光、勝利、光輝があり、肉的な偉大さも精神的な偉大さも必要としない。ここでは、そのような偉大さは無縁だ。どれほどの偉大さをそこに加えても、またそこから引いても、何も変わらないのだから[3]。彼らを見るのは、神と天使たちであり、肉体でも、詮索《せんさく》好きの精神でもない。彼らには、神だけで十分だ。

アルキメデスは、輝かしい身分でなかったとしても、同じように尊敬されただろう。彼は、目に見える戦闘を行いはしなかった。しかし彼は、おのれの発明を精神の人々すべてにもたらした。ああ、彼は精神の人々に、どれほど光り輝いて見えたことだろう。

イエス・キリストには財産もなく、いかなる学問の成果も公表しなかったが、おのれの次元である聖性のうちにある。彼は発明せず、支配しなかった。しかし彼は謙虚で、忍耐強く、神にとっては聖なる聖なるもの[4]、悪魔にとっては恐るべきもので、いっさいの罪がない。ああ、知恵を見る心の目には、彼は何たる威儀と荘厳のうちに到来したことだろう。

アルキメデスが、自分が書いた幾何学の本で王公を気取ったとしても、それは無益

だっただろう。彼が王公の血を引いていたのは事実だったとしても。⑤

私たちの主イエス・キリストが、その聖性の支配において光り輝くために、王者として到来したとしても、それは無益だっただろう。⑥しかし彼はおのれの次元に固有の光輝を帯びて到来した。

イエス・キリストの素性《すじょう》の卑しさに眉《まゆ》をひそめるのは笑止千万だ。まるでその卑しさは、彼が現わした偉大さと同じ次元に属しているようではないか。

この偉大さを、彼の人生、彼の受難、彼の無名性、彼の死、使徒たちの選び、彼らの離反、彼のひそかな復活その他において、見つめるがよい。それはあまりにも偉大なので、そこには見あたらない卑しさに、眉をひそめる理由はなくなるだろう。

しかしながら肉的な偉大さにしか感嘆できない人々がいる。あたかも精神的な偉大さなどないかのように。そして精神的な偉大さにしか感嘆できない他の人々がいる。あたかも知恵のうちに、それを無限に越える偉大さがないかのように。

あらゆる物体、天空、天体、地球とその王国は、最小の精神にも及ばない。精神はそれらすべてと自己を知っているが、物体は何も知らないからだ。

すべての物体を合わせ、さらにすべての精神とその所産を合わせても、愛の最小の働きにも及ばない。それは無限に高次の次元に属しているからだ。

物体すべてを合わせても、そこからひとかけらの思考を生み出すこともできないだろう。それは不可能だ。別の次元に属しているのだから。物体と精神のすべてを合わせても、そこから真の愛の働きを引き出すことはできないだろう。それは不可能だ。別の次元、超自然に属しているのだから。

（1）　一般に「三つの秩序 trois ordres」と呼び慣わされている断章。フランス語の ordre（英語の order）はきわめて多義的な語であるが、ここでは無縁の「命令」という語義をひとまず除外すれば、「順序・秩序」と「種類・等級・次元」の二つの語義に大別される。「順序・秩序」は、ある領域・集団に属する要素間に存在する関係、さらにはそれによって特徴づけられる領域・集団の状態ないしは構造を意味する。それに対して、秩序を語る際の前提となる領域・集団に着目して、それを他の領域・集団との関係において見れば、「種類・等級・次元」という語義が出てくる。本断章で問題になる三つの ordres は、それぞれ、人間の身体を基礎とする物質界、人間知性の領域である精神界、愛の領域である超自然界である。この三者は互いに「無限の隔たり」で隔てられており、比較を絶しているが、それは各々が所属する存在領域が、類あるいは次元を異にしているからである。ここでは、以上の事情を踏まえて、ordreを「次元」と訳すことにする。断章＊二二一参照。

（2）「精神」は、本断章では「知性」の意味で用いられており、愛や信仰には直接関わらない。したがって「精神の探究」は学問、次のパラグラフにある「精神の人」は学者に等しい。

（3）下位の次元の大きさが、上位の次元の大きさに影響を及ぼさないという考えは、『数三角形論』の付属論文として発表された『冪数《べきすう》の和』（一六五四年頃執筆）の中で提示された次の原理に通じている。「連続量においては、任意の種類の量を、それより上位の種類の量に何回加えても、後者は何ら増大しない。こうして点は線に、線は面に、面は立体に何ものをも加えない。あるいは数論らしく、数に関する言葉を用いて言えば、根は平方に、平方は立方に、立方は平方自乗に何ものも加えないのである」

（4）ミサ通常文に含まれる賛歌「サンクトゥス」の言い回しを借りた表現。

（5）プルタルコスによれば、アルキメデスは、シラクサの僭主《せんしゅ》ヒエロンの親戚であったという（『英雄伝』「マルケルス篇」第一四節）。しかしながら、キケロは彼について、卑しい素性であったと述べている（『トゥスクルム荘対談集』第五巻二三章）。

（6）二つの福音書の掲げるイエスの系図は細部において異なっているが、いずれもイエスの母マリアの夫ヨセフをイスラエルの王ダビデの血筋としている（「マタイによる福音書」第一章一―一六節、「ルカによる福音書」第三章二三―三八節）。

三〇九　（ラ三〇九／ブ七九七）

イエス・キリストの証拠

イエス・キリストは偉大な事柄をあまりにもあっさり語るので、考えなしにそうしているように見えるが、他方、あまりにも明確に語るので、それについてどう考えていたか、はっきり見てとれる。この自然さと明晰《めいせき》さの結びつきが驚異的なのだ。

三一〇　（ラ三一〇／ブ八〇一）

イエス・キリストの証拠

使徒詐欺師《さぎし》説はまったくばかげている。この説をとことんまで突きつめてみたまえ。これら十二人の男たちが、イエス・キリストの死後あつまって、彼が復活したと言いふらす陰謀を企んでいるさまを想像してみたまえ。彼らはそのことで、すべての権力者たちに刃向かうことになる。人の心は驚くほど軽薄で変わりやすく、うまい話や金銭につられるものだ。彼らのうちの誰か一人でも、そんな誘惑に負けて、いやそれ以上に、牢獄や拷問《ごうもん》さらには死刑の脅しに負けて、前言を撤回していたら、彼らは破滅していたのだ。このことを突きつめてみたまえ。

三一一　（ラ三二一／ブ六四〇）

このユダヤ民族が、これほど長い年月の間存続し、しかもつねに悲惨であるのは、驚くべきことであり、格別の注意を払って考察する価値がある。イエス・キリストの証拠となるためには、この双方が必要だったからだ。つまり、彼の証拠となるために存続すること、および彼を十字架にかけた咎《とが》のために悲惨であること。そして悲惨であることと存続することとは矛盾するが、それでもこの民族は、その悲惨な境遇にもかかわらずつねに存続しつづけている。

三一二　（ラ三二二／ブ六九七）

予告されたこと(1)を読め。
成就《じょうじゅ》されたことを吟味せよ。
成就されるべきことを集めよ(2)。

（1）「予告されたこと praedicta」は、「第一写本」の読みに従う。「第二写本」と諸版は、「啓示されたこと prodita」と読んでいる。
（2）原文はラテン語。預言（予告されたこと）の読み方についてのメモ。その発想源はアウグスティヌスにあると思われる。「予告されたことすべてを読み、それと同様に、成就されたことを吟味し、残された多数の重大事の予告から、成就されるべきことを期待する」（『書簡』一三七、第四章一六節）

三一三(1)　（ラ三一三／ブ五六九）

正典

異端者たちは、教会の始まりにおいては、聖書正典を証明する役割を果たす。(2)

（1）前断章三一二が記されたのと同じ紙片に書き込まれており、ルゲルン版は、二つを合わせて同一の断章として扱っている。

（2）正典あるいはカノンとは、教会が、神から啓示されたものとして公認した書物のリストに含まれる書物、つまりキリスト教信仰の基準としての旧新約聖書。異端者たちは、正典のリストに同意することによって教会の決定を確認したか、さもなければ、異議を唱えることによって、決定の根拠を明らかにするように教会を導いたというのである。

三一四　（ラ三一四／ブ六三九）

ネブカドネツァルが民を連れ去ったとき、王権がユダから取り去られるのではないかと思われないように、彼らには前もってこう言われていた。あなた方はわずかしかそこに留まらないだろう、そこに留まるだろうが(1)、再興するだろう(2)。

彼らはつねに預言者たちに慰められた。彼らの王も途切れずに続いた。

しかし二度目の破壊(3)には、再興の約束も預言者も王も慰めも希望もない。それは王権が永久に取り去られたからだ。

(1) この部分は、原稿が乱れている。最初は、「どのくらいそこに留まるかが」と書かれていた。

(2) 「主はこう言われる。バビロンに七十年の時が満ちたなら、私はあなたたちを顧みる。私は恵みの約束を果たし、あなたたちをこの地に連れ戻す」(「エレミヤ書」第二九章一〇節)。断章三〇五参照。

(3) 再興されたエルサレムの神殿が、七〇年に、ローマ皇帝ティトゥスの軍隊によって破壊されたこと。ネブカドネツァルによる最初の神殿破壊は、前五八六年にさかのぼる。

三一五 (ラ三一五/ブ七五二)

モーセが最初から、三位一体(1)、原罪、メシアの教えを説いた。

偉大な証人ダビデ

王であり、善良で寛大、気高く、才気に富み、強大。その彼が預言し[2]、奇蹟を起こす。それは限りない。

彼に虚栄心があったなら、自分がメシアだと名乗るだけでよかった。なぜなら預言は、イエス・キリストより彼のほうに、明瞭に当てはまるのだから。

そして聖ヨハネ[3]についても同様である。

(1)　たとえば、「創世記」第一章二六節は、神が人間の創造にあたって、「われわれにかたどり、われわれに似せて、人を造ろう」と述べている。また同一八章では、三人の男がアブラハムに現れて、イサクの誕生を予告する。これらの箇所は、教父たちによって、三位一体を暗示していると解釈された。

(2)　巨人ゴリアトに対する勝利の予告(「サムエル記上」第一七章四六―四七節)のことか。あるいは「詩編」――ダビデはその著者と考えられていた――におけるメシアの預言、たとえば第一〇九〔一一〇〕編の預言を指すか。

(3)　洗礼者ヨハネのこと。

三一六　（ラ三一六／ブ八〇〇）

完璧な英雄の魂がいかなる特性を備えているかを、福音書記者たちに教え、それをイエス・キリストのうちに完璧に描き出すように、誰が仕向けたのか。どうして彼らは、苦悶《くもん》のうちにあるイエス・キリストを弱い姿で描くのか。(1) 彼らは、沈着な死を描く術《すべ》を知らないのだろうか。そんなことはない。同じ聖ルカが、ステファノの死を、イエス・キリストの死よりももっと毅然とした姿に描いているのだから。(2)

だから彼らは、イエス・キリストを、死が不可避となるまでは、恐れを感じることができるものとして描いたのだ。そしてその後は、まったく毅然たる姿で。

しかし彼らが、彼をあれほど心悩める様子に描いたのは、彼自ら心を悩ましたからだ。(3) そして人が彼を悩ますときは、彼はまったく毅然としている。

（1） 最後の晩餐《ばんさん》の後、イエスはオリーブ山に赴《おもむ》いて、神に祈りを捧げて、「父よ、御心《みこころ》なら、この杯を私から取りのけてください。しかし、私の願いではなく、御心のままに」と唱えたが、「すると、天使が天から現れて、イエスを力づけた。イエスは苦しみもだえ、いよいよ切に祈られた。汗が血の滴《したた》るように地面に落ちた」(「ルカによる福音書」第二二章四三―四四節)。ここで「苦しみもだえ」と訳されている原語のギリシャ語 agonia(ウルガタ訳でも agonia)を引き写した表現「苦悶《くもん》のうちにある dans son agonie」をパスカルは用いている。

同じ表現は、「イエスの秘義」と題する瞑想《めいそう》(断章＊七)にも見られる。
(2)「人々が石を投げつけている間、ステファノは主に呼びかけて、『主イエスよ、私の霊をお受けください』と言った。それから、ひざまずいて、『主よ、この罪は彼らに負わせないでください』と大声で叫んだ。ステファノはこう言って、眠りについた」(「使徒言行録」第七章五九―六〇節)。「同じ聖ルカ」というのは、彼が「使徒言行録」の著者でもあるためである。
(3) ラザロの死を悼《いた》んで、姉妹のマリアとユダヤ人たちが泣いているのを見て、イエスは、「心をおののかせ、心を悩ませた」(「ヨハネによる福音書」第一一章三三節。ウルガタによる)。「イエスの秘義」(断章＊七)に同じ表現が、ラテン語で引用されている。

三一七　(ラ三一七／ブ七〇一)

ユダヤ人たちが自らの律法と神殿に向ける熱意。ヨセフスとユダヤ人フィロン、『ガイウスへの使節』[1]。

―――

他のいかなる民族がこれほどの熱意をもっているか。彼らには、そうする必要があった[2]。

―――

表徴

イエス・キリストの予告は、時機と世界の状態に関してなされた。統治者は、その腿《もも》から取り去られる。[3] 第四の王国。[4]

この暗がりの中に、このような光明があるのは、何と幸せなことだろう。

信仰の目で眺めれば、ダリウスとキュロス、アレクサンドロス、ローマ人たち、ポンペイウスとヘロデが、それと知らずに、福音書の栄光を輝かすために働いているのが見える。なんと美しいことか。

(1) フラウィウス・ヨセフス『ユダヤ古代誌』(第一八巻一一章(秦剛平訳「ちくま学芸文庫」版では第一八巻八章))、およびアレクサンドリアのフィロン『ガイウスへの使節』によれば、ローマ皇帝ガイウス・カリグラ(在位三七―四一年)が、エルサレムの神殿に自らの像を安置しようとしたときに、ユダヤ人たちが激しい抵抗を示したという。ヨセフスについては、断章二九五参照。アレクサンドリアのフィロン(前三〇頃―後四五頃)は、ギリシャ語で著作したユダヤ人哲学者。四〇年に、アレクサンドリアにおけるギリシャ系市民とユダヤ人の対立およびそれに伴うユダヤ人への迫害に関してカリグラの調停を求め、ユダヤ人の代表としてローマに赴《おもむ》いた。その報告書が『ガイウスへの使節』である。

（２）　旧約聖書に含まれる預言が、改変されることなく完全に保存されるために。

（３）　「王笏《おうしゃく》はユダから離れず、統治の杖は足の間から離れない。ついにシロが来て、諸国の民は彼に従う」（「創世記」第四九章一〇節）。パスカルはウルガタに従って、「足の間」を「腿」としている。断章四八三および四八四でも同じ箇所からの引用が行われているが、そこでは「腿」の代わりに「足の間」あるいは「彼の末裔《まつえい》」という表現が用いられている。

（４）　断章四八五で引用されている「ダニエル書」第二章二七―四六節、とくに四〇節参照。四つの王国は、同じ「ダニエル書」第七章の「幻」にも登場する。

三一八　（ラ三一八／ブ七五五）

福音書同士の見かけの不一致。（１）

（１）　イエスの系図を始めとして、福音書の間には、イエスの事跡の叙述において細部の不一致が見られるが、それは、福音書の著者がそれぞれ独立に執筆したからであり、むしろ福音書の記事の信憑性《しんぴょうせい》を高めるというのである。同様の議論は、すでにグロティウス『キリスト教の真理について』に見られる（第三書一三章）。断章三〇八注（６）参照。

三一九　（ラ三一九／ブ六九九）

シナゴーグは教会に、ユダヤ人はキリスト教徒に先行した。預言者たちはキリスト教徒を予告した。聖ヨハネ[1]は、イエス・キリストを。

（1） 断章三二五注（3）参照。

三二〇 （ラ三二〇／ブ一七八）

マクロビウス。[1] ヘロデに殺された幼児たち。[2]

（1） 四〇〇年頃に活躍した帝政ローマの高官で、考証学者。饗宴《きょうえん》の参加者たちの会話という形式を借りて、有職故実《ゆうそくこじつ》、文献学、歴史等を論じた『サトゥルナリア』七巻を残しているが、その中に、ヘロデの「幼児虐殺」に言及したところがある。「ヘロデはシリアで二歳以下の子供を殺害するように命じたが、彼自身の息子も一緒に殺されたことを聞いて、アウグストゥスはこう叫んだ。『ヘロデの息子になるくらいなら、彼の豚でいるほうがましだ』」（第二巻四章）。パスカル自身、断章七五三でこの一節を紹介している。

（2） 「マタイによる福音書」第二章一六―一八節。

三二一 （ラ三二一／ブ六〇〇）

マホメットがしたことなら、誰でもできる。彼は奇蹟を起こさなかったし、予告されてもいなかったのだから。イエス・キリストがしたことは、誰にもなしえない。

三二二　（ラ三二二／ブ八〇二）

使徒たちは、だまされたのでなければ、だましたのだ。だがどちらも困難だ。ある男が生きかえったと勘違いすることなど、ありえないのだから。

イエス・キリストは、彼らとともにいる間、彼らを支えることができた。しかしその後で、もし使徒たちに彼が現れなかったとすれば、誰が彼らを動かしたのか。

〔ファイルＡ二四〕　預　言

旧約聖書の預言、とりわけメシアの預言に関する断章を収めたファイル。

三二三　（ラ三二三／ブ七七三）

イエス・キリストによるユダヤ人と異邦人の滅亡①。

「すべての国々の民がやってきて、彼をあがめるだろう②」

「そんなことは、小さなことだ、云々《うんぬん》」イザヤ③。

「私に求めよ④」

「すべての王は彼をあがめるだろう⑤」

「不正な証人たち⑥」

「彼は、打つ者に頰《ほお》を向けるだろう⑦」

「彼らは食べ物として苦いものを与えた⑧」

（１）この一句は、「写本」では余白に記されている。なお、この断章の原稿は残されていない。

（２）「詩編」第二一（二二）編二八節のパラフレーズ。この引用も含めて、本断章で言及される聖書の章句はすべてウルガタに依拠し、ラテン語で引用されている。

（３）「イザヤ書」第四九章六節。断章二二一注（３）参照。

（４）「主は私に言われた。『おまえは私の子、今日、私はおまえを産んだ。私に求めよ。私はおまえに国々を相続財産として与え、地の果てまで、おまえの領土とする』」（「詩編」第二編七―八節。ウルガタによる）。伝統的にこの箇所は、神がメシアすなわちキリストに対して呼びかけた言葉だと解釈されていた。

（５）「詩編」第七一（七二）編一一節。「彼」は直接的にはソロモン王を指しているが、やはり伝統的には、メシアを含意していると解されていた。

（６）「不正な証人たちが立ち上がり、私の知らないことを追求する。彼らは私の善意に悪意をもってこたえる」（「詩編」第三四（三五）編一一―一二節。ウルガタによる）。この章句、および次に引用される二つの章句は、伝統的にイエスの受難の預言として読まれていた。イエスを捕えたユダヤの長老たちは、「死刑にしようとしてイエスに不利な偽証を探した。偽証人は何人も現れたが、証拠は得られなかった。最後に二人の偽証人が来て、こう言った」（「マタイによる福音書」第二六章五九―六〇節。ウルガタによる）。

（７）エレミヤの「哀歌」第三章三〇節。「マタイによる福音書」によれば、イエスは、「誰かがあなたの右の頰を打つなら、左の頰をも向けなさい」（第五章三九節）と述べたが、やがて捕えられ、裁判を受けた際に、平手で打たれている（同第二六章六七節）。

（8）「詩編」第六八〔六九〕編二二節。イエスを十字架につける前、兵士たちは彼に、「苦いものを混ぜたぶどう酒を飲ませようとした」（「マタイによる福音書」第二七章三四節）。

三二四　（ラ三二四／ブ七三〇）

そのとき、偶像崇拝はくつがえされ、このメシアはすべての偶像を打ち倒し、人々を真の神の礼拝に導くだろう。①

偶像の神殿は打ち倒され、すべての国、世界のすべての場所で、獣の犠牲ではない、清らかな犠牲が彼に捧げられるだろう。②

（1）「終わりの日に、主の神殿の山は、山々の頭《かしら》として堅く立ち、どの峰よりも高くそびえる。国々はこぞって大河のようにそこに向かい、〔……〕偶像はことごとく滅びる」（「イザヤ書」第二章二―一八節）

（2）「日の出る所から日の入《い》る所まで、諸国の間でわが名はあがめられ、至るところでわが名のために香《こう》がたかれ、清い献げ物がささげられている。わが名は諸国の間であがめられているからだ、と万軍の主は言われる」（「マラキ書」第一章一一節）

三二五①　（ラ三二五／ブ七三三）

彼は人々に完全な道を教えるだろう。②

そしてかつて、彼の前にも後にも、これに匹敵するほど神々《こうごう》しい教えを垂れた者は誰も現れなかった。[3]

（1）写本の配列に従う。ラフュマ版、ルゲルン版は、直前の断章と直後の断章を一つのものとして扱い、本断章をその次に配置している。

（2）「多くの民が来て言う。『主の山に登り、ヤコブの神の家に行こう。主は私たちに道を示される。私たちはその道を歩もう』と」（「イザヤ書」第二章三節）

（3）「今まで、あの人のように話した人はいません」（「ヨハネによる福音書」第七章四六節。イエスの逮捕に向かった兵士たちが、手ぶらで戻ってきて、逮捕を命じたユダヤ人指導者たちに述べた言葉）

三二五の二[1]　（ラ二二四／ブ七三〇）

彼はユダヤ人と異邦人の王となるだろう。[2] ところがこのユダヤ人と異邦人の王は、ともに彼の死を企む双方から迫害されながら、その双方の支配者となり、エルサレムではモーセの宗教を、ローマでは偶像崇拝の宗教を打破する。そして、モーセの宗教の中心地であったエルサレムに彼の最初の教会を、偶像崇拝の中心地であったローマに彼の主要な教会を樹立する。

（1）ブランシュヴィック版、ラフュマ版、ルゲルン版などは、本断章を断章三二五と合体させているが、原稿では別々の紙片に記されている。写本の順序に従って配列した。セリエ版も同じ措置を取っている。

（2）断章三二三で引用された、「私に求めよ」および「すべての王は彼をあがめるだろう」が、その預言にあたる。

三二六　（ラ三二六／ブ六九四）

そしてこれらすべての有終の美を飾るのは、予告である。それは、こうしたことが起こったのは偶然のせいだと言われないようにするためだ。

あと一週間しか命が残されていないのに、これらすべては偶然の仕業ではないと信じて生きることが、自分に与えられた分け前だと思わないような人は誰でも……(1)(2)

しかるに、もし私たちが情念に捕えられていなければ、一週間も百年も同じことだ。(3)

（1）断章一五三参照。

（2）ポール・ロワイヤル版は、「完全に正気を失っているだろう」と文章を補っている。

（3）断章一五九および三八六参照。

三二七　（ラ三二七／ブ七七〇）

大勢の人がやってきたその後に、ついにイエス・キリストが到来して、こう述べた。「私はここにいる。今こそ時だ。あなたがたに告げて言う。預言者たちがやがて起こると予告したこと、それを私の使徒たちが行うだろう。(1) ユダヤ人は排斥され、(2) まもなくエルサレムは破壊されるだろう。(3) そして異邦人が、神の認識に参入するだろう(4)（ケルソスはそれを嘲《あざけ》っていたのだが(5)）。あなた方がぶどう園の跡取り(6)を殺した後に、私の使徒たちがそれを行うだろう」

次いで使徒たちがユダヤ人に言った。「あなた方は呪《のろ》われるだろう。」また異邦人に言った。「あなた方は神の認識に参入するだろう。」そして、それはそのとき成就《じょうじゅ》した。

（1）　福音書が伝えるイエスの予告が問題になっている。

（2）　たとえば、イエスはこう予告している。「だから、言っておくが、神の国はあなたたちから取り上げられ、それにふさわしい実を結ぶ民族に与えられる」（「マタイによる福音書」第二一章四三節）。

（3）　イエスは、エルサレムの滅亡を予告している。たとえば、「ルカによる福音書」第二一章二〇―二四節。これは、伝統的に、ローマによるエルサレム占領と第二神殿の破壊（七〇年）を指していると解されていた。

（4）　たとえば、「マタイによる福音書」第八章一一節。

（5）　ケルソスについては、断章二〇七参照。

（6）　イエス・キリストのこと。彼自身、ぶどう園の農夫たちが跡取りを殺すというたとえ話を語っている（「マルコによる福音書」第一二章一―一二節）。

三二八　（ラ三二八／ブ七三二）

「人はそのときもはや、その隣人に教えて、『そこに主がいます』とは言わないだろう。それは、神がすべての人々に感じられるようになるからである」(1)「あなた方の息子たちは預言するだろう」(2)「私はわが霊と私への恐れをあなた方の心に置くだろう」(3)

これらはみな同じことである。

預言するとは、外部の証拠によらず、内的で直接の直感によって神について語ることである。

（1）「エレミヤ書」第三一章三四節。傍線部の「感じられる」のところは、原典では、「知る」という語が用いられており、パスカル自身、最初はそのように訳していたが、後で「感じられる」と書き直した。それは、彼にとって、「直感」つまり明証的な事柄を直接に感じることは、「心」に関係づけられる認識の一様態だからである。断章一一〇注(1)参照。なお、傍線部は、パスカル自身が下線を引いて強調した部分。

(2)「ヨエル書」第二章二八節(ウルガタ)。新共同訳では第三章一節。断章三〇一および三八二参照。

(3)「エレミヤ書」第三一章三三節、あるいは第三一章四〇節。

三二九　(ラ三二九／ブ七三四)

イエス・キリストはその始まりにおいては小さいが、そののち見る見る大きくなるだろう。「ダニエル書」の小石。[1]

メシアのことをいっさい耳にしたことがないとしても、世界の秩序に関するあれほど見事な予告が成就《じょうじゅ》するのを目にした後では、それが神聖であることが、私には分かる。そして、その同じ書物がメシアを予告していたことを知ったとすれば、彼が到来したことを確信するだろう。さらにその書物が到来の時機を第二神殿の破壊の前に置いているのを見れば、[2] 彼が到来したと公言するだろう。

(1) 預言者ダニエルが夢解きをしたネブカドネツァル王の夢に出てくる石。イエス・キリストの預言と考えられていた。「ダニエル書」第二章三四―三五節、四四―四五節。パスカルは、問題の章句を含む「ダニエル書」の抜書きを残している（断章四八五）。
（2）断章三一四注（3）および三三五参照。

三三〇　（ラ三三〇／ブ七二五）

預言

エジプト人たちの回心。
「イザヤ書」第一九章一九節
真の神に捧げる祭壇がエジプトに。①
（1）「その日には、エジプトの地の中心に、主のために祭壇が建てられ、その境には主のために柱が立てられる」（「イザヤ書」第一九章一九節）

三三一　（ラ三三二／ブ七四八）

メシアのときに、この民①は二つに分かれる。

霊的な者たちはメシアに随《したが》い、粗野な者たちは、彼の証人となるために、そのまま留まる。
（1）ユダヤ人のこと。

三三二　預言　（ラ三三二／ブ七一〇）

たった一人の人間でも、イエス・キリストの到来の時機と様態を予告する書物を作り、イエス・キリストがその預言どおりに到来したとすれば、もうそれだけで無限の力となる。

しかしここにはそれ以上のものがある。一連の人間たちが、四千年来、つねに変わることなく、この同じ到来のことを入れ替わり立ち替わり予告しにやってくる。ある民族全体が、そのことを告知し、四千年来存続しては、一丸となって、彼らがその到来を確信していることを証言している。そしていかなる脅迫や迫害を加えられても、そこから気持ちをそらせることができない。これは、はるかに注目に値する。

三三三　預言　（ラ三三三／ブ七〇八）

時機の予告は、ユダヤ人の状態、異邦人の状態、神殿の状態、年数によって行われる。(1)

（1）　断章三三五および三三八参照。

三三四　（ラ三三四／ブ七一六）

「ホセア書」第三章。[1]

「イザヤ書」第四二章、第四八章。「私は、ずっと前から予告していた、[2]私であることを知ってもらうために。」第五四章、第六〇章、第六一章、最終章。[3]

ヤドア、アレクサンドロスに。[4]

（1）　断章二五八、二六三、二六六、四八七の二参照。
（2）　「私はおまえに昔から知らせ、事が起こる前に告げておいた。これらのことを起こしたのは、私の偶像だ〔……〕とおまえに言わせないためだ」（『イザヤ書』第四八章五節）。断章四八九に引用されている『イザヤ書』第四二章九節も参照のこと。
（3）　パスカルは、これらの章からいくつかの箇所を抜き出して、翻訳あるいは要約の形で引用している。断章四五三、四八六の七および八、四八七、四八九参照。そこで主として問題になっているのは、「ユダヤ人の排斥と異邦人の回心」（断章四八九）という二重のテーマである。

（4）フラウィウス・ヨセフスの『ユダヤ古代誌』第一一巻八章によれば、アレクサンドロス大王は、ギリシャの王がペルシャ帝国を打破することを予告した「ダニエル書」の箇所を見せられ、大王はユダヤ人の神を礼拝したという。ヤドアは、大王を迎えたユダヤの大祭司。

三三五①　（ラ三三六／ブ七〇九）

よほど大胆でなければ、同じ一つの事柄を、これほど多様なやり方で予告することはできない。偶像を礼拝する四つの異教の王国、ユダの支配の終焉《しゅうえん》そして七十週が同時に到来しなければならなかったのだ。さらに、そのすべてが、第二神殿の破壊される前に。②

（1）写本の配列に従う。ラフュマ版、ルゲルン版は次の断章三三六の後に配置している。
（2）メシアの到来の時機は、旧約聖書において、一通りではなく四通りのやり方、つまりそれぞれ独立した四つの年代を指標として予告されていた、というのである。それらがすべて一致するのは、預言の成就《じょうじゅ》に劣らず驚くべきことである。四つの王国については、断章四八五で引用される「ダニエル書」第二章、ユダの支配すなわちユダヤ人の支配の終焉について は、断章四八三および四八四で引用される「創世記」第四九章、七十週については、断章四八五で引用される「ダニエル書」第九章、エルサレムの第二神殿の破壊については、断章四八三で引用される「ハガイ書」第二章を参照。

三三六　（ラ三三五／ブ七〇六）

イエス・キリストの証拠のうち、最大のものは預言である。だから神も、その準備に最大の注意を払われた。なぜなら預言を成就《じょうじゅ》する出来事こそ、教会の誕生から終末にいたるまで存続する奇蹟なのだから。こうして神は千六百年にわたって預言者を立てられ、その後四百年の間、それらすべての預言を、その保持者であるすべてのユダヤ人とともに、世界各地に四散させられた。このようにして、イエス・キリストの誕生が準備された。彼の福音は、全世界が信じなければならない。だから、彼を信じさせるための預言が必要であるばかりでなく、彼を全世界に受け入れさせるために、それらの預言が全世界に流布している必要があったのだ。

三三七　（ラ三三七／ブ七五三）

メシアと信じられたヘロデ(1)。彼は、王笏《おうしゃく》をユダから取り去った。しかし彼はユダの出ではなかった。そのために大きな党派ができた。

そしてバルコシバ(2)、およびユダヤ人たちに受け入れられたもう一人の男(3)。そしてこの時期、四方に広まった噂《うわさ》。スエトニウス、タキトゥス、ヨセフス(4)。

メシアが王笏を永久にユダに留めるはずだったのに、彼の到来とともに王笏がユダから取り去られなければならなかったとしたら、一体メシアはどうあるべきだったのだろうか。

彼らを、「見れども見えず、聞けども聞こえず」の状態にするために、[5]これ以上うまい手はなかった。

時代区分を数える者たちに対する〔ユダヤ人〕[6]の呪《のろ》い。

（1）「メシアの時代を特徴づけるこれらすべてのしるしは、イエス・キリストと同時代のユダヤ人および彼らに隣接する民族にきわめて強い印象を及ぼし、メシアに対する堅固《けんご》で不変の期待を抱かせたので、彼らのうちの多くの者がヘロデをメシアと見なした」(グロティウス『キリスト教の真理について』第五書一四章)。本断章の最初のパラグラフに含まれる情報は、グロティウスの同書(一六二七年公刊)に由来する。断章二六六参照。

（2）あるいは、バル・コクバ。ローマ第二ユダヤ戦争(一三二―一三五年)の指導者。メシアと称された。グロティウス『キリスト教の真理について』第五書一七章による。

（3）グロティウスは、バルコシバと並んで、ゴランのユダの名を挙げている。

（4）スエトニウス『ローマ皇帝伝』第五巻二五節。タキトゥス『年代記』第一五巻四四節。

ヨセフス『ユダヤ古代誌』第一八巻三章以下。
(5) 「イザヤ書」第六章一〇節。断章二六〇注(2)参照。
(6) 原稿には、「ギリシャ人」とあるが、セリエ版およびルゲルン版は、書き誤りと考えて、「ユダヤ人」に訂正している。そうだとすれば、メシア到来の時機の計算をユダヤ人が拒否していたことが問題になっている。

三三八　(ラ三三八／ブ七二四)

予告

第四王国において、第二神殿の破壊の前、ユダヤ人の支配が取り去られる前、「ダニエル書」の第七〇週において、第二神殿の存続期間に、異教徒たちは教えを授けられ、ユダヤ人のあがめていた神を知るように導かれる。神を愛する人々は、おのれの敵から解放され、神への畏《おそ》れと愛に満たされる。(1)

そして第四王国において、第二神殿の破壊の前、云々《うんぬん》、異教徒が群れをなして神をあがめ、天使のような生活を送る。

———

娘たちはその貞操と生涯を神に捧げ、男たちはあらゆる快楽を断念する。プラトンがごく少数の知的エリートにしか説得できなかったことを、ある隠れた力が、学のない無

数の一般人に説得する、それもわずかの言葉の効力で。(2)

金持ちは財産を捨て、子供たちは心地よい父親の家を離れて、荒野での禁欲生活に赴《おもむ》く、云々。ユダヤ人フィロンを見よ。(3)

一体これは何か。これこそ、あれほど以前から予告されていたことだ。二千年この方、いかなる異教徒もユダヤ人の神をあがめることはなかった。それが、予告された時期が来ると、異教徒の群れがこの唯一の神をあがめ、神殿は破壊され、国々の王でさえ十字架に服従する。一体これは何か。それは、地上に広まった神の霊の働きだ。

ラビたちでさえ、モーセからイエス・キリストにいたるまでは、いかなる異教徒もモーセの書を信じないことを認めている。しかしイエス・キリストの到来後は、異教徒の群れがそれを信じ、その本質と精髄を遵守《じゅんしゅ》し、拒絶するのは無用な部分だけである。

（1）断章三三五参照。
（2）プラトンの学説の影響とキリスト教の影響の比較は、アウグスティヌス『真の宗教について』第三章三―五節に由来する。
（3）アレクサンドリアのフィロンは、『観想的生活』の中で、「テラペウタイ」と呼ばれ、上エジプトに隠棲する修行者に言及しているが、多くの教父は彼らをキリスト教徒と同一視していた。フィロンについては、断章三一七参照。

三三九　（ラ三三九／ブ七三八）

預言者たちは、メシアの来臨に合わせて起こるはずの多様なしるしを告知していたので、これらのしるしはみな同時に生じなければならなかった。こうして、第四王国は、「ダニエル書」の七十週が完了したときに到来し、そのとき、王笏《おうしゃく》がユダから取り去られねばならなかった。そしてこれらすべては、何の困難もなく生じた。そしてそのときこそ、メシアが到来するべきだったのだが、そのとき、メシアと名乗るイエス・キリストが到来した。そしてここにもまた障害はない。そしてこれが預言の真実をきちんと証拠立てている。

三四〇　（ラ三四〇／ブ七二〇）

「われわれにはカエサルの他に王はいない。[1]」だからイエス・キリストはメシアなのだ。なぜなら彼らには、もはや外国人の王しかおらず、他の王を望んでもいなかったのだから。

（1）　イエスの裁判において、ピラトがユダヤ人たちに、「あなたたちの王を私が十字架につけるのか」と問いかけたときに、祭司長たちが答えた言葉（「ヨハネによる福音書」第一九章一五節)。それによって、「ユダの支配の終焉《しゅうえん》」(断章三三五)が実現し、「創世記」(第四九章一〇節)のメシアに関する預言がイエス・キリストにおいて成就《じょうじゅ》したことが示された、というのである。ファイルＡ一九「律法は表徴的であった」に含まれる断章二六三および二六六、本ファイルに属する断章三三七を参照。

三四一　(ラ三四一／ブ七二三)

預言

「ダニエル書」の七十週は、出発点については預言の言い回し(1)のせいで、終着点については年代学者の意見にばらつきがあるせいで、曖昧《あいまい》である。しかしその差は全部合わせても、せいぜい二百年にしか達しない。

(1)「エルサレム復興と再建についての御言葉《みことば》が出されてから、油注がれた君《きみ》の到来まで七週あり、また、六十二週あって、危機のうちに広場と堀は再建される」(「ダニエル書」第九章二五節。パスカル自身、断章四八五でこの部分を引用し、注釈を付けている)。この「御言葉」が、いかなる出来事に関わるかについては、ラビたちの間で議論が繰り広げられていた。『プギオ・フィデイ』第二巻三章に、その要約が見られる。

三四二　(ラ三四二／ブ六三七)

預言

王笏《おうしゃく》は、バビロン捕囚によっては中断されなかった。彼らの帰還は速やかで、予告されていたのだから。(1)

（1）断章三〇五および三一四参照。

三四三　（ラ三四三／ブ六九五）

預言

大いなるパンは死んだ。(1)

（1）プルタルコス『モラリア』の「神託の消滅」によれば、ローマ皇帝ティベリウスの時代（一四―三七年）、タムスという男が、「大いなるパンは死んだ」と告げるように命じる声を聞いたという。この挿話は、シャロン『三つの知恵』（一五九三年）が取り上げており、パスカルはそれによっていると考えられる。「アウグストゥスの即位以降、そしてイエス・キリストの到来にいたって、神託は沈黙し、伺いを立て、犠牲を捧げる者たちにもはや答えなくなった。悪霊や悪魔は追い払われ、身を引き、沈黙することを強いられた。〔……〕プルタルコスはこの問題についてとくに論考を著し、その原因をあれこれ探し求めているが、その中で、偉大な神パンの死を語っている」（第二書八章）

三四四　（ラ三四四／ブ七五六）

やがて起こるべき事柄を明らかに予告する人、自分の意図は人々の目をくらませながら光を与えることにあると公言し、起こりつつある明白な事柄のうちに薄暗い謎《なぞ》を混ぜ合わせる人、そんな人に畏敬の念を抱かずにいられようか。

三四五　（ラ三四五／ブ七二七の二）

「そんなことは、小さなことだ、云々《うんぬん》」、イザヤ。(1) 異邦人の召命。(2)

（1）断章二二一および三二三参照。

（2）ユダヤ人ではない諸国の民が、「ユダヤ人のあがめていた神を知るように」（断章三三八）、神から招き寄せられたこと。

三四六　（ラ三四六／ブ七二九）

予告

こう予告されている。メシアのときに、彼が到来して新たな契約を樹立し、エジプトからの脱出を忘れさせ――「エレミヤ書」第二三章五節、(1)「イザヤ書」第四三章一六節(2)

――、その掟《おきて》を外面ではなく心の中に刻み、(3)上面《うわつら》でしかなかった彼への畏《おそ》れを心の真ん中に刻み込むだろう。これらすべてのうちに、キリスト教の掟を見ない者があるだろうか。

（1）「見よ、このような日が来る、と主は言われる。私はダビデのために正しい若枝を起こす。王は治め、栄え、この国に正義と恵みの業《わざ》を行う。彼の代《よ》にユダは救われ、イスラエルは安らかに住む。彼の名は、『主は我らの救い』と呼ばれる。それゆえ、見よ、このような日が来る、と主は言われる。人々はもはや、『イスラエルの人々をエジプトの国から導き上《のぼ》った主は生きておられる』と言って誓わず、『イスラエルの家の子孫を、北の国や、彼が追いやられた国々から導き上り、帰らせて自分の国に住まわせた主は生きておられる』と言って誓うようになる」（「エレミヤ書」第二三章五―八節）

（2）「主はこう言われる。海の中に道を通し、恐るべき水の中に通路を開かれた方、戦車や馬、強大な軍隊を共に引き出し、彼らを倒して再び立つことを許さず、灯心のように消え去らせた方。初めからのことを思い出すな。昔のことを思いめぐらすな。見よ、新しいことを私は行う。今や、それは芽生えている。あなたたちはそれを悟らないのか。私は荒れ野に道を敷き、砂漠に大河を流れさせる」（「イザヤ書」第四三章一六―一九節）

（3）断章三二八参照。

三四七　（ラ三四七／ブ七三五）

預言

ユダヤ人たちはイエス・キリストを排斥し、そのゆえに彼らは神から排斥されるだろう。選ばれたぶどう畑はすっぱいぶどう酒しか産み出さないだろう。(1) 選ばれた民は不実、恩知らず、そして不信の徒だろう。「信ずることなく、言い逆らう民」(2)第二八章二八節。(3) 神は彼らを打って、盲目にし、彼らは盲人のように、真っ昼間に手探りするだろう。

一人の先駆けが、彼の前にやってくるだろう。(4)

（1）「イザヤ書」第五章二節。パスカルは、断章四八九でこの章句を翻訳している。

（2）パウロが引用するイザヤの言葉。「〔イザヤは〕イスラエルについて、『私は、信ずることなく、言い逆らう民に、一日じゅう手を差し伸べた』と言っている」（「ローマの信徒への手紙」第一〇章二一節。ウルガタによる）。「イザヤ書」第六五章二節参照。

（3）「申命記」第二八章二八―二九節。

（4）「見よ、私は使者を送る。彼はわが前に道を備える」（「マラキ書」第三章一節）

三四八　（ラ三四八／ブ七一八）

ダビデの血統の永遠の統治、「歴代誌下」[1]。すべての預言によって、しかも誓約をもって。しかしそれは現世的には成就《じょうじゅ》しない、「エレミヤ書」第三三章二〇節[2]。

(1) 第七章一七―一八節。神殿を完成したソロモンに神が与えた言葉。「もしあなたが、父ダビデが歩んだように、私の前を歩み、私があなたに命じたことをことごとく行い、掟《おきて》と定めを守るなら、あなたの父ダビデと契約して、『あなたにはイスラエルを支配する者が断たれることはない』と言った通り、私はあなたの王座を存続させる」

(2) エレミヤに臨んだ神の言葉。「私が昼と結んだ契約、夜と結んだ契約を、おまえたちが破棄して、昼と夜とがその時に従って巡るのを妨げることできないように、私が、わが僕《しもべ》ダビデと結んだ契約が破棄され、ダビデの王位を継ぐ嫡子《ちゃくし》がなくなり、また、私に仕えるレビ人《びと》である祭司との契約が破棄されることもない」

〔ファイルA二五〕　個別の表徴

預言が言葉によって来たるべきことを予告するとすれば、表徴は事象(人間・事物・出来事)によって来たるべきことを予告する。この意味で、表徴は預言としての価値をもつ。たとえばノアはメシアの表徴であった(断章二八一)。メシアの預言が旧約の預言の中心にあるように、表徴の多くはメシアを告知するが、それと並んで、「個別の事柄」(断章五九二)を告知する表徴がある。「個別の表徴」は、その実現を通じて、メシアの預言の真実を傍証する役割を果たす。断章二八二および八一九参照。

三四九　(ラ三四九/ブ六五二)

個別の表徴

二重の律法、律法の二重の板、二重の神殿、二重の捕囚。

三五〇　（ラ三五〇／ブ六二三）

〔ヤフェトから系図が始まる。[1]〕

ヨセフ[2]は両腕を交差させ、弟を優先した。[3]

（1）ヤフェトはノアの末子。彼の系図は兄たちの系図より先に置かれている。「創世記」第一〇章一―五節参照。

（2）パスカルの誤記。ヤコブが正しい。

（3）「イスラエル（＝ヤコブ）は右手を伸ばして、弟であるエフライムの頭の上に置き、左手をマナセの頭の上に置いた。つまり、マナセが長男であるのに、彼は両手を交差して置いたのである」（「創世記」第四八章一四節）。前出のヤフェトの系図と並んで、慣習に反して末子が長子より優先される例が挙げられている。アウグスティヌス『神の国』（第一六巻三章および四二章）によれば、長子はユダヤ人、末子はキリスト教徒を表わし、救いの業《わざ》において、新約の民（キリスト教徒）が旧約の民（ユダヤ人）に対して優位を占めることのしるしであるという。断章四八四参照。

〔ファイルA二六〕　キリスト教の道徳

三五一　（ラ三五一／ブ五三七）

キリスト教は奇妙千万だ。人間に、おのれが卑しくまた厭《いと》わしくさえあることを自認するように命じながら、同時に、神に似るように欲することを命ずるのだから。このようなバランスなしに持ち上げられれば、人間は恐ろしく高慢になるだろうし、貶《おとし》められれば、恐ろしく卑屈になるだろう。

三五二　（ラ三五二／ブ五二六）

みじめさは絶望を生み出す。

傲慢《ごうまん》は思い上がりを生み出す。

受肉[1]は人間に自分がどれほどみじめであるかを示す。どれほど大きな癒《いや》しが必要であったかを示すことによって。

（1） 神であるロゴスすなわち言《ことば》が肉となって、つまり人間となって地上に現れたこと（「ヨハネによる福音書」第一章一四節）。

三五三 （ラ三五三／ブ五二九）

善を行えなくなるような卑下でもなく、悪から免れられるような聖性でもない。(1)

（1） 断章二〇八参照。

三五四 （ラ三五四／ブ五二四）

人間にとって最もふさわしい教えは、これだ。人間が恵みを受け取ることも失うこともできる二重の能力を備えているのは、彼が絶望でなければ傲慢に陥るという二重の危険につねにさらされているからだ。

三五五 （ラ三五五／ブ七六七）

地上のすべての事柄のうち、彼が関わるのは快楽ではなく、悲しみだけだ。彼は友人を愛するが、彼の愛はその限界にとどまらず、自らの敵さらには神の敵に及ぶ。

三五六　（ラ三五六／ブ五三九）

服従について言えば、兵士とカルトゥジア会士[1]の間に、いかなる違いがあるのか。じっさい両者とも同じように服従し従属し、同じように辛い訓練に服している。しかし兵士はつねに支配する側に回ることを望むが、決して成功しない。なぜなら将軍や君主でさえつねに奴隷であり、従属しているのだから。しかし兵士はそれでも支配することを望み、そうなるためにつねに努める。それに対してカルトゥジア会士は、あくまで従属するという誓いを立てている。こうして両者はつねに従属しており、その点で違いはない。ただ一方は従属をまぬかれるという希望をつねに抱いているのに、他方は決してそんな希望は抱かないところが異なっている。

（1）　カルトゥジア会は、十一世紀末にブルノがフランス、グルノーブル郊外のラ・グランド・シャルトルーズ（ラテン名カルトゥジア）に創立した修道院を起源とする観想修道会。同会の修道士は、沈黙と清貧の隠棲修道生活を送り、神の観想に献身することを目指した。

三五七　（ラ三五七／ブ五四一）

真のキリスト教徒ほど幸福で、分別があり、徳高く、愛すべき者は他にいない。

三五八　（ラ三五八／ブ五三八）

キリスト教徒は神に結ばれていると信じているが、それは傲慢《ごうまん》とどれほど隔たっていることか。彼は自分を地上の虫けら同然と思っているが、それは卑屈とどれほど隔たっていることか。生と死、幸福と不幸を何と見事に受け入れていることだろう。

三五九　（ラ三五九／ブ四八一）

英雄的な死を遂げたスパルタ人やその他の人々は、私たちの手本とはならない。それは私たちをほとんど感動させない。じっさい、それが私たちに何をもたらすというのか。しかし殉教者《じゅんきょうしゃ》たちの死は、私たちの手本であり、私たちを感動させる。彼らは、私たちの体の部分なのだから(1)。私たちは、彼らと共通の絆《きずな》で結ばれている。彼らの堅固《けんご》な意志は手本であるばかりでなく、おそらくは功徳《くどく》として働いて、私たちの意志を固めてくれる。

異教徒の手本には、そのようなところはいささかもない。私たちに彼らとの絆はない。見知らぬ他人が金持ちだからといって金持ちになることはないが、自分の父あるいは夫が金持ちであれば話は別だ。

（1）　信者たちはキリストに結ばれて、一つの神秘的な体を形作っており、それぞれの信者は互いにその部分（メンバー、手足）であるという考えにもとづく。たとえば、パウロは次のように述べている。「私たちの一つの体は多くの部分から成り立っていても、すべての部分が同じ働きをしていないように、私たちも数は多いが、キリストに結ばれて一つの体を形作っており、各自は互いに部分なのです」（「ローマの信徒への手紙」第一二章四―五節）

三六〇　（ラ三六〇／ブ四八二）

道徳①

神は天と地を造られたが、天も地も、自分があることの幸福を感じることができない。そこで神は、その幸福を知るような存在、考える手足②として寄り集まって一つの体を構成するような存在を造ろうとされた。考える手足というのは、私たちの手足は、相互に結びつき、見事に協調し、自然が丹精こめて送り込んでくれる精気③によって成長し、維持されているが、その幸福を感じることがないからである。手足がそれを感じ、それを見ることができたら、彼らはどんなに幸福だろう。しかしそのためには、それを知るための知性を、そして全体の魂の意志に同意するための善い意志を、手足自身が備えなければならないだろう。もしも手足が、知性を受け取りながら、それを用いて食べ物を自分のところに引き止め、他の部分に回さないとしたら、そういう手足は不正であるばかりでなくみじめであり、自分を愛するというより自分を憎むことになるだろう。手足の幸福と義務は、それが結ばれている魂全体の導きに従うところにあるのだから。まことに魂は、手足が自分自身を愛する以上に手足を愛する。

(1) 「第一写本」では、このタイトルの前に、「考える手足のはじまり」という文言が記されている。

(2) 「手足」の原語は membres、直前の断章では、「部分」と訳した。英語の「メンバー」も同様であるが、身体の手足、および集団を構成する部分の両方の意味がある。

(3) 伝統的な生理学、さらにはデカルトの生理学において、身体器官の感覚と運動を媒介すると考えられた微細な物質。

三六一 (ラ三六一/ブ二〇九)

おまえは主人から愛され、おだてられたからといって、奴隷でなくなるというのか。奴隷よ、おまえには財産があり、主人はおまえをおだてる。だがもうじき彼はおまえを打ちすえるだろう。(1)

(1) 人に従属しながら、「つねに支配する側に回ることを望む」兵士の状況。断章三五六参照。

三六二　（ラ三六二／ブ四七二）

自己本位の意志は決して満足することがない。たとえ望むことすべてをなす力があったとしても。しかしそれを断念すれば、ただちに満足が得られる。自己本位の意志を脱すれば、不満になりえない。自己本位の意志が働けば、満足できない。

三六三　（ラ三六三／ブ九一四）

彼ら(1)は欲心を働かせ、良心の疑念を抑制する。逆のことをしなければならないのに。

（1）　放任主義的な決疑論者。断章二四三注（7）参照。

三六四　（ラ三六四／ブ二四九）

形式的な儀礼に期待を寄せるのは迷信家の振舞いだ。しかしそれに従おうとしないのは、傲慢《ごうまん》な振舞いだ。

三六五　（ラ三六五／ブ四九六）

経験は私たちに、信心と善良さの間に非常な違いがあることを教えてくれる(1)。

（1） 「民衆に対して、『宗教的な信仰さえあれば、道徳的によい振舞いがなくても、それだけで神の正義を満足させるのに十分である』と説く教えは、あらゆる国家に破滅を招く教えであり、巧妙精巧である以上に危険な教えである。経験はわれわれに、信心と良心の間には非常な差異があることを教えてくれる」（モンテーニュ『エセー』第三巻一二章）。パスカルは、ものごとの判断においてひたすら自らの信心に寄りすがる「知識より熱意にまさる信者」を「完全なキリスト教徒」と区別している（断章九〇）。

三六六 （ラ三六六／ブ七四七の三）

各々の宗教における二種類の人間

「永続性」を見よ。(1)

迷信、欲心。(2)

（1） 断章二八六参照。

（2） 断章九〇八参照。

三六七 （ラ三六七／ブ六七二）

断じて形式主義者ではない

聖ペトロと使徒たちが割礼の廃止を協議して、それが神の律法に反するかどうかを議論したとき、彼らが判断の根拠にしたのは、預言者の言葉ではなく、単純に割礼を受けていない人々が聖霊を受けているという事実であった(1)。

彼らは、神が聖霊で満たした人々を是認していることのほうが、律法の遵守《じゅんしゅ》の義務よりも確実な根拠だと判断する。

彼らは知っていたのだ。律法の目標は聖霊にしかなく、こうして律法は必要ではない。なぜなら割礼なしに聖霊が得られるのだから。

（1）エルサレムの使徒会議でのペトロの発言。「使徒言行録」第一五章五―一一節参照。

三六八　（ラ三六八／ブ四七四）

手足

ここから始めること

自分自身をどれだけ愛したらよいのか、その程度を調整するためには、考える手足が集まって出来上がった一つの体を想像しなければならない。じっさい私たちは全体の手足なのだ。そして各々の手足が、どのように自分を愛すべきかを検討しなければならない、云々《うんぬん》。

三六九① （ラ三六九／ブ六一一）

国家

キリスト教国家②さらにはユダヤ教国家も、それを支配するのは神だけだった。それは、ユダヤ人フィロンも『王政論』で指摘している通りだ③。

彼らが戦ったとき、それはひたすら神のためであり、神からしか期待するところはなかった。自分たちの町はただ神に属するものと考え、神のためにそれを保持した。「歴代誌上」第一九章一三節④。

（1） 前断章三六八と同じ紙片に記されている。セリエ版とルゲルン版は、二つをまとめて、一つの断章としている。

（2） これが具体的に何を指すかは大問題である。確かなのは、キリスト教を国教とする地上の国家ではないことである。パスカルが考えていたのは、おそらく教会、神の国の似姿としての地上の教会、彼の観点からすればローマ・カトリック教会である。

（3） フィロンは、ユダヤ教を「神の愛《め》で慈しむ新しい国家」、「真実の自然の国家」と呼んでいる（『王政論』第一巻）。フィロンの著作は、十七世紀初頭にフランス語に訳され、『王政論』もその中に含まれている。

（4） ユダヤ軍がアンモン、アラムの連合軍と戦ったとき、司令官のヨアブが兄弟のアブシャイに述べた言葉。「我らの民のため、我らの神の町々のため、雄々《おお》しく戦おう。主が良いと思われることを行ってくださるように」

三七〇　（ラ三七〇／ブ四八〇）

手足が幸福になるようにするためには、手足が意志をもち、それを体全体に合致させることが必要だ。(1)

（1）「体全体」というのは、「体全体を統御する第一の意志」（断章三七四）のこと。本章のテーマである「キリスト教の道徳」において、信者は孤立した存在（考える葦《あし》）ではなく、ある全体の部分（考える手足）である。彼は、キリストの体である神秘体（教会）の一部であると同時に、彼を生かす聖霊を宿す神殿である。この思想は、パウロの書簡の中で、繰り返し展開されている。たとえば、「コリントの信徒への手紙　一」第六章一五―二〇節、同第一二章一二―二七節、「ローマの信徒への手紙」第一二章四―八節等。

三七一　（ラ三七一／ブ四七三）

考える手足が集まって出来上がった体を想像してみるがよい。

三七二　（ラ三七二／ブ四八三）

手足であるということは、ただ体の霊によって、そしてただ体のために、生命と存在と運動を所有することである[1]。手足が切り離されて、自分の所属している体を見失うと、それはすでに滅びゆき死にゆく存在でしかない。ところがそれは、自分が一個の全体であると信じ、自分が体に依存していることが見えないので、自分にしか依存していないと思い込み、自分を中心にして体全体になろうとする。しかし自分のうちには生命の根源がないので、ただださまようばかりで、自分の存在があやふやなのに驚きあきれる。それというのも、自分が体ではないことは感じていても、自分がある体の手足であることが見えないからだ。ついに手足が自分を知るにいたると、あたかもわが家に立ち帰ったかのように、もはや体のためにしか自分を愛さず、過ぎた日の過ちを悲しむ。

手足はその本性に従うかぎり、ただ自分自身のために、また自分に従属させるのでなければ、どうしても他のものを愛することができない。なぜなら各自は何よりも自分を愛するからだ。しかし体を愛することは、自分自身を愛することだ。手足が存在するのは、体において、体によって、体のためなのだから。「神につく者は、神と一つの霊になる[2]」

体は手を愛する。そして手は、もしも自分に意志があれば、魂が手を愛するのと同じように自分を愛すべきだろう。それを踏み越えるあらゆる愛は不正である。

「神につくことによって、一つの霊になる。」私たちは自分を愛する。私たちはイエス・キリストの手足なのだから。私たちはイエス・キリストを愛する。彼は、私たちが手足として所属する体なのだから。すべては一つである。一は他のうちにある。三位一体のように。

（1）パウロがアテネのアレオパゴスで行った演説の中で引用した言葉。「皆さんのうちのある詩人たちも、『我らは神の中に生き、動き、存在する』〔……〕と言っている通りです」（「使徒言行録」第一七章二八節）

（2）「コリントの信徒への手紙 一」第六章一七節。

三七三　（ラ三七三／ブ四七六）

神だけを愛し、自己だけを憎むべきである。[1]

もしも足が、自分が体に所属していること、つまり一つの体があって、それに自分が依存していることをずっと知らずに過ごし、ただ自己認識と自己愛にかまけていたとする。ところがある時、自分がある体に所属しそれに依存していることを知るにいたったとすれば、足は自分の過ぎ去った生活をどれほど後悔し、どれほど恥じるだろう。自分に生命を吹き込んでくれた体の役に立たない生き方をしてきたのだから。足は体からのれを引き離しつつあったが、もしも体のほうが足を拒絶し切り離したとすれば、足は無に帰していたはずだ。体のうちに留め置かれることを、足はどれほど希《ねが》うことだろう。そしてどれほど従順に、体を統《す》べる意志の導きに身を任せることだろう。必要とあれば、体から切り離されることに同意するまで。さもなければ、足としての資格を失ってしまうことになるだろう。じっさい手足たるもの、体のために滅びる覚悟が必要だ。体こそ、すべてがそのためにある唯一のものなのだから。

（1）このような考え方の背後には、アウグスティヌスが『神の国』で展開した「二つの愛」に関する教えがある。「二つの愛が二つの国を建てた。神をないがしろにするほどの自己愛は、地上の国を、自己をないがしろにするほどの神の愛は、神の国を」（第一四巻二八章）。「自己を憎む」ことについては、断章二二〇参照。

三七四　（ラ三七四／ブ四七五）

もしも足と手に個別の意志があるとすれば、その個別の意志を、体全体を統御する第一の意志に従わせることによってしか、手足本来のあり方を守ることはできない。それを踏み越えれば、混乱と不幸に陥る。しかし体の幸福だけを望むことによって、手足は自分自身の幸福を実現する。

三七五　（ラ三七五／ブ五〇三）

哲学者たちは、悪徳を神自身に帰することによって、神聖なものに祭り上げた。キリスト教徒たちは美徳を神聖なものにした。

三七六　（ラ三七六／ブ四八四）

二つの掟《おきて》(1)があれば、それだけで、キリスト教国家(2)全体を統治するのに十分である。いかなる国法もそれには及ばない。

（1）「心を尽くし、精神を尽くし、思いを尽くして神を愛すること」および「隣人を自分のように愛すること」を命ずる二つの掟。イエスによれば、「律法全体と預言者は、この二つの掟にもとづいている」という(「マタイによる福音書」第二二章三七―四〇節参照)。

(2)　断章三六九注(2)参照。

〔ファイルＡ二七〕　結　論

三七七　（ラ三七七／ブ二八〇）

神を知ることから愛することまで、何と遠いのだろう。

三七八　（ラ三七八／ブ四七〇）

「もしも奇蹟を見たことがあれば、回心するのだが」と彼らは言う。知りもしないことをするだろうなどと、どうして彼らは請け合うのか。彼らが想像している回心は、神をあがめることにあるが、彼らはその崇拝を自分たちが思い描くような交際、つまりは社交だと見なしている。真の回心は、この普遍的な存在の前で自分を無にするところにある。私たちは何度となくその怒りを引き起こした以上、いつなんどき滅ぼされても、それは正当なのだから。真の回心は、神なしには私たちが何もできず、何の功徳《くどく》もなく、ただ神の不興を買う値打ちしかないことを認め、さらに、神と私たちの間に克服することのできない対立があり、仲保者なしには神との交わりはありえないことを知るところにある。

三七九　（ラ三七九／ブ八二五）

奇蹟は回心させる役には立たないが、有罪を宣告する役には立つ[1]。第一部一一三問一〇項、異論第二に対する回答[2]。

（1）　パスカルにとって、奇蹟や預言をはじめとするキリスト教の証拠──その中には、護教論の論証も含まれる──は、「人を完全に説き伏せる力があると言えるようなものではない。しかしそれらを信じる根拠がないとは言えない程度の説得力は備えている」（断章八三五）。こうして、キリスト教の証拠の「明瞭さは罪に定めるには十分であるが、説得するには十分でない」。

（2）　トマス・アクィナス『神学大全』第二部の一（第一部は間違い）の該当箇所への言及。トマスはそこで、回心の業《わざ》が、例外は別にして、奇蹟ではないと述べている。ある出来事が奇蹟と言われるのは、生み出された結果がその固有の原因の能力を越える場合に限られる。ところで不信者の回心を引き起こすのに神以外の原因はありえない。したがって回心は、驚嘆すべき出来事ではあっても、奇蹟ではない。この命題を裏返せば、奇蹟は回心の原因にはならないということになる。パスカルは自らの主張を、トマス・アクィナスの権威によって確認しようとしているのである。

三八〇　（ラ三八〇／ブ二八四）

素朴な人々が推論なしに信じるのを見ても驚いてはいけない。神は、彼らが神ご自身を愛し、自分たち自身を憎む気持ちを授け、彼らの心を信じるほうへと傾けられる。もし神が心を傾けてくださらなければ、有益で信仰の名に値する信仰は決して生まれないだろう。そして神が傾けてくださりさえすれば、すぐに生まれるだろう。

これこそダビデが熟知していたことである。「神よ、わが心を傾かせたまえ」(1)云々《うんぬん》。

（1）「貪欲《どんよく》にではなく、あなたの証しである定めに、私の心を傾けるようにしてください」（「詩編」第一一八〔一一九〕編三六節）

三八一　（ラ三八一／ブ二八六）

聖書を読んだことがないのに信じる人々がいる。それは、彼らの内心のありようが実に清らかであり、また彼らが私たちの宗教について聞いていることが、その心構えに合致するからである。彼らは、一なる神によって自分たちが造られたと感じている。神だけを愛そうと思い、自分だけを憎もうとしか思わない。しかし自分自身ではその力がなく、自分のほうから神のもとに赴《おもむ》くことはできず、神が自分のほうにやってこなければ、神とのいかなる交流にも入れないことを感じている。そして彼らは、私たちの宗教がこう教えるのを耳にする。「私たちは神だけを愛し、自分だけを憎まなければならない。しかし、誰もが堕落して神を受け入れることができないので、神は私たちに結びつくために人になった。」もうこれだけで、このような心構えの持ち主、自分の義務が何であるかを知り、しかもそれを果たすことができない不甲斐《ふがい》なさを自覚している人々を納得させるのに十分だ。

三八二　（ラ三八二／ブ二八七）

神を知ること

預言も証拠も知らずにキリストを信じる人々を見かけるが、彼らはそれでも、それらの知識を備えたキリスト教徒に劣らず、正しい判断を下している。知識あるキリスト教徒の判断が知性にもとづいているとすれば、彼らの判断は心にもとづいている。彼らを信仰へと傾けられるのは神ご自身であり、そのため、彼らの確信はきわめて有効だ。

〔しかし、このような判断の仕方は確実ではない、異端者や異教徒が道を誤ったのは、それに従ったせいだ、という反論があるかもしれない(1)。〕

〔だが異教徒でも同じことが言える、という答えが返ってくるかもしれない。しかしそれに対しては、こう答えたい。神はご自分が愛される者の心を本当に傾けて、キリスト教信仰へと導かれるという証拠が、私たちのほうにはあるが、異教徒のほうには、彼らの主張を裏付けるいかなる証拠もない。こうして両者の主張は字面《じづら》では類似しているが、一方にはいかなる証拠もなく、他方はきわめて堅固《けんご》に証明されているという点で異なっている。〕

たしかに次のことは認めよう。証拠なしに信じているキリスト教徒の中には、自分も信じていると言い張る異教徒を説き伏せるだけのものを持ち合わせていない者がいるかもしれない。しかし宗教の証拠を心得ている者は、この信者が自分では証明できなくても、真に神の霊感を受けていることを難なく証明するだろう(2)。

神は預言者を通じて(彼らは疑いなく預言者なのだが)、イエス・キリストの御代《みよ》には、自らの霊をもろもろの民の上に注ぎ、教会の息子、娘、子供たちも預言するだろうと言われた(3)。そうだとすれば、神の霊が臨んでいるのは彼らの上であり、他の者たちの上でないことは確かである。

（1）この段落は、一本の棒線で抹消されている。その後で、それを展開した段落が書き込まれたが、これもまた縦の一本の棒線で削除が指示されている。

（2）紙片の左の余白に、縦の棒線で抹消された、次のようなメモを読むことができる。傍点を付した語句はラテン語で記されている。「愛する者たちのうち。神はご自身が愛する者たちの心を傾けられる。神は彼らの心を傾けられる。彼を愛する者、彼が愛する者」

（3）「ヨエル書」第二章二八節（新共同訳では、第三章一節）。断章三〇一および三一八参照。

解説一　『パンセ』とはいかなる〈書物〉か

塩川徹也

一　はじめに

近代以降、学術と文化の専門化、細分化はとどまることを知らないが、近代の出発点にはまだレオナルド・ダ・ヴィンチ（一四五二―一五一九）やライプニッツ（一六四六―一七一六）のような万能の天才が輩出する精神風土があった。パスカル（一六二三―六二）はその一人であり、数学、物理学、文学、哲学、宗教のいずれの分野でも目覚ましい活動を展開し、その刻印を歴史に残した。しかもその多面的な活動は互いに分離しているのではなく、緊張をはらみながら密接に関連している。彼において科学的な合理性は、一方では人間の心と振舞いへの繊細なまなざし、他方では自然と人間を越える超越的な次元への憧憬そして信仰と一体になって働いている。『パンセ』はそのことを如実に感じさせてくれる書物である。

しかしそれはまたとなく不思議な書物、書物と言ってよいのかどうかさえ躊躇《ためら》われる書物である。『パンセ』に含まれる文章群を執筆したのはまぎれもなくパスカルであり、そのかぎりで彼は『パンセ』の著者である。しかしそれは『パンセ』という書物を書き残したということではない。それ以前に、そのような題名の書物を執筆するつもりも彼にはなかった。それでは、パスカルはいかなる意図で『パンセ』に収録される文章群を書き綴《つづ》ったのか、そして『パンセ』は誰によって、いかなる目的で、またいかなる方針で編集され、今日まで伝えられてきたのだろうか。

二 〈中断された作品〉としての『キリスト教の弁明』

初版（いわゆる「ポール・ロワイヤル版」）『パンセ』の序文（本訳書下巻に収録）によれば、パスカルは生前「宗教に関する著作」を構想し、執筆の準備を進めていた。「宗教に関する著作」というだけでは漠然としているが、この世で最も確実視されている事柄と同じぐらいキリスト教が確実で明証的であることを、宗教に無関心あるいは批判的な読者に証明するのを眼目としていたという。そうだとすれば、それはキリスト教の擁護と顕揚を目指す「キリスト教護教論」のジャンルに属することになり、やがて「キリスト教の弁明」という題名で呼ばれるようになったのもうなずける。(1)しかしパスカルはどのようにしてこのような企図に導かれたのか。また、それは彼の生涯と活動の中にどのように位置づけられるのだろうか。

ブレズ・パスカルの多彩な活動の中で最初に目につくのは、数学と自然科学である。彼は、「科学革命」の世紀と呼ばれる十七世紀の前半にフランスのクレルモン(現在のクレルモン＝フェラン)で生まれた。父エチエンヌ(一五八八―一六五一)は税務関係の行政官であったが、数学に長《た》けたアマチュアの科学者でもあった。彼は妻との間に三人の子、長女ジルベルト(一六二〇―八七)、ブレズ、二女ジャクリーヌ(一六二五―六一)をもうけたが、妻が幼い子供たちを残して早世するとパリに移り住み、科学者たちのサークルに出入りして研究を行うかたわら、自ら子供たちに英才教育を施した。ブレズは学校に通《かよ》ったことがなく、したがって当時一般的であったスコラ哲学の教育を受けていない。

(1)　今日では、パスカルが準備していた著作を「キリスト教の弁明」(Apologie de la religion chrétienne)という題名で呼ぶことが一般化しているが、パスカル自身もその周辺の人々もそのような呼称は用いていない。この呼び名がはじめて登場したのがいつであるかはまだ解明されていないが、かなり時代を下ると思われる。訳者の気づいたかぎりでは、後述のフォジェール版『パンセ』(一八四四年)にその用例が見出される。

ブレズは神童の誉《ほま》れ高く、とくに数学に興味を示して、十二歳のときにはユークリッド幾何学の証明論、定義と公理から出発して定理を証明する幾何学的方法を独力で再構成し、三角形の内角の和が二直角であることを証明したと伝えられる。才能を認められて、父とともに学僧メルセンヌ神父が主催する科学アカデミーの例会に出席し、十六歳で『円錐曲線試論』を発表して、射影幾何学における「パスカルの定理」を明らかにした。一六四〇年には、父がノルマンディー地方の徴税担当官に任命され、一家でルアンに移住するが、ブレズは父の仕事の補佐を務めるかたわら、二つの領域で大きな成果をあげる。一つは、歯車を用いた史上初の計算機の考案製作であるが、これには煩雑な徴税割り当て業務を軽減する目的があったという。もう一つは、いわゆる真空に関する実験である。イタリアのトリチェッリが行った水銀柱実験のニュースがフランスに伝えられると、当時学界で論議の的であった真空の存在を証明するために種々の実験を考案し、水銀柱の上部に現れる「トリチェッリの真空」が大気の重さ、さらに一般的には流体の平衡にもとづいて生ずる現象であることを明らかにして、圧力の単位「(ヘクト)パスカル」にその名を残している。

しかしパスカルは同時に敬虔《けいけん》で熱烈なキリスト教信者でもあった。父のエチエンヌも誠実で従順なカトリック教徒であり、息子に「すべて信仰の対象は理性の対象になりえない、いわんや理性に従属することはない」という教えを叩き込んだという。ルネサンスによって復活した古代ギリシャ・ローマの文芸と哲学は反キリスト教的な合理主義の温床となっていたが、パスカル一家はその風潮とは無縁であった。しかしすべてのフランス人が表面的にはキリスト教徒であり、その大部分がカトリック教会に属していた当時にあって、信者であることは習慣、いわばルーチンの一部であった。ところがルアン滞在中、パスカルは家族とともに自覚的な信仰に目覚める。十七世紀のフランスは、前世紀の宗教改革による教会分裂のあとを受けて、カトリック内部で信仰改革の機運が大きな高まりをみせていた。そこで重要な一翼を担ったのが、ポール・ロワイヤルという宗教集団であった。それは、その名を冠する女子修道院とその周辺に集《つど》う男性の隠遁者集団、後者が経営していた男子教育施設(ポール・ロワイヤル塾)、さらにはその同調者たちの総称であるが、当時の宗教界の重鎮であったサン゠シラン(一五八一—一六四三)の霊的指導のもと、純粋な信仰の追求と厳格な道徳の実践によって世間の尊敬を集めていた。その反面、信仰改革を追求する姿勢は既成秩序への批判と受け取られて、教会当局さらには世俗の権力から嫌疑のまなざしを向けられていた。パスカル一家は、一六四六年にエチエンヌを見舞った骨折事故の際に知り合ったサン゠シランの弟子たちの感化を受けて回心し、ポール・ロワイヤルの霊性に帰依《きえ》した。

回心後のパスカルの宗教的熱意を示す一つのエピソードがある。サン゠タンジュと名乗る元修道士がルアンを来訪し、三位一体や受肉のようなキリスト教の神秘も理性によって証明できるという自説を講演で展開した。これを問題視したパスカルは二人の友人とともに論争を挑み、その見解を撤回させた。パスカルは父の教えを堅く守って、理性と信仰、科学と宗教を峻別《しゅんべつ》し、宗教の神秘を理性に従属させることを拒絶したのである。しかし同時にこのエピソードは、彼が自らの宗教的信念を弁明し、他者を説得せずには気がすまない気質の持ち主であったことも示唆《しさ》している。

一六四七年、健康を害したパスカルは妹のジャクリーヌとともにパリに戻り、医者の勧めで気晴らしの機会を求めるが、それは結果として宗教的情熱の減退をもたらすことになった。とりわけ一六五一年に父が亡くなり、その後ジャクリーヌがポール・ロワイヤル修道院に入ると、彼は社交界に出入りして、一見宗教に無関心な「世俗時代」を送り、この状況は一六五四年秋まで続く。この時期、彼は精力的に科学研究に打ち込み、科学論争に盛んに介入する。また社交界では真空の問題や計算機について啓蒙的な講演を行い、スウェーデンのクリスティナ女王に計算機を献呈し、「パリの数学アカデミー」に自らの研究業績のリストを提出する。ちなみに、そこで列挙されている業績の一つは「偶然の幾何学」と題されているが、これは中断した賭博の賭金をどうしたら公平に分配できるかという問題をめぐって、「フェルマの大定理」で知られる数学者ピエール・フェルマ（一六〇一—六五）と共同して創出した確率計算のことであり、『パンセ』に収められたいわゆる「賭」の議論（断章四一八）と密接に関連している。「世俗時代」のパスカルにとって科学研究は情熱の対象であるばかりでなく、功名心と野心の発現の場でもあった。

旺盛な科学研究と並行して、パスカルは宗教への関心、少なくとも知的な関心はもちつづけていた。パリに戻って以来、パスカル兄妹は頻繁にポール・ロワイヤル修道院を訪れ、定期的に説教に耳を傾け、ポール・ロワイヤルの霊性になじんでいった。その結果、ジャクリーヌはそこで修道女になることを願うにいたり、ブレズのほうは恩寵《おんちょう》(grâce)[2]をめぐる神学論争に関心を寄せるようになった。神の恩寵は人間の救いにとって必要不可欠であるが、それは人間の自由意志といかなる関係にあるのかという問題は、十六世紀後半以来カトリック教会を二分する争点であり、激しい論争が繰り返されてきたが、一六四〇年、フランドルの神学者ジャンセニウス（一五八五—一六三八）の遺著『ア

（2）　現在では、「恩恵」あるいは「恵み」という用語が一般的である。パスカルはこの問題について、*Écrits sur la grâce* と題される未完の著作を書き残しているが、それが『恩寵文書』と訳されてきたことを踏まえて、本解説では原則として「恩寵」の表現を用いる。

ウグスティヌス』が出版されると再燃し、ジャンセニウスの支持者たち(ジャンセニスト)と反対派――その代表はイエズス会の神学者たち――の間で果てしない論争が繰り広げられることになった。ポール・ロワイヤルは、霊的指導者のサン＝シランがジャンセニウスの盟友であり、また彼の弟子であった神学者のアントワーヌ・アルノー(一六一二―九四)がポール・ロワイヤルの理論的支柱であったことからジャンセニウス支持の立場を取っていた。一六四八年一月に姉のジルベルトに書き送った手紙によれば、パスカルはポール・ロワイヤルの神学者たちの著作と反対派の著作を読み比べ、前者に軍配を上げていた。彼は修道女たちの聴罪司祭であったルブールという聖職者と会談した折にその感想を伝え、さらに続けてこう述べたという。「私の考えでは、常識の原理そのものによって、反対者たちが常識に反すると主張している多数の事柄を証明することができます。またこれらの事柄は推論の助けなしに信じるべきものではありますが、推論をきちんと導いて行けば信じてもらうことができるのです。」この発言は相手を戸惑《とまど》わせ、不信感さえ与えたらしいが、要するに反対派が常識に反するとして批判する教理の正しさを理性によって示すことができるというのである。パスカルは理性と信仰を峻別した上で、後者を前者によって説明し説得する可能性を認めている。ここに将来のキリスト教護教論の最初の萌芽を認めることができるかもしれない。ただしそれはまだキリスト教、それもカトリック教会の内部にとどまっている。それが宗派論争の枠を越えて、キリスト教の外部に対する応答と呼びかけになるためには、別の体験、新たな出会いが必要であった。

「世俗時代」の後半、パスカルは父の死と妹の修道院入りがもたらした孤独を紛らわすかのように、幼馴染《おさななじみ》の大貴族ロアネーズ公爵との交友を再開して、その周辺にいた二人の社交界の紳士、シュヴァリエ・ド・メレそしてミトンと親交を結ぶ。二人とも洗練された物腰と会話に長けた「紳士《オネットム》 honnête homme」であり、当時の社交界の理想であった「紳士道《オネットテ》 honnêteté」の理論家であった。しかし彼らは同時に宗教に疑いの目を向ける不信の徒、いわゆる「自由思想家《リベルタン》 libertin」でもあった。パスカルの護教論が主として想定するのは、彼らのような読者である。

またこの時期、パスカルはモンテーニュ（一五三三—九二）の『エセー』と出会い、それを耽読《たんどく》して、人間とその自我についての考察を深めていく。『エセー』は「紳士《オネットム》の聖務日課書」と呼ばれて、当時の教養人に愛読されていたが、全編に漲《みなぎ》る懐疑と自由検討の精神、相対主義的なものの見方によって自由思想の一つの源泉でもあった。パスカルは宗教的懐疑主義に与《くみ》することはなかったが、モンテーニュの理性批判には深く共感し、人間が自らに固有の能力によって本質的な真理、美徳そして幸福に到達することはできないという確信を強める。要するにモンテーニュは理性にもとづく科学研究の限界を示して、その外側に人間固有の領域と問題があること、それを理解するためには「幾何学的精神」とは異なる「繊細の精神」(断章五一二)をもって人間を振りかえり、自己に反省的なまなざしを注ぐこと、つまり「人間の研究」(断章六八七)が必要であることをパスカルに教えたのである。

しかし結局、科学研究も人間の研究もパスカルを満足させることはなかった。心の空白を自覚した彼はしばしばポール・ロワイヤル修道院を訪れて、ジャクリーヌに胸の内を漏《も》らしていたが、ついに一六五四年十一月二十三日の夜半、神との出会いの体験を得て信仰に身をささげる決意を固めた(第二の回心)。彼はその出来事を思い出すためのよすがとして、一枚の紙片に要点を書き記し、それを胴着の裏に縫い込んで終生肌身から離さなかった。これが『メモリアル』(断章*一、本訳書下巻に収録)である。

翌年の初め、パスカルは信心修行のために修道院の別院があったポール・ロワイヤル・デシャンに隠棲し、ポール・ロワイヤルの重鎮の一人であるルメートル・ド・サシ(一六一三—八四)と哲学と宗教の関係について対話を交わす。『サシ氏との対話』として知られるテクストは、二人の対話をもとにして、サシの秘書であったニコラ・フォンテーヌが構成した創作対話篇であるが、パスカルの発言は彼自身が執筆した文章に依拠している蓋然性《がいぜんせい》が高い。七年前のルブールとの対話がそうであったように、パスカルはサシを前にしてある種の護教論の構想を披歴《ひれき》するが、それはサシのような敬虔な聖職者、信仰の内部に自足して世俗の学問とりわけ哲学を蔑視する聖職者の疑念を掻《か》き立てる逆説的な護教論であった。なにしろ自由思想に惹かれる教養人たちが愛読していた二人の哲学者、ストア主義者のエピクテトス（五五頃―一三五頃）と懐疑主義者のモンテーニュの人間観を突き合わせて相互の矛盾を浮き彫りにし、それを解決する神秘としてキリストの教えを提示しようというのだから。哲学の限界を明らかにしたうえで、それを信仰への道程の中に位置づける論法は、『パンセ』において展開される人間学を予告している。

おそらく同じころ、パスカルは護教論の企てに寄与することになる二編のテクストを執筆している。一つは、パスカルの論理学とレトリックの原理を雄大な展望のもとに素描する『幾何学的精神』である。これは、第一部「幾何学一般に関する考察」と第二部「説得術について」の二部から成る未完の小品であるが、とくに後者では、信仰の説得において人間と神のそれぞれが果たす役割について根本的な問題提起がなされており、それはやがて理性によって理性を越える真理の説得を目指す護教論の逆説的な企てにつながっていく。もう一つの『恩寵文書』は、これまた未完であるが、恩寵論におけるアウグスティヌス(三五四—四三〇)の立場を厳密な論証によって解明した著作であり、護教論の神学的基礎づけとなっている。

しかし「護教論」執筆の計画を生み出した直接のきっかけは、姪《めい》の一人の身に起こった不思議な出来事、いわゆる「聖荊《せいけい》の奇蹟」であった。『メモリアル』の体験以降、パスカルはポール・ロワイヤルの同調者となり、ジャンセニウスの恩寵論、いわゆるジャンセニスムをめぐる論争に積極的に関与することになる。ジャンセニウスが『アウグスティヌス』で主張した理論、あるいはむしろ彼の反対派がそこに見てとった理論はおよそ以下の通りである。神の恩寵はすべての人間に与えられるわけではないが、いったん与えられれば、それ自体の「効力」を発揮し、それが心にもたらす「快楽」によって人間の意志を導き、その促しに間違いなく従わせる。そして原罪の支配下にあって、生まれながらに悪への傾きをもつ人間の自由意志はこの「効果的な」恩寵に逆らうことはできない。しかしこの見解を押し進めていけば、神の全能によって人間の自由は無に帰することになりかねず、両者の両立を堅持するカトリック教会の教えに背くことになる。こうしてローマ教皇インノケンティウス十世は一六五三年五月、大勅書「クム・オカジオーネ」を発布して、『アウグスティヌス』の主張を要約したとされる五つの命題に異端宣告を下した。しかしそれで事態は終息しなかった。ジャンセニストたちが、五命題自体の異端性――これは「権利問題」と呼ばれた――は認めながらも、それがジャンセニウスの主張の正しい表現であること――こちらは「事実問題」である――を否定して、教皇の決定への抵抗を続けたからである。彼らに言わせれば、『アウグスティヌス』は、聖アウグスティヌスの恩寵論を忠実に祖述した著述であり、したがって五命題の名のもとにジャンセニウスを断罪することは、アウグスティヌス伝来の正統的な恩寵論を否認することにほかならない。このような態度表明の背後には、イエズス会の神学者が支持していた人間中心的な恩寵観、すなわち恩寵はすべての人間に与えられているが、その「効力」は人間の自由意志に依存するという近代的な見方に対する根深い拒否反応がある。しかしそのような拒否反応は教会の決定への不服従と受けとめられ、ジャンセニスムの拠点と見なされたポール・ロワイヤルは教会と王権から弾圧され、とりわけ五命題断罪の問題点を鋭く指摘したアルノーはパリ大学神学部から譴責《けんせき》と追放の処分を受ける形勢となる。この窮境を打開するためにポール・ロワイヤルはパスカルの文才を借りて世論に訴えかけようとする。これが十八通から成る匿名の公開書簡『プロヴァンシャル（田舎の友への手紙）』（一六五六―五七年）である。(3) そこでパスカルは、アウグスティヌス伝

（3）　この題名は、最初の十通が「田舎の友 Provincial」に宛てられた手紙の体裁を取っていることに由来する。断章八八八には、この題名についての考察が見られる。

来の厳格な恩寵論に立脚してアルノーの正統性を擁護すると同時に、論敵イエズス会の自由主義的な倫理神学、とくにその許容主義的な決疑論《カズイスティック》を鋭くまた軽妙に批判して世論に大きな反響を呼びおこし、論争文学史上空前の成功を収めた。

「聖荊の奇蹟」が起こったのは、一六五六年三月二十四日、『プロヴァンシャル』第五信の執筆の直後であった。姉ジルベルトの娘マルグリット・ペリエはポール・ロワイヤル修道院の寄宿生であったが、三年越しの眼病を患い、さまざまな治療を受けても思わしい効果がなく、最後の手段として危険な焼灼手術を受けることになっていた。ところがその数日前、礼拝の折にキリストの遺物——受難の際にかぶせられた荊冠の破片——を患部に押し当ててもらったところ、短時間のうちに症状が消え、その後、複数の医者の診断によって完治が確認された。迫害のさなかにあったポール・ロワイヤルがこれを天佑と受けとめたのは驚くにあたらない。とりわけパスカルの感動は深くまた大きかった(本訳書下巻、断章＊一一参照)。身内——パスカルはマルグリットの叔父であるばかりでなく代父でもあった——に生じた奇蹟がポール・ロワイヤルと自らの信仰の正統性を証しだてているように見えたからである。しかもそれはパリ大司教区の教会裁判によって正式に奇蹟として認定される。ポール・ロワイヤルの反対派もカトリック教会に所属しているかぎりは、それを承認せざるをえないはずである。ところが反対派はそれに難色を示し、奇蹟と認めるにしても、その意味について別の解釈を下す。とりわけイエズス会士で著名な説教家であったランジャンド神父は一六五七年二月に行った説教で、聖荊の奇蹟を皮切りにポール・ロワイヤルで生じたいくつもの奇蹟に暗に言及し、それらを魔術師や異端者の奇蹟になぞらえた。衝撃を受けたパスカルは教理論争における奇蹟の意味と役割についての考察に踏み込むが、それは聖書に伝えられる奇蹟、とりわけイエスの奇蹟の意味に関する考察へと展開していく。これらの考察は、ファイルB三二～三四に集められており、『パンセ』の断章群の中で最初期のものに属する。

しかしさらに注目に値するのは、奇蹟についての考察が、自由思想家を標的としてキリスト教の真理を明らかにするという構想に転化したことである。その辺の事情を姉のジルベルトは次のように記している。

弟は奇蹟についてさまざまな考察を行ったが、それは宗教に関する多くの光明をもたらすことになった。ところで真理はすべて連結して、次から次へと引き出されていくものなので、弟もそのうちの一つを注視すると、それだけで、他の真理はいわば群れをなして姿を現わし、たちまちのうちに目の前に整列し、そのありさまは、弟の言い方を借りれば、心を恍惚《こうこつ》とさせるほどだった。そしてこれをきっかけとして、弟は無神論者に激しい憤《いきどお》りを感じ、神から与えられた光明のうちに、彼らを説き伏せ、完膚《かんぷ》なきまでに打ちのめすに足るものがあるのを見て、あの著作に打ち込むことになったのである。

（ジルベルト・ペリエ『パスカル氏の生涯』）

ジルベルトは「あの著作」という慎み深い言い方をしているが、これが護教論の構想であることは明らかである。こうしてパスカルは、『プロヴァンシャル』のキャンペーンが終わりを告げる一六五七年春以降、本格的に著作の準備に取りかかり、一六五八年前半にはポール・ロワイヤルで講演を行い、その概要を披露する。ポール・ロワイヤル版『パンセ』の序文によれば、聴衆は宗教について優れた知識と判断力を備えた人々であったが、講演の美しさ、力強さ、説得力に魅了され、完成の暁にはまたとなく素晴らしい著作が出現すると確信したという。その後もパスカルは他のさまざまな活動の合間を縫って準備ノートを書き進め、著作の構成についてさまざまな可能性を探っていく。

一六五八年のある晩、パスカルは激しい歯痛に襲われ、気を紛らわせるために当時未解決の数学の問題、サイクロイド曲線を軸の周りに回転させてできる立体の体積と重心を求める問題を考え、解答を見出す。これは微積分学の先駆けとも言うべき業績である。彼は発見を公表するつもりはなかったが、ロアネーズ公爵の勧めを受けて、この問題に関する懸賞コンクールを組織して、全ヨーロッパの数学者から解答を募る。それは準備中の著作のキャンペーンの意味も持っていた。理性は信仰の前に膝《ひざ》を屈するべきだという主張を展開するのが数学の天才であることが示されれば、護教論はいっそう説得力を増すと考えられたのであろう。しかしながら翌年初頭、パスカルは重病に陥り、一年以上ほとんどすべての活動を中断する。一六六〇年秋には小康を得て著作の準備を再開するが、その後、健康が完全に回復することはなく、未完成の原稿を残して一六六二年八月に死去した。

三　『パンセ』の成立と変貌

1　初版の刊行

パスカルの名前は生前から世に知られていたが、それはほぼ科学者と発明家としての評判に限られていた。しかも第二の回心によって業績を自分の名前で公表するのを断念したために、彼が亡くなったとき、その全容はまだ姿を現わしていなかった。そしてもう一つの側面、宗教家、思想家としての活動と著作は関係者以外にはまったく知られていなかった。『プロヴァンシャル』は世間の耳目《じもく》を集めていたが、これは官憲の監視をかいくぐって流通した地下文書であり、著者の身元はひた隠しに隠され、その秘密は死後も入念に守られる。いわんやパスカルがやがて『パンセ』に収められる原稿を書き綴っていたことを世人は知るよしもなかった。

しかし遺族と友人たちは、パスカルの並はずれた知性と深い聖性、そして類《たぐ》いまれな文才に強烈な印象を受け、その記憶を可能なかぎり保存し語り伝えることを望んだ。しかも彼らは、パスカルが護教論的著作を準備し、その執筆に精魂を傾けていたことを知っていた。彼らは遺稿の中にその著作を探した。しかし彼らが見出したのは、さまざまな大きさと形の紙片に記された断片的な文章の堆積であった。彼らの失望は大きかった。そこには、彼らが待望していた護教論、卓越した雄弁を駆使して自由思想家に回心を促す著作は見当たらず、ただその素材がばらばらに残されているだけだった。しかもその素材は独特の輝きを放っているとはいえ、粗削りで未完成である。完結して均整のとれた文章をよしとする当時の美意識からすれば、それは大きな欠点であった。パスカルは『プロヴァンシャル』において古典期フランス語の模範となる芸術的散文を創出していた。また彼の科学論文、とりわけ死後に出版された『流体の平衡と大気の重さに関する二論文』は洗練されて明確な構成をもっている。それに比べると、未完の護教論の残骸である原稿は「ばらばらの断想《パンセ》の堆積」に見えたし、加えてきわめて読みにくい筆跡で記されていたので、解読は困難をきわめた。そこで遺族たちは原稿を残されたままの状態で写字生に筆写させ、写本を作成した。ところが「それが写本となり、原稿に比べて読みかつ検討するのが容易になってみると、それはあまりにも雑然として脈絡がなく、大部分の文章にはあまりにも説明が欠けていた」。彼らは気落ちして、「長い間、それを出版しようという考え」を起こさなかった。要するに、『パンセ』はおよそ刊行不可能なテクストに思われたのである。

それにもかかわらず出版の準備が再開されたのは、友人知己《ちき》の強い要望と期待に応《こた》えるためであった。また残された文章がどれほど不完全であっても、公平な読者なら粗削りの下絵と完成した作品の区別はできるだろうし、公表された見本から未完の作品の価値を理解してもらえるだろうという希望的観測もあった。こうして公刊が決定されたが、それでは、いかなる編集方針に従って本を作ればよいのか。ポール・ロワイヤル版「序文」によれば、編者たちは次の三つの可能性を検討したという。

そのうち「最初に頭に浮かんだやり方、疑いなしに最も簡単なやり方は、文書をそれが発見されたのと同じ状態でただちに出版することだった」。遺族たちはおそらくそれを望んでいた。彼らにとってパスカルの遺稿は聖遺物にも匹敵する価値をもっており、それに他人が手を入れることは故人の思い出に冒瀆《ぼうとく》を働くことであった。しかしそれでは、「雑然として順序もつながりもない、何の役にも立たない瓦礫《がれき》の山」になるだけだとして、この案はすぐさま退けられた。しかし後に見るように、これは二十世紀後半に主流となった「写本」を底本とする刊本の方針である。

第二のやり方は、「原稿にあらかじめ手を入れ、晦渋《かいじゅう》な断想《パンセ》の意味を明らかにし、不完全なものは完成させ、残されたすべての断章《フラグマン》のうちからパスカル氏の意図を取り出して、氏が作ろうとしていた著作をいわば補充する方法」であった。これは友人ロアネーズ公爵とその周辺の支持を集め、「じっさいにその作業を始めるばかりになっていた」。しかしこのやり方が抱える困難も目に見えている。「ある著者、それも亡くなった著者の考えと意図のうちに正しく入り込むことはほとんど不可能であるし、そんなことをしたら、パスカル氏の著作ではなく、まったく別の著作を公刊することに」なってしまうからである。こうしてこの案も却下された。とはいえ、パスカルの構想を彼に代って完成するのは無理であっても、その構想を勘案して残された原稿を配列し、著作を構成することは可能ではないのか。じっさいこれも後に見るように、歴代の少なからぬ編纂者《へんさんしゃ》たちがこのやり方に挑戦することになった。

第三のやり方、ポール・ロワイヤル版が最終的に採用した方針は、いわば前二者の折衷案であった。「それは、これら多数の断想《パンセ》のうちから、最も明快で完成度の高いと思われたものだけを取り上げ、それらを見出されたままの姿で、何の追加も変更も加えずに収録し、ただそれらが順序もつながりもなく、雑然とあちらこちらに散らばっていたのに対して、ある種の秩序のうちに配置し、同じ主題に関する断想《パンセ》を同じ表題のもとに分類することであった。そしてあまりにも晦渋で不完全な断想《パンセ》はすべて割愛した。」したがってこれはアンソロジーであり、その構成を導く原理はテーマ別配列、つまり断想《パンセ》の内容ないし主題にもとづく区分である。収録する文章のテクストについては、「何の追加も変更も」加えないと記されているが、じつはかなりの改変が施されている。編者たちは未完成の文章に手を加え、必要とあればつなぎの文章を補い、さらにパスカル特有の用語や構文を当時の古典主義的な文体の理想に従って変更した。これは近代的な本文校訂からすれば許されない介入であり、じっさい十九世紀になって厳しく批判されることになる。

こうした紆《う》余《よ》曲折を経《へ》て、一六七〇年に『死後書類の中から見出された宗教および他の若干の主題に関するパスカル氏の断想《パンセ》』はようやく世に出た。すでに見たように、編者たちは刊行に当たって大きな懸《け》念《ねん》と不安を抱いていた。彼らがパスカルに代わって出版する書物は、来たるべき著作と比べれば「習作」あるいは「見本」にすぎないからである。ところが結果は彼らの危《き》惧《ぐ》を裏切り、また彼らの期待をはるかに越えて多くの読者を獲得するロングセラーとなり、一世紀以上にわたって読み継がれる。それではこの「ポール・ロワイヤル版」と言いならわされている版はいかなる姿を世に示したのか。

まずそれは、「パスカル氏の断想《パンセ》」として読者に提示されている。遺稿集である以上、著者名が題名の中に織り込まれるのに不思議はないが、もしもパスカル自身が著作を完成して、自らの責任で出版していたとしたら、自らの名前を秘匿しようとしたのは確実である。著者が読者と神の間に割り込んで、読者の注意をそこにとどまらせることをパスカルは恐れていた（断章一四二参照）。そのために彼は、サロモン・ド・テュルティ（断章七四五）という筆名を準備していた。自らの名前が遺著に刻まれることが彼の本意であったとは思われない。

次に、それは著者パスカルの「断想《パンセ》」を収録した書物という体裁を取っているが、そもそも「パンセ」とは何か。その基本的意味はもちろん「思索（考えること）」、思想（考えたこと）」であるが、当時の辞書によれば、「名文句、権威ある人が口にした金言」の意味でも用いられ、その代表例として、「聖アウグスティヌスやセネカのパンセ」と並んで「パスカル氏のパンセ」が挙げられている。要するにそれは、大作家や大思想家が残した「ことば」であり、それが書物の題名に転用されたのである。付け加えておけば、

「パンセ」には「簡潔な表現に凝縮された思索あるいは着想」という意味もあり、作家が意図して書くこともある。パスカル自身、ある紙片の反対側に記された文章を「裏側に書かれている〈パンセ〉」と呼んでいる（断章七四五）。彼がいくつかの文章を意識的に「パンセ」として書いていたことは確かである。

それに対して、「パンセ」の同義語としてしばしば用いられる「断章《フラグマン》」は作者の意図を表現していない。(4) じつはパスカルの遺稿集の出版について国王の允許《いんきょ》を申請したときの仮題は「断章《フラグマン》と断想《パンセ》」であった。そしてポール・ロワイヤル版の「序文」は本文に収録された文章を指すのに、「断章《フラグマン》」と「断想《パンセ》」の双方を用いているが、そこにはニュアンスの違いがある。フランス語のフラグマンは元来器物の断片、たとえば遺跡から出土した土器の破片を意味する。文書であれば、伝承の過程で破損した著作の断片、さらには途中で放棄された未完成の章句のことである。『パンセ』に含まれる文章が断章《フラグマン》と呼ばれるのはこの最後の意味においてである。近代ロマン主義以降の文学は断章《フラグマン》を文章形式の一つのジャンルと捉え、意識的に断章形式の作品を執筆する作家――たとえば、ノヴァーリス、ニーチェ、ヴァレリー、ロラン・バルト等――が出てくるが、パスカル

（4）　念のために付け加えれば、『パンセ』の本文に「断章《フラグマン》」という語は一度も登場しない。パスカルに断章形式の文章を書くという意識があったとは思われない。

の書法をそのまま断章形式と同一視することはできない⑸。

ポール・ロワイヤル版は、採録した文章を主題別にまとめて、全部で三十二の項目に振り分けたが、具体的にはどのような構成をとっているのか。題名によれば、その編成原理は「宗教」と「他の若干の主題」であるが、明確な二部仕立てになっているわけではない。項目一「無神論者の無関心を反駁《はんばく》する」から項目二〇「神の有益な認識はイエス・キリストによるほかない」は、大筋で護教論的議論を展開している。項目二一「真理、幸福、その他のいくつもの事柄について人間の本性に見出される驚くべき矛盾」から項目二六「人間のみじめさ」は人間学的考察、すなわち偉大と悲惨が共存する人間の描写にあてられている。この部分の人間学は「護教論」のプランの第一部「神なき人間の悲惨」(断章六)にほぼ照応し、パスカルにとっては護教論の導入の意味をもっていたと思われるが、ポール・ロワイヤル版がこれらを「宗教」の部類と「他の若干の主題」の部類のどちらに数えていたかは定かでない。項目二七から三二はそれぞれ、「奇蹟についての〈パンセ〉」、「キリスト教的〈パンセ〉」「道徳的〈パンセ〉」「死についての〈パンセ〉」「雑多な〈パンセ〉」と題されている。つまり「宗教」に関わる主題(奇蹟、キリスト教、死)と「他の若干の主題」(道徳、その他雑多な主題)についての〈パンセ〉が配列されているわけで、書物の表題「宗教および他の若干の主題に関するパスカル氏の断想《パンセ》」に最も似つかわしい部分である。最後の項目三二には、晩年のパスカルの信仰の境地を示す小品『病《やまい》の善用を神に求める祈り』が収められ、全編を締めくくっている。

　このような構成をもつポール・ロワイヤル版『パンセ』はいかなる書物として読者に提示されているのだろうか。「序文」は、パスカルが生前に護教論的著作の執筆を計画していたことを特筆し、彼がポール・ロワイヤルで行った講演の概要も紹介している。そして本文でも項目一から二〇（あるいは二六）までは、すでに見たように、護教論的主題が扱われている。ポール・ロワイヤル版は、パスカルの意図を再構成するという第二の編集方針は断念したと明言しているが、必ずしもそうは言い切れない。とはいえ、項目は議論の展開にそって配列されているわけではないし、パスカル自身の計画では、護教論の積極的な主張の前に置かれるはずだった人間学の部分（項目二一〜二六）は後置されている。そしてそれ以外の部分に収められた宗教に関する考察は、護教論的議論も含まれてはいるが、むしろ信者の教化を目指す考察、病や死をめぐる霊的瞑想《めいそう》が大勢を占める。ポール・ロワイヤル版の言う「宗教に関する〈パンセ〉」は、護教論的志向を軸

（5）しかしそれは、『パンセ』が断章形式の文学のうちに入らないということではない。それが事後的に、近代的な意味での断章、意図して未完結かつ開かれた文章として読むことができ、またじっさいにそう読まれてきたことは、『パンセ』の受容の歴史において一つの必然であったと言ってよい。

にすえながらも、そこにとどまらず、むしろ信者であることを自認している読者に向けられている。そして「他の若干の主題」に関する〈パンセ〉のほうは、キリスト教的な色彩を帯びた人生論、モラリスト文学を形作っている。

こうして刊行されたポール・ロワイヤル版『パンセ』は、パスカルの名前、その天才と文才を広く世に知らせることとなった。またそれは信仰書としてカトリック教会の枠を越えて高く評価され、多くの信者の信仰の糧《かて》になった。その中で護教論の側面はどのように受け止められたのか。十八世紀の啓蒙思想家の多くは『パンセ』を愛読したが、パスカルの護教論的主張には強い反発を示した。その代表格はヴォルテール(一六九四—一七七八)である。彼は文明批評の傑作『哲学書簡』(一七三四年)の最後の書簡を『パンセ』の考察にあて、多くの断章を引用して、それらに厳しい批判の言葉を浴びせかける。パスカルの「天才と雄弁」には敬意を払いながら、その悲観的な人間観、原罪の教義の影響下にあって人間の無力さと邪悪さを強調する人間観に異議を唱え、「この崇高な人間嫌い」に逆らって、「人類の味方」として反論を展開する。それにもかかわらず『パンセ』は強迫観念のようにヴォルテールにつきまとい、彼は生涯それを批判しながら読みつづける。啓蒙主義者のパスカル批判は、敬虔な信者のパスカル讃美に劣らず、『パンセ』の評判を高め、それを後代に伝えることに貢献したのである。

2　『パンセ』編纂の第二の波

一七八九年に勃発《ぼっぱつ》した大革命によってフランスの国家・社会・文明は根底的な変化をこうむるが、それはまた『パンセ』の受容と編纂の仕方にも波及していく。啓蒙思想によって批判されたパスカルのキリスト教擁護は、革命の終幕とともに息を吹き返したキリスト教復興の機運の中で再評価されることになる。そのきっかけとなったのは、フランス・ロマン主義文学の先駆けとなったシャトーブリアン(一七六八―一八四八)の『キリスト教精髄』(一八〇二年)であった。「キリスト教の美」という副題をもつ本書は、人間の感情とりわけ美的感情に訴えてキリスト教を擁護する文学的な護教論であるが、パスカルをキリスト教の生み出した「恐るべき天才」として口をきわめて賛美する。こうしてパスカルはフランスの文学と思想を代表する作家としての地位を確立していくが、この傾向をさらに押し進めるとともに、『パンセ』編纂の方針に大きな転換をもたらしたのが、当時の哲学界の大御所ヴィクトル・クザン(一七九二―一八六七)であった。

パスカルの遺稿は、「写本」が作成され、さらにポール・ロワイヤル版『パンセ』が刊行されたのちも、遺族のペリエ家に大事に保存されていた。姉のジルベルトが一六八七年に亡くなった後は、その子ルイ・ペリエが遺稿を引き継ぎ、その保存と整理に尽力した。とりわけ、そのままでは散逸の恐れのあった『パンセ』のオリジナル原稿を大判のアルバムに貼りつけて一冊の仮綴じ本を作成し、一七一一年、それを他のパスカルの自筆原稿と一緒にパリのサン・ジェルマン・デプレ修道院の図書館に寄託した。これが「『パンセ』原本」であるが、それは大革命後に現在のフランス国立図書館の前身に当たる王立図書館に移管された。クザンはそれを閲覧《えつらん》して、ポール・ロワイヤル版との数々の違いに気づき、その調査結果をアカデミー・フランセーズに報告して、「原本」に依拠する『パンセ』新版を編纂する必要性を声高《こわだか》に訴えた(一八四二年)。彼は次のような言い方で、来たるべき『パンセ』の編集者を鼓舞する。「もしもプラトンの自筆原稿がさる公立図書館に所蔵されていることが広く知られているとする。それにもかかわらず、編纂者たちがそれを参照し、真のテクストに依拠して通行のテクストを改めることをせず、互いに従来のテクストを引き写しつづけ、論議の対象となる文章、ある人々には賞賛され、別の人々には非難される文章について、それが本当にプラトンのものであるかどうかを問うことをしなかったとしたら、人は何と言うだろう。ところがこれこそパスカルの『パンセ』に生じていることなのだ」

ここで注目に値するのはパスカルが異教の哲学者プラトンに比較され、『パンセ』の価値を保証するのに、その対話篇が引き合いに出されていることである。こうしてキリスト教の護教論あるいは信仰書として受容され、読者の立場によって「賞賛」あるいは「非難」の的となってきた『パンセ』は、人文主義的教養とフランス文明を代表する古典に変貌する。そうなれば、パスカルの原稿には古典にふさわしい絶対的な尊敬を払い、そのすべてを忠実に翻刻しなければならない。これ以降『パンセ』編纂の試みを主導するのは、ポール・ロワイヤル版のような選集ではなく、厳密な本文校訂を伴った全集編纂の理念である。

クザンの訴えは大きな反響を呼び、早くもその二年後、プロスペル・フォジェール（一八一〇―八七）という学者が『パンセ』の最初の近代版を刊行する。その表題は、『大部分が未刊であった自筆原稿に従ってはじめて刊行されたブレズ・パスカルの断想《パンセ》と断章《フラグマン》と手紙』（一八四四年）であった。題名からも窺えるように、本書は『パンセ』以外に手紙と小品類も収録しており、パスカルの遺稿の全集成の観を呈している。『パンセ』の構成については、おそらくはじめてパスカルの構想を「キリスト教の弁明」(6)と呼んで、

（6）　フォジェール版は二巻から成り、護教論に関連する断章《フラグマン》は第二巻に収録されているが、それは「キリスト教の弁明の断章《フラグマン》（Fragments d'une Apologie du Christianisme）あるいは宗教に関する断想《パンセ》」と題されている。外に « Apologie de la religion chrétienne » という言い回しも用いられている（たとえば、三八六頁）。

その構想――フォジェール自身がそうだと理解する構想――にそって断章を配列した。具体的には、断章六の示唆する二部構成(「第一部　神なき人間の悲惨／第二部　神と共にある人間の至福」)に従って関連する断章を配置し、それ以外の断章は手紙と小品と合わせて別置した。フォジェールは、ポール・ロワイヤル版の第二案、つまりパスカルの構想を再構成する編集方針を採用し、その上で、パスカルの全遺稿刊行というもう一つの要請にも従おうとしているのである。

フォジェール版が「原本」に依拠して『パンセ』の「真のテクスト」を復元したとすれば、そこで『パンセ』編纂の歴史に終止符が打たれてもおかしくなかったはずである。ところが、これ以降も他のさまざまな新版の試みが世に問われ、二十世紀前半までに刊行された版の数は主要なものに限っても十指に及ぶ。それは要するに、「『パンセ』原本」がその名称にもかかわらず、原本としての役割を十分に果たすことができず、刊本を作るための底本にすることができなかったということである。ルイ・ペリエは「原本」の作成に際して、アルバムの枚数をできるかぎり節約するために、原稿の紙片を台紙のスペースに合わせて切り取り、貼る場所も変更した。「原本」が示す原稿の順序は恣意的《しいてき》であり、パスカルの構想あるいは仕事の仕方を窺わせる手がかりは認められない。「原本」はテクストの読みについては最終的な基準となるが、収録すべき断章の範囲、断章の配列など、書物全体の構成に関わる事柄については拠り所にならないのである。

このような状況でそれぞれの編者は、ポール・ロワイヤル版の提示する三つの編集方針のうち、第二案と第三案のいずれかを採用して作業を行った。多数を占めたのは第二案、すなわちパスカルのプランを再構成する試みであった。その手がかりの一つは、パスカル自身が書き残した「順序」に関する指示、とりわけファイルＡ一「順序」に含まれる諸断章であり、それらは彼が模索していた著作の組み立てをおぼろげに垣間見《かいまみ》させる。もう一つは、パスカルが一六五八年にポール・ロワイヤルで行った講演、自らの護教論のプランを披露したとされる講演であり、それは二つの要約の形で残されている。まずはロアネーズ公の側近であったフィヨー・ド・ラシェーズという文士の手になる小品『パスカル氏のパンセについて』（一六六七—六八年執筆）、次はポール・ロワイヤル版『パンセ』の序文である。

プランの再構成の試みは、フォジェール版から近年のカプラン版（一九八二年）にいたるまで十数回にわたって繰り返され、その中にはシュヴァリエ版（初版一九二五年）のように版を重ね、かなり普及したものもある。しかしこの種の版はそれぞれ独自の特徴と長所を備えているとはいえ、決定的な欠点を抱えている。護教論のあるべき構成についてパスカル自身が与えた指示は、たとえそれをポール・ロワイヤルでの講演の要約で補うにしてもあまりに簡略かつ概括的なので、確実に章立てを定め、各断章をそれぞれの章に配列する助けとしてはいかにも頼りない。じっさい各版の提示する章立てと断章の配列は版ごとに異なり、プランの再構成が客観的な手がかりによるのではなく、それぞれの編者がパスカルの構想について抱いている思いなしに従って行われていたことが露呈される結果となった。

これに対して、ポール・ロワイヤル版が採用したテーマ別配列は、クザンのアカデミーへの報告以降下火になっていくが、それでもアヴェ版(初版一八五二年)やブランシュヴィック版(初版一八九七年)のような優れた版はこの方針に従っている。とりわけレオン・ブランシュヴィック(一八六九―一九四四)による版はパスカルのプランの再構成をきっぱり断念し、それぞれの断章を遺跡から発見された建造物の断片になぞらえて、その部位、意味、用途を特定し、種類別に分類し配列するというやり方を実践した。全体は十四のセクションに分けられ、セクション一「精神と文体に関する〈パンセ〉」からセクション六「哲学者たち」は人間学、セクション七「道徳と教義」は人間学から宗教への移行、セクション八「キリスト教の基礎」からセクション一三「奇蹟」はキリスト教の真理性の証明、セクション一四「補遺――論争的断章」は教会内の論争とりわけイエズス会との論争を扱うという構成を取っているが、セクションはある筋立てに従って配列されているわけではない。すべての断章はその内容に応じて十四のセクションのいずれかに配置され、その上で通し番号を振られた。これは断章をそれが所属するセクションから相対的に独立させ、一つ一つの断章を文脈から切り離して読むという傾向を助長した。ブランシュヴィック版は残された遺稿をすべて収録した全集ではあるが、アンソロジー的な読み方に適した版であり、またそのように読まれることが多かった。同版は読者の圧倒的な支持を集め、半世紀以上にわたって支配的な地位を占めることになるが、その成功は、優れた注釈もさることながら、アフォリズム集として読めることに負うところが大きい。

3　『パンセ』編纂の第三の波

ポール・ロワイヤル版の編者たちが『パンセ』の編纂について検討した三つの可能性のうち、第二案と第三案はさまざまな形で実現されてきたが、遺族が望んだ第一案、すなわち遺稿を「それが発見されたのと同じ状態で〔……〕出版すること」、つまり残された原稿を「あるがままに、見出されたときと同じ混乱状態において筆写」した「写本」に依拠する版を編纂する企てだけは長いあいだ顧みられることがなかった。残された原稿が「混乱状態」にあって、「順序もつながりもない」とすれば、その状態を「写本」

にもとづいて再現しても無意味だと思われたからである。

二十世紀の中葉から飛躍的な発展を遂げた『パンセ』の文献学的研究とそれにもとづいて編纂された諸版の核心にあるのは、「写本」がパスカル自身によって整理された原稿の状態を大筋において再現しており、それを通じてパスカルの構想をある程度客観的に推測できるという発見である。その先鞭《せんべん》をつけたのは、ザカリー・トゥルヌールとルイ・ラフュマ(一八九〇―一九六四)という二人の在野の研究者であり、それはジャン・メナール(一九二一―)を先頭とする大学の研究者たちに引き継がれて展開し、現在もなお探究は継続中である。

発見の糸口となったのは、ポール・ロワイヤル版「序文」が遺稿について、「それらはすべて紐《ひも》で結わえたさまざまの束にまとめられたものとして見つかったが、そこにはいかなる順序もつながりもなかった」と述べていることである。「紐で結わえたさまざまの束(liasses)」という表現が何を意味しているのか、かつては見過ごされていたが、それが紙片の端に穴をあけて、それに紐を通して束を作り、それを結わえたものであることが分かってきた。どうやらパスカルはあるとき、それまで書いていた原稿を何らかの基準に従って整理し直し、その際、かなりの数の文章をハサミで切り取り、用途に応じて別々の束に綴じ込んだらしいのである。分類に当たっては、片端に結び目を作った紐を用意し、余白に穴をあけたさまざまな大きさの紙片をそこに順々に綴じていき、まとまったところで他方の端に結び目を作って一つの束を完成させた。このような束が四十束近く残されていたと推定されている。遺稿は他の形態、たとえばルーズリーフ（ばらばらの紙切れ）や冊子（複数の全紙を二つ折りにして帳面にしたもの）の状態で保存されていたものもあり、ファイルの数は全部で六十二にのぼる。(7) ちなみに本訳書で「ファイル」と言うのは、束、ルーズリーフ、冊子の如何《いかん》を問わず一まとめの書類のことである。

「護教論」の構想を推測する上でもう一つ重要な手がかりは、「写本」に残されている「目次」である。これは「原本」には見当たらないので、パスカル自身にさかのぼるものかどうか、いまだに議論が続いているが、状況証拠から見てパスカルの手になる蓋然性が濃厚である。仮にそうでないにしても、「目次」が重要なのは、ファイル全体のうちにこれに対応する表題を付された二十七束のファイルが存在し、それらが目次の順序に従って配列されていることである（本訳書の第一部A「目次にそって配列されたファイル」はこれに相当する）。さらにこれらのファイルはすべて「束」として残されてい

（7）「第一写本」にはファイルB三五が欠けており、「第二写本」ではファイルB三とB四が区別されていないので、それぞれの写本のファイルの数は六十一である。六十二というのは、「第一写本」のファイル数にB三五を加えた数である。

た。パスカルはある時期、護教論のプランを作成し、それにそって書きためていたノートを分類し、章立ても考えていたらしいのである。そうだとすれば、問題の二十七束のファイルは、著作のたんなるプランを越えて、そのスケッチあるいはシナリオに相当するのではないか、そしてそれ以外のファイルも、パスカルの構想と仕事の仕方を何らかの形で反映しているのではないかと考えるのが自然の成行きである。こうして「写本」は科学的で客観的な刊本を編纂するための底本の地位を獲得することになった。

これまで「写本」をあたかも一つしかないように一括して扱ってきたが、すでに述べたように二種類の写本が残されており、それぞれ「第一写本」と「第二写本」と称されている。両方とも同じ時期(一六六二—一六六三年)に作成され、筆跡も同じ、共にパスカルの姉一家(ペリエ家)に所蔵されていた。「第一」「第二」という命名にもかかわらず、両写本に系統関係はなく、価値の優劣をつけることはできない。両方とも原稿ファイルのそれぞれの単位——そこに含まれる断章の範囲と配列——は保存しているが、ファイルの配列には異同がある。本訳書は「第一写本」の構成を採用したので、それを基準にすれば、「第二写本」の構成は以下のようになる。

ファイルＢ一

ファイルA一〜二七
ファイルB三五
ファイルB三二〜三四
ファイルB二三〜三一
ファイルB二一〜二二
ファイルB二〇
ファイルB二〜一九

この対照表からも見てとれるように、表題付きの二十七束のファイルの括《くく》りと配列は同じである。また「第一写本」ではファイルA二七の直後に置かれていたファイルB一は、「目次」とともに冒頭に置かれ、部類Aの概要を示す役割を果たしている。冒頭に置かれるか末尾に置かれるかの違いはあっても、ファイルB一はAの部類と一体であったと考えられる。またBの部類の他のファイルについても、「奇蹟」に関する覚書（B三二〜三四）、「雑纂」つまり護教論の構想に直接は関わらない雑多な覚書（B二三〜三一）、護教論的論説と旧約聖書の釈義に関わるファイル（B二〜一九）の括りと配列は共通しており、「両写本」が、異同はあるにしても、残された原稿の状態をそれぞれの仕方で忠実に写し取っていることが窺える。それにしても、異同があるとすれば、ファイルの配列についてどちらの写本に従えばよいのか。それとも何か別の客観的な基準はあるのかという問題が出てくる。

「写本」に依拠する刊本の先鞭をつけたのはトゥルヌールであった。彼は一九三八年、「原本」をこれまでにない正確さでヴァリアントにいたるまで解読するとともに、全体の構成については、「第一写本」の配列を尊重するという方針を打ち出した版を出版する。しかしその方針は不徹底で、護教論の素描と見なされた「第一部」——本訳書のA——を除けば、実現されたというには程遠い。

「第一写本」の配列を忠実に再現する版は、一九五一年にルイ・ラフュマによってはじめて刊行された[8]。彼は「原本」と「写本」の綿密な調査を通じて、「第一写本」がポール・ロワイヤル版の「序文」が言及する写本、すなわち残された原稿をそのままの状態で筆写した写本であり、その前半部の断章の分類、二十七章から成る章立てがパスカル自身の手になるものであるという結論にたどり着いていたのである。ラフュマはその後も版に改訂を施し、最終的には、彼が編纂したパスカル全集(一九六三年)に収録する[9]。これが「第一写本」を底本とするラフュマ版であり、『パンセ』編纂の歴史に画期をもたらした。

こうしてラフュマ以降、『パンセ』の編纂に当たって「写本」を底本に採用することが一般化する。ただ「写本」を底本とするといっても、そこにもさまざまの変種がある。「第一写本」に依拠する版としては、ミシェル・ルゲルン（一九三七―）が一九七七年にラフュマの成果を踏まえて、豊富な注釈を付した版を出版した。[10] 当然のことながら、ファイルおよびファイル内の断章の配列はラフュマ版と同じであるが、同じ紙片に記された断章は一括りにして同一の番号を割り振るという方針を取ったために、ラフュマ版では千近くあった断章の数が七百八十余に減少し、番号づけにも変化が生じた。

これに対して、「第二写本」の優位を唱え、それに依拠する版を刊行したのはフィリップ・セリエ（一九三一―）である（初版一九七六年）[11]。「両写本」ともパスカル自身が作成したファイルの単位を崩さずに筆写しているのは同じであるが、「第一写本」では一つ

（8）*Pensées sur la religion et sur quelques autres sujets*, [éd. Lafuma], Paris, éditions du Luxembourg, 1951, 3 vol. 一口にラフュマ版といっても大別して二つのタイプがある。第一は、目次にそって配列された二十七束のファイルのそれぞれに、それ以外のファイルに含まれる断章を組み込んだ版、第二は「第一写本」の順序をそのまま再現した版であり、ここで問題にするのは後者である。

（9）Pascal, *Œuvres complètes*, présentation et notes de Louis Lafuma, Paris, Éditions du Seuil, 1963. 本訳書で参照するラフュマ版は、この全集に収録された版である。

（10）*Pensées*, édition présentée, établie et annotée par Michel Le Guern, Paris, Gallimard, coll. «Folio», 1977, 2 vol.

のファイルは一つの冊子に対応し、それぞれの冊子は長いあいだ綴じあわされずに独立して存在していた。それらはポール・ロワイヤル版の編集のためにばらばらに利用されていたのである。そうだとすれば、「第一写本」におけるファイルの順序は最初から固定していたと考えることはできない。ところが「第二写本」ではファイルは冊子をまたいで連続して筆写されており、その順序を動かすことはできない。「第二写本」は遺族が自家用に作成させたものであり、他の写本との照合の基準となる写本、残された原稿の状態をよりよく反映する――少なくとも遺族がそう判断した――写本だというのである。こうしてセリエは「第二写本」の構成に従ってファイルを配列する。断章の区切りについてはルゲルンと同様の方針を採用し、その数は八百十余となった。

ルゲルン版とセリエ版は互いに拮抗《きっこう》して版を重ね、ペーパーバックとしても発行され、今日のフランスでは最も普及している。またセリエ版については、メナールとセリエの後を継いでパリ・ソルボンヌ大学でフランス十七世紀文学を講ずるジェラール・フェレロル(一九四九―)が、優れた注釈を付した版を刊行している。(12)

しかしこれで『パンセ』編纂の第三の波が幕を閉じたわけではない。それは、今日のパスカル研究をリードするジャン・メナールが準備している『パンセ』の新版がまだ日の目を見ていないからである。メナールは半世紀以上の長きにわたって、パスカルとその親族が残したすべての文書、彼と彼の家族にまつわるすべての資料（証書類、証言、回想、伝記等）を網羅して、それに厳密な文献批判を加えた全集の編纂に取り組んでおり、これまで四巻（一九六四―一九九二年）が刊行されているが、現時点では、それぞれ『プロヴァンシャル』と『パンセ』にあてられる第五巻と第六巻は未刊である。[13] とはいえこの間、メナールはさまざまな機会をとらえて準備中の『パンセ』新版とりわけその構成について、編纂方針の一端を明かしている。そこで注目に値するのは、「両写本」のどちらかに優位を認めてそれを底本とするのではなく、ファイルとりわけ束として残されていたファイルの成立の時間的順序を推定して、その順序に従って著作を構成する方針を打ち出していることである。従来もファイルの成立時期についてはいろいろな議論があり、とくに護教論のプランと見なされる二十七束のファイルは、パスカルがポール・ロワイヤルで講演を行ってからまもなく、一六五八年の夏から秋にかけて作成され

(11) *Pensées*, nouvelle édition établie pour la première fois d'après la copie de référence de Gilberte Pascal par Philippe Sellier, Paris, Mercure de France, 1976

(12) *Pensées*, présentation et notes par Gérard Ferreyrolles. Texte établi par Philippe Sellier d'après la copie de référence de Gilberte Pascal, Paris, Le Livre de Poche classiques, 2000.

(13) Blaise Pascal, *Œuvres complètes*, texte établi, présenté et annoté par Jean Mesnard, Paris, Desclée de Brouwer, « Bibliothèque Européenne », t. I, 1964; t. II, 1970; t. III, 1991; t. IV, 1992.

たと考えられ、それとの関係で他のファイルの成立の順序を推定する試みも行われていた。とりわけセリエ版は、「第二写本」の配列がファイル成立の時間的順序を大まかに反映していると見なしている。しかし「第二写本」が残された原稿の状態を「第一写本」より忠実に再現していたとしても、だからといってそれがファイル成立の時間的順序に対応しているという保証はない。メナールは、「両写本」と「原本」のもたらすあらゆる手がかりを動員してこの問題を考え直し、二十七束のファイルの成立を一六六〇年秋にまで引き下げ、それを基準として他のファイルの成立の順序を可能なかぎり定め、それを踏まえて新たな配列を提示しようとしている。つまり著作の構成は基本的に「写本」に従うにしても、その他の客観的基準とりわけ論理的構成と時間的順序を勘案してファイルの配列を定めることは編者の裁量に委ねられているというのである。そしてこれは、それぞれのファイル内部での断章の配列にはいっそうよく当てはまる。というのも、束に綴じられた紙片の順序はパスカルの意図よりは偶然に負うところが大きいからだという。

メナール先生は訳者自身の恩師であるが、『パンセ』編纂の心構えについてこう述べられている。『パンセ』のような古典の編纂は、科学と芸術の両方にまたがる企てである。それは編者に二重の責任、著者に対する責任と読者に対する責任を課す。著者に対しては忠実であること、読者に対しては開かれていること、つまり一方では著者の意図を正確に汲《く》み取って再現すること、他方では著作を通じて著者との交流を目指す読者の期待に応えること、この二つの要請を受け止め、それを実現しなければならないというのである。先生はこの責務を果たすべく編纂作業にいそしみ、その実現が間近であることを何度か公言された。とりわけ二〇一一年二月には、ご自身の九十歳の慶祝の集いで未刊の『プロヴァンシャル』と『パンセ』が一年後には印刷できる状態になると予告された。それから四年が経過するが、そのあいだ訳者は何度かお目にかかって親しくお話を伺う機会があった。先生はいまだ矍鑠《かくしゃく》として研究に打ち込まれ、『パンセ』の校訂作業が最終段階に入っていると明言されたが、他方、未解決の問題が残っていること、それを解決するにはある程度の時間が必要であるとも漏らされている。後になって自説を取り消したり訂正したりしなければならない羽目に陥るような真似《まね》をするつもりはないとも言われた。訳者もメナール版『パンセ』の一日も早い刊行を待ちこがれている。

四　本訳書について

「凡例」に記したように、本訳書は「写本」に直接依拠し、既存の刊本を底本とはしていない。そのかぎりで、これは独自の新版『パンセ』である。しかし決して独創的な新版、いわんや決定版を目指したものではない。これまでの説明でお分かりのように、未完の著作の準備ノートを中核として編まれた遺稿集はそもそも決定版の観念になじまない。そのような原理論は措《お》くにしても、メナール版『パンセ』が未刊の現状で、それに取ってかわる決定版を構想するのは無謀でもあれば非現実的でもある。本訳書が目指すのは、メナール版『パンセ』の露払いをつとめることである。ルゲルン版にもセリエ版にも従うことをしなかったのはそのためである。双方ともラフュマ版以降の研究の発展を踏まえた優れた版であり、読者に対する配慮も行き届いている。しかし来たるべきメナール版との関連でいえば、両版とりわけセリエ版はあらぬ方に踏み込んでいるという印象を禁じえない。そしてメナール先生自身、自らの版を説明するに当たってはラフュマ版のファイル構成と断章番号を暫定的《ざんていてき》な基準として採用している。先生の編集の基本路線は、著書『パスカルの『パンセ』』（初版一九七六年）の改訂増補版（一九九三年）に示されており、これによって先生が構想している新版のあり方を垣間見ることができる[14]。そうだとすれば、全体の枠組みはラフュマ版を踏襲し、ファイルの解題や断章の訳注に本文校訂に関する新知見を盛り込むことを通じて、ありうべき新版の方向を指し示すのが最も穏当で現実的な解決策だと思われた。結果としてラフュマ版とほぼ同じ構成を採用したのはそのためである。ラフュマ版は、ブランシュヴィック版ほどは普及していないにしても、すでに松浪信三郎訳と田辺保訳があり、日本の読者にまったく馴染がないわけではない⑮。本訳書が学問的節操は守りながらも一般の読者に親しんでいただける本となることを願ってやまない。

二〇一五年七月

(14) Jean Mesnard, *Les Pensées de Pascal*, 2e et 3e éditions augmentées, Paris, SEDES, 1993. なお編集方針に関する先生の最新の知見は次の論文に示されている。« L'ordre dans les *Pensées* », *XVIIe siècle*, no. 261, octobre 2013, pp. 573-600.

(15) 松浪信三郎訳・注『定本パンセ』上・下巻、講談社文庫、一九七一年。田辺保訳『パンセ』、『パスカル著作集』第Ⅵ・Ⅶ巻、教文館、一九八一―八二年(改訂版、『パンセ』教文館、二〇一三年)。

読書子に寄す

——岩波文庫発刊に際して——

岩波茂雄

真理は万人によって求められることを自ら欲し、芸術は万人によって愛されることを自ら望む。かつては民を愚昧ならしめるために学芸が最も狭き堂宇に閉鎖されたことがあった。今や知識と美とを特権階級の独占より奪い返すことはつねに進取的なる民衆の切実なる要求である。岩波文庫はこの要求に応じそれに励まされて生まれた。それは生命ある不朽の書を少数者の書斎と研究室とより解放して街頭にくまなく立たしめ民衆に伍せしめるであろう。近時大量生産予約出版の流行を見る。その広告宣伝の狂態はしばらくおくも、後代にのこすと誇称する全集がその編集に万全の用意をなしたるか。千古の典籍の翻訳企図に敬虔の態度を欠かざりしか。さらに分売を許さず読者を繫縛して数十冊を強うるがごとき、はたしてその揚言する学芸解放のゆえんなりや。吾人は天下の名士の声に和してこれを推挙するに躊躇するものである。このときにあたって、岩波書店は自己の責務のいよいよ重大なるを思い、従来の方針の徹底を期するため、すでに十数年以前より志して来た計画を慎重審議この際断然実行することにした。吾人は範をかのレクラム文庫にとり、古今東西にわたって文芸・哲学・社会科学・自然科学等種類のいかんを問わず、いやしくも万人の必読すべき真に古典的価値ある書をきわめて簡易なる形式において逐次刊行し、あらゆる人間に須要なる生活向上の資料、生活批判の原理を提供せんと欲する。この文庫は予約出版の方法を排したるがゆえに、読者は自己の欲する時に自己の欲する書物を各個に自由に選択することができる。携帯に便にして価格の低きを最主とするがゆえに、外観を顧みざるも内容に至っては厳選最も力を尽くし、従来の岩波出版物の特色をますます発揮せしめようとする。この計画たるや世間の一時の投機的なるものと異なり、永遠の事業として吾人は微力を傾倒し、あらゆる犠牲を忍んで今後永久に継続発展せしめ、もって文庫の使命を遺憾なく果たさしめることを期する。芸術を愛し知識を求むる士の自ら進んでこの挙に参加し、希望と忠言とを寄せられることは吾人の熱望するところである。その性質上経済的には最も困難多きこの事業にあえて当たらんとする吾人の志を諒として、その達成のため世の読書子とのうるわしき共同を期待する。

昭和二年七月

パ ン セ（上）〔全3冊〕 パスカル著

2015年 8 月18日 第1刷発行
2020年11月16日 第7刷発行

訳 者 塩川徹也《しおかわてつや》

発行者 岡 本 厚

発行所 株式会社 岩波書店
〒101-8002 東京都千代田区一ツ橋 2-5-5

案内 03-5210-4000 営業部 03-5210-4111
文庫編集部 03-5210-4051
https://www.iwanami.co.jp/

印刷・三陽社 カバー・精興社 製本・中永製本

ISBN 978-4-00-336142-9 Printed in Japan

【ブランシュヴィック版との対照表】

左側の数字はブランシュヴィック版の断章番号を，右側は本訳書の断章番号を示す(収録巻は㊤㊥㊦で示した)．なお，「語録」に属する断章については「語録 1」というように示した．右側で断章番号が示されず「(なし)」となっている箇所は，のちにパスカルに由来しないことが判明して採録されなくなったものである．

1	㊥512	*22*	㊥696	*43*	㊦語録 1
2	㊥511	*23*	㊥784	*44*	㊥671
3	㊥751	*24*	㊥710	*45*	㊥557
4	㊥513	*25*	㊥667	*46*	㊥670
5	㊥534	*26*	㊥578	*47*	㊥555
6	㊥814	*27*	㊥559	*48*	㊥515
7	㊥510	*28*	㊥580	*49*	㊥509
8	㊥766	*29*	㊥675	*50*	㊥789
9	㊥701	*30*	㊥608	*51*	㊥886
10	㊥737	*31*	㊥728の2	*52*	㊥888
11	㊥764	*32*	㊥585	*53*	㊥579
12	㊥581	*33*	㊥586	*54*	㊥572
13	㊥635	*34*	㊥587	*55*	㊥907
14	㊥652	*35*	㊥647	*56*	㊥583
15	㊥584	*36*	㊥606	*57*	㊥528
16	(なし)	*37*	㊤195	*58*	㊥772
17	㊥717	*38*	㊥732	*59*	㊥637
18	㊥744, 745	*39*	㊥765	*60*	㊤6
19	㊦*61	*40*	㊥527	*61*	㊥694
20	㊥683	*41*	㊥798	*62*	㊥780
21	㊥684	*42*	㊥636	*63*	㊥680

64	㊥689	*91*	㊥660	*118*	㊥715
65	㊥649	*92*	㊤125	*119*	㊥698
66	㊤72	*93*	㊤126	*120*	㊥541
67	㊤23	*94*	㊥630	*121*	㊥663
68	㊥778	*94の2*	㊥664	*122*	㊥802
69	㊤41, ㊥723	*95*	㊥646	*123*	㊥673
70	㊥519	*96*	㊥736	*124*	㊥672
71	㊤38	*97*	㊥634	*125*	㊤124
72	㊤199	*98*	㊤193	*126*	㊤78
73	㊤76	*99*	㊥539	*127*	㊤24
74	㊥408	*100*	㊦*62	*128*	㊤79
74の2	㊥479	*101*	㊥792	*129*	㊥641
75	㊦*47	*102*	㊥535	*130*	㊥415
76	㊥553	*103*	㊥770	*131*	㊥622
77	㊦語録 2	*104*	㊦*26	*132*	㊤49
78	㊥887	*105*	㊥529	*133*	㊤13
79	㊤84	*106*	㊥805	*134*	㊤40
80	㊤98, 99	*107*	㊥552	*135*	㊥773
81	㊥661	*108*	㊥742	*136*	㊤43
82	㊤44	*109*	㊥638, 639	*137*	㊥478
83	㊤45	*110*	㊤73	*138*	㊥879
84	㊥551	*111*	㊤55	*139*	㊤136
85	㊥531	*112*	㊤54	*140*	㊥522
86	㊤196	*113*	㊤17	*141*	㊤39
87	㊥506の2	*114*	㊥558	*142*	㊤137
88	㊥779	*115*	㊤65	*143*	㊤139
89	㊥419	*116*	㊤129	*144*	㊥687
90	㊥506	*117*	㊤35	*145*	㊥523

146	㊥620	*172*	㊤47	*196*	㊥731
147	㊥806	*173*	㊥561	*197*	㊥383
148	㊤120	*174*	㊥403	*198*	㊥632
149	㊤31	*174の2*	㊤69	*199*	㊥434
150	㊥627	*175*	㊥709	*200*	㊤163
151	㊤63	*176*	㊥750	*201*	㊥441
152	㊤77	*177*	㊤62	*202*	㊥595
153	㊥628	*178*	㊤320	*203*	㊥386
154	㊤51	*179*	㊥753	*204*	㊤159
155	㊥607	*180*	㊥705	*204の2*	㊤293
156	㊤29	*181*	㊤56	*205*	㊤68
157	㊤123	*182*	㊥640	*206*	㊤201
158	㊤37	*183*	㊤166	*207*	㊤42
159	㊥643	*184*	㊤4	*208*	㊤194
160	㊥795	*185*	㊤172	*209*	㊤361
161	㊤16	*186*	㊥591	*210*	㊤165
162	㊥413	*187*	㊤12	*211*	㊤151
163	㊤46	*188*	㊥669	*212*	㊥757
163の2	㊤197	*189*	㊤162	*213*	㊤152
164	㊤36	*190*	㊤156	*214*	㊥625
165	㊥889	*191*	㊦＊20	*215*	㊥716
165の2	㊤70	*192*	㊥853	*216*	㊦＊78
166	㊤138	*193*	㊥810	*217*	㊥824
167	㊤10	*194*	㊥427	*218*	㊤164
168	㊤133	*194の2, 3*		*219*	㊥612
169	㊤134		㊥432, 822	*220*	㊥409
170	㊤132	*195*	㊥428	*221*	㊤161
171	㊥414	*195の2*	㊥432	*222*	㊥882

223	㊤227	*251*	㊤219	*279*	㊥588
224	㊤168	*252*	㊥821	*280*	㊤377
225	㊤157	*253*	㊤183	*281*	㊤155
226	㊤150	*254*	㊤187	*282*	㊤110
227	㊤2, 3	*255*	㊤181	*283*	㊤298
228	㊤244	*256*	㊤179	*284*	㊤380
229	㊥429	*257*	㊤160	*285*	㊥895
230	㊥809	*258*	㊥755	*286*	㊤381
231	㊥420	*259*	㊥815	*287*	㊤382
232	㊥682	*260*	㊥504, 505	*288*	㊥394
233	㊥418	*261*	㊤176	*289*	㊥482
234	㊥577	*262*	㊥908	*290*	㊥402
235	㊤206	*263*	㊥574	*291*	㊤9
236	㊤158	*264*	㊦＊30	*292*	㊤20
237	㊤154	*265*	㊤185	*293*	㊤51
238	㊤153	*266*	㊥782	*294*	㊤60
239	㊥748	*267*	㊤188	*295*	㊤64
240	㊥816	*268*	㊤170	*296*	㊤59
241	㊥387	*269*	㊤167	*297*	㊤86
242	㊥781	*270*	㊤174	*298*	㊤103
243	㊥463	*271*	㊤82	*299*	㊤81
244	㊤3	*272*	㊤182	*300*	㊥876
245	㊥808	*273*	㊤173	*301*	㊥711
246	㊤11	*274*	㊥530	*302*	㊤88
247	㊤5	*275*	㊦＊60	*303*	㊥554
248	㊤7	*276*	㊦＊84	*304*	㊥828
249	㊤364	*277*	㊥423	*305*	㊤50
250	㊦＊33	*278*	㊥424	*306*	㊥767

307	㊤87	*333*	㊥650	*360*	㊤144
308	㊤25	*334*	㊤97	*361*	㊤147
309	㊤61	*335*	㊤92	*362*	㊦*49
310	㊥797	*336*	㊤91	*363*	㊥507
311	㊥665	*337*	㊤90	*364*	㊥508
312	㊥645	*338*	㊤14	*365*	㊥756
313	㊤94	*339*	㊤111	*366*	㊤48
314	㊥796	*339の2*	㊤108	*367*	㊤22
315	㊤89	*340*	㊥741	*368*	㊥686
316	㊤95	*341*	㊥738	*369*	㊥651
317	㊤80	*342*	㊤105	*370*	㊥542
317の2	㊤32	*343*	㊤107	*371*	㊥556
318	㊤19	*344*	㊤112	*372*	㊥656
319	(なし)	*345*	㊥768	*373*	㊥532
320	㊤30	*346*	㊥759	*374*	㊤33
320の2	㊦*83	*347*	㊤200	*375*	㊥520
321	㊥465	*348*	㊤113	*376*	㊤34
322	㊤104	*349*	㊤115	*377*	㊥655
323	㊥688	*350*	㊤146	*378*	㊥518
324	㊤101	*351*	㊥829	*379*	㊤57
325	㊥525	*352*	㊥724	*380*	㊥540
326	㊤66	*353*	㊥681	*381*	㊤21
327	㊤83	*354*	㊤27	*382*	㊥699
328	㊤93	*355*	㊥771	*383*	㊥697
329	㊤96	*356*	㊥514	*384*	㊤177
330	㊤26	*357*	㊥783	*385*	㊥905
331	㊥533	*358*	㊥678	*386*	㊥803
332	㊤58, 58の2	*359*	㊥674	*387*	㊥521

388	㊤52	*416*	㊤122	*442*	㊥393
389	㊤75	*417*	㊥629	*443*	㊥613
390	㊥896	*418*	㊤121	*444*	㊤229
391	㊥658	*419*	㊥464	*445*	㊥695
392	㊤109	*420*	㊤130	*446*	㊤278
393	㊥794	*421*	㊥405	*447*	㊥804
394	㊥619	*422*	㊥631	*448*	㊥642
395	㊥406	*423*	㊤119	*449*	㊥467
396	㊤128	*424*	㊥404	*450*	㊥596
397	㊤114	*425*	㊤148	*451*	㊤210
398	㊤116	*426*	㊥397	*452*	㊥657
399	㊥437	*427*	㊥400	*453*	㊤211
400	㊥411	*428*	㊥466	*454*	㊤74
401	㊥685	*429*	㊤53	*455*	㊥597
402	㊤118	*430*	㊤149, 241の2	*456*	㊥749
403	㊤106	*430の2*	㊤230	*457*	㊥668
404	㊥470	*431*	㊥430	*458*	㊥545
405	㊤71	*432*	㊥691	*459*	㊦*6
406	㊥477	*433*	㊤215	*460*	㊦*22
407	㊥537	*434*	㊤131	*461*	㊤145
408	㊥526	*435*	㊤208	*462*	㊥626
409	㊤117	*436*	㊤28	*463*	㊤142
410	㊤15	*436の2*	㊥890	*464*	㊤143
411	㊥633	*437*	㊥401	*465*	㊥407
412	㊥621	*438*	㊥399	*466*	㊤140, 140の2
413	㊥410	*439*	㊥490	*467*	㊤100
414	㊥412	*440*	㊥600	*468*	㊤220
415	㊤127	*441*	㊥471	*469*	㊤135

470	㊤378	*498*	㊦＊13	*526*	㊤352
471	㊥396	*499*	㊦＊16, ＊18	*527*	㊤192
472	㊤362	*500*	㊥473	*528*	㊤212
473	㊤371	*501*	㊥754	*529*	㊤353
474	㊤368	*502*	㊥604	*530*	㊥712
475	㊤374	*503*	㊤375	*531*	㊥538
476	㊤373	*504*	㊦＊36	*532*	㊥800
477	㊥421	*505*	㊦＊17	*533*	㊥897
478	㊥395	*506*	㊥690	*534*	㊥562
479	㊥618	*507*	㊥702	*535*	㊥422
480	㊤370	*508*	㊥869	*536*	㊤99の2
481	㊤359	*509*	㊤141	*537*	㊤351
482	㊤360	*510*	㊤239	*538*	㊤358
483	㊤372	*511*	㊤231	*539*	㊤356
484	㊤376	*512*	㊦＊46	*540*	㊦＊5
485	㊥564	*513*	㊦＊19	*541*	㊤357
486	㊥788	*514*	㊦＊57	*542*	㊥426
487	㊥833	*515*	㊥546	*543*	㊤190
488	㊦＊88	*516*	㊥703	*544*	㊥460
489	㊤205	*517*	㊤202	*545*	㊤271
490	㊦＊24	*518*	㊦＊10	*546*	㊥416
491	㊤214	*519*	㊥807	*547*	㊤189
492	㊥617	*520*	㊦＊14	*548*	㊥417
493	㊤216	*521*	㊥662	*549*	㊤191
494	㊥450	*522*	㊥825	*550*	㊦＊21
495	㊥623	*523*	㊤226	*551*	㊤213
496	㊤365	*524*	㊤354	*552*	㊥560
497	㊥774	*525*	㊥398	*553*	㊦＊7

554	㊦＊32
555	㊦＊16
556	㊥449
557	㊥444
558	㊥445
559	㊥448
559の2	㊥440
560	㊥431
560の2	㊥442
561	㊥820
562	㊥468
563	㊤175
564	㊥835
565	㊥439
566	㊤232
567	㊥576
568	㊥760-763
569	㊤313
570	㊤223
571	㊥502
572	㊥457
573	㊥893
574	㊥472
575	㊥566
576	㊥592
577	㊥469
578	㊤236
579	㊥536
580	㊦＊23
581	㊤234
582	㊦＊15
583	㊥740
584	㊥461
585	㊤242
586	㊥446
587	㊤291
588	㊥842
588の2	㊥458
589	㊥747
590	㊥480
591	㊥565
592	㊤204
593	㊥823
594	㊥481
595	㊤203
596	㊤1
597	㊤207
598	㊤218
599	㊤209
600	㊤321
601	㊤243
602	㊤8
603	（なし）
604	㊥425
605	㊤284
606	㊥421の2
607	㊤287
608	㊤289
609	㊤286
610	㊥453
611	㊤369
612	㊥799
613	㊤281
614	㊤280
615	㊥817
616	㊤282
617	㊥390
618	㊥456
619	㊥454
620	㊥451
621	㊥435
622	㊥474
623	㊤350
624	㊤292
625	㊤296
626	㊤290
627	㊥790
628	㊥436
629	㊤295
630	㊥384, 497
631	㊥452
632	㊥917, 918
633	㊥915
634	㊥916

635	㊤277	*663*	㊥615	*691*	㊤276
636	㊦＊48	*664*	㊥614	*692*	㊤269
637	㊤342	*665*	㊥849	*693*	㊤198
638	㊤305	*666*	㊥801	*694*	㊤326
639	㊤314	*667*	㊤250	*695*	㊤343
640	㊤311	*668*	㊦＊37	*696*	㊤171
641	㊥493	*669*	㊥582	*697*	㊤312
642	㊤274	*670*	㊤270	*698*	㊦＊25
643	㊤275	*671*	㊥838	*699*	㊤319
644	㊥392	*672*	㊤367	*700*	㊥500
645	㊤238	*673*	㊥827，827の2	*701*	㊤317
646	㊥573	*674*	㊤247	*702*	㊤297
647	㊤245	*675*	㊥503	*703*	㊤294
648	㊤252	*676*	㊥475	*704*	㊥589
649	㊤254	*677*	㊤265	*705*	㊤240
650	㊤217	*678*	㊤260	*706*	㊤336
651	㊥575	*679*	㊤253	*707*	㊥385
652	㊤349	*680*	㊤267	*708*	㊤333
653	㊤248	*681*	㊤249	*709*	㊤335
654	㊦＊56	*682*	㊥486の1-13	*710*	㊤332
655	㊤283	*683*	㊤268	*711*	㊥484
656	㊥590	*684*	㊤257	*712*	㊥819
657	㊤246	*685*	㊤259	*713*	㊥489
658	㊦＊27	*686*	㊤263	*713の2*	㊥459
659	㊥501	*687*	㊤272	*714*	㊥492,494-496
660	㊥616	*688*	㊥476	*715*	㊥498
661	㊦＊34	*689*	㊤288	*716*	㊤334
662	㊤256	*690*	㊤279	*717*	㊥455

718	㊤348	*745*	㊤273	*771*	㊤235
719	㊤266	*746*	㊤264	*772*	㊤301
720	㊤340	*747*	㊤222	*773*	㊤323
721	㊥491	*747の2*	㊤178	*774*	㊤221
722	㊥485	*747の3*	㊤366	*775*	㊥571
723	㊤341	*748*	㊤331	*776*	㊥785, 790の2
724	㊤338	*749*	㊥391	*777*	㊥791
725	㊤330	*750*	㊥593	*778*	㊥544
726	㊥483	*751*	㊤228	*779*	㊥548
727	㊥487, 487の2	*752*	㊤315	*780*	㊥549
727の2	㊤345	*753*	㊤337	*781*	㊥910, 913, 914
728	㊤258	*754*	㊥730	*782*	㊥818
729	㊤346	*755*	㊤318	*783*	㊥433
730	㊤324, 325の2	*756*	㊤344	*784*	㊥547
731	㊥624	*757*	㊤261	*785*	㊦＊35
732	㊤328	*758*	㊤255	*786*	㊤300
733	㊤325	*759*	㊤102	*787*	㊥746
734	㊤329	*760*	㊥594	*788*	㊥719
735	㊤347	*761*	㊥488	*789*	㊤225
736	㊥611	*762*	㊤262	*790*	㊦＊29
737	㊥793	*763*	㊤306	*791*	㊦＊8
738	㊤339	*764*	㊤307	*792*	㊥499
739	㊥462	*765*	㊤241	*793*	㊤308
740	㊥388	*766*	㊥609, 610	*794*	㊥389
741	㊥811	*767*	㊤355	*795*	㊤237
742	㊤299	*768*	㊥570	*796*	㊤233
743	㊤304	*769*	㊥447	*797*	㊤309
744	㊥550	*770*	㊤327	*798*	㊥812

799	㊤303	*826*	㊥834	*853*	㊥524
800	㊤316	*827*	㊥839	*854*	（なし）
801	㊤310	*828*	㊥856	*855*	㊥836
802	㊤322	*829*	㊥841	*856*	㊦＊11
803	㊥832	*830*	㊥718	第*13*章補遺	㊥830
804	㊥891	*831*	㊥880	*857*	㊥758
805	㊥861	*832*	㊥865	*858*	㊥776
806	㊥848	*833*	㊥648	*859*	㊥743
807	㊥860	*834*	㊥855	*860*	㊥884
808	㊥846	*835*	㊥852	*861*	㊥845
809	㊤302	*836*	㊥843	*862*	㊥733
810	㊥831	*837*	㊥844	*863*	㊥443
811	㊤184	*838*	㊤180	*864*	㊥739
812	㊤169	*839*	㊥854	*865*	㊥786
813	㊥872	*840*	㊥858	*866*	㊥752
814	㊥863	*841*	㊥901, 902	*867*	㊤285
815	㊥568	*842*	㊥851	*868*	㊥598
816	㊤224	*843*	㊥840	*869*	㊥517
817	㊥734	*844*	㊥894, 899	*870*	㊥706
818	㊥735	*844の2*	㊥871	*871*	㊥605
819	㊥857	*845*	㊥870	*872*	㊥569
820	㊥875	*846*	㊥878	*873*	㊥677
821	㊥850	*847*	㊥777	*874*	㊥567
822	㊥892	*848*	㊥438	*875*	㊥867
823	㊥837	*849*	㊥877	*876*	㊥726
824	㊥873	*850*	㊥881	*877*	㊥708
825	㊤379	*851*	㊥904	*878*	㊤85
825の2	㊥728	*852*	㊥859	*879*	㊤67

880	㊥516	*906*	㊥693	*932*	㊥666
881	㊥874	*907*	㊥601	*933*	㊥898
882	㊦＊2	*908*	㊥599	*934*	㊥700
883	㊥862	*909*	㊦＊92	*935*	㊦＊89
884	㊥864	*910*	㊥644	*936*	㊥885
884の2	㊥725	*911*	㊥659	*937*	㊥676
885	㊥603	*912*	㊥720	*938*	㊥543
886	㊥563	*913*	㊥653	*939*	㊥654
887	㊥900	*914*	㊤363	*940*	㊦＊52
888	㊦＊50	*915*	㊥692	*941*	㊦＊31
889	㊦＊54	*916*	㊥906	*942*	㊦＊85
890	㊥868	*917*	㊥721	*943*	㊥787
891	㊦＊86	*918*	㊦＊65	*944*	㊥714
892	㊦＊87	*918の2*	㊦＊64	*945*	㊦＊63
893	㊥847	*918の3*	㊦＊66	*946*	㊥883
894	㊥679	*919*	㊦＊67	*946の2*	㊦＊79
895	㊥813	*920*	㊦＊4	*947*	㊤186
896	㊥721の2	*921*	㊦＊49	*948*	㊦＊90
897	㊦＊28	*922*	㊥722-722の4	*949*	㊦＊68
898	㊥707	*923*	㊥713	*950*	㊦＊40
899	㊥775	*924*	㊥909, 911, 912	*951*	㊦＊39
900	㊤251	*925*	㊦＊43	*952*	㊦＊91
901	㊥826	*926*	㊦＊55	*953*	㊦＊53
902	㊦＊51	*927*	㊥903	*954*	㊥704
902の2	㊦＊3	*928*	㊦＊45	*955*	㊤18
903	㊥769	*929*	㊦＊44	*956*	㊦＊41
904	㊥727	*930*	㊦＊38	*957*	㊦＊9
905	㊥602, ㊦＊12	*931*	㊥729	*958*	㊦＊42